认知盈余

CHEERS

与最聪明的人共同进化

HERE COMES EVERYBODY

PBL

REINVENTING
PROJECT-BASED
LEARNING

项目制学习

［美］
苏西·博斯 Suzie Boss
简·克劳斯 Jane Krauss 著
来赟 译

中国纺织出版社有限公司

测一测　　　　关于 PBL 项目制学习，你了解多少？

1. 在项目制学习中，如下所述的哪些变化会真实发生？（　　）

　　A. 老师不再是内容专家，他们只会把知识一点点地教给学生。

　　B. 学生不再一味地被老师牵着鼻子走，而是提出自己的问题，并为之创造意义。

　　C. 学生和专家之间可以实时联系。

2. 关于项目制学习的说法，正确的有哪些？（　　）

　　A. 项目通常会顾及学生的自由选择，并为主动学习和团队合作创造环境。

　　B. 项目制学习是完全开放式的。

　　C. 老师对项目进行设计，从而强调严谨的学习目标，并且提供指导、学习资源和教学反馈来帮助学生取得成功。

3. 好项目直指一门学科的核心。对于项目的说法，错误的有哪些？（　　）

　　A. 知识点越复杂、越重要，就越有必要对项目进行管理。

　　B. 项目规划的最后一步，就是确认学科的大概念。

　　C. 项目是高度情境化的，它们是在一系列决策中产生的。

4. 项目设计中易犯的错误有哪些？（　　）

　　A. 活动时间长，学习成果少。　　B. 学习步骤过于详尽。

　　C. 琐碎的主题单位。　　D. 评估不够真实。

　　E. 科技重于传统实践。

5. 一个人是拥有固定型思维模式，还是成长型思维模式，在项目制学习中尤为重要。关于这两种思维方式，说法正确的有哪些？（　　）

　　A. 拥有成长型思维模式的人会觉得困难并不难接受，只要把它当作成功路上需要克服的绊脚石即可。

　　B. 我们可以培养学生的成长型思维模式，日常中多对他们说，"哇，你真努力"！

　　C. 具有成长型思维模式的人，能认识到努力和坚持的价值，而不是觉得智力或天赋是固定值。

扫码下载"湛庐阅读"App,
搜索"PBL 项目制学习",
获取问题答案。

你是否准备好
开始项目制学习

苏西·博斯

在 2019 年秋季访问上海期间，我有幸会见了许多中国的教育工作者。他们对项目制学习都很感兴趣，想进一步了解。在各种关于如何改进教育的专业发展研讨会和论坛上，我们都讨论了一个问题：在一个以教师为主导的、传统教学有着悠久而成功的历史的国家里，我们是否已准备好开始以学生为中心的学习？

我想要了解改变背后的动机，便问老师们："你们是怎么开始使用项目制学习的？"套用美国领导力专家西蒙·斯涅克（Simon Sinek）[1] 的说法，我又问了学校领导们："你们为什么使用项目制学习呢？"

---

[1] 西蒙·斯涅克在《如何启动黄金圈思维》一书中详细介绍了黄金圈思维及其实践指南，每个人都可以利用它找到并阐述自己的"为什么"。这本书的简体中文字版已由湛庐文化策划出版。——编者注

他们的回答与我过去十年在美国和其他地方听到的许多观点如出一辙。与国际同行一样，中国的教育工作者们也认识到，当代的经济对学生的知识和能力提出了新的要求。为一些重大的考试所做的准备，并不能让学生成为有创造力的思考者或有创新性的设计师，更不能让他们想象未来的技术，甚至应对当今的挑战。**学生并不需要熟记知识内容，而需要能够将他们所学的知识应用在新的环境中。事实上，为大学、职场和履行公民义务所做的最佳准备，就是让学生成为终身学习者。**

在这次旅途中，我与学术研究人员和政策制定者进行了类似的交谈，他们承认高利害关系的考试具有局限性。一些新学校的创始人解释了为什么他们在把探究和全球意识作为学习重心的同时，仍然要遵循课程大纲。

当我举例分享学生通过精心设计的项目所取得的成绩时，得到了大家的一致认同。当听到学生对具有挑战性的问题进行深入探究、同伴合作、有目的地使用科学技术，并与公众分享他们的解决方案时，老师们回应道："就是这样！""这就是我们想要做的事情。"

但这样做并不容易。

正如我和本书的另一位作者简·克劳斯在书中所解释的那样，采用项目制学习的教师必须适应变化。在按照预期开展的项目制学习中，教师的角色会从课堂上的专家，转变成为知识渊博的学习指导者或推动者。课堂管理、评估策略，甚至对学习空间的布置都会发生相应的变化。

学生也必须在项目制学习中适应不为他们所熟悉的角色。我记得有一次研讨会上讨论的是如何指导学生提出更好的问题。一位参会者打断场上的讨论，并说道："我们的学生不会问问题。在中国，提问的是老师。"在项目制学习中，参与度是由学生的提问建立的，并为随后的深度学习奠定了基础。探究从头到尾为项目提供动力，推动项目的发展。要让项目制学习取得成功，学生需要自如地提出问题，并主动寻求答案。

项目制学习让学生有机会成为更具批判性的思考者和更好的同伴。这些可能是学生不熟悉的角色。项目制学习有助于逐步培养这些技能，让学生了解有效团队合作的策略和批判性反馈的策略。

愿意尝试不同的教学方法是变革过程中重要的第一步。在访问中国期间，我能感受到这种意愿，确切地说，是一种殷切的渴望。我听到采用项目制学习的学校，已经在不同年级和学科内容中开展了一些项目。

例如，小学生把 STEM 学科的学习放在中国皮影戏中，从而把传统的讲故事与学习光和影的知识结合起来。初中生在着手做一项给老年人带来更多幸福感的项目，他们努力解决技术难题，帮助老年人保存最美好的回忆，并改善老年人的健康状况。高中生从本地着手，为实现联合国可持续发展目标助力，倡导在自己的校园内开展更多可持续发展的项目。

在中国教育的广阔天地里，这些例子远非常态。要使项目制学习更为普遍，需要时间和大量的努力。教育者可以通过分享项目思路、课堂策略和成功案例来推动这一新兴运动。

对于那些已经为踏上这段旅程做好了准备的教育工作者，我希望这本书能给你们提供有价值的支持。本书中有大量实用的策略建议，是你和学生可以共同去尝试的。附录中的很多内容，是为那些希望通过与同事或教学团队分享想法和见解，来建立对项目制学习理解的教师而设计的。

我迫不及待地想知道，你的项目制学习之旅会带着你和你的学生去向何方。

智能时代如何做好项目制学习

2007 年，我们编写了这本书的第一版。那时，Twitter 刚问世 1 年，还没有人听说过 #EdChats 这个 Twitter 账号，而距离首个教育者非会议 EdCamp[①] 也还有 3 年的时间；谷歌公司当时刚刚收购了开发出 Writely 的公司，并计划把这种协作型文字编辑工具整合到谷歌文档（Google Docs）里，变成谷歌教育方案的一部分；而当时的苹果公司才刚推出了名为 "iPhone" 的新产品。

科技前沿的变迁日新月异，而更新后的《PBL 项目制学习》提供了许多崭新的数字化工具案例，这些工具对学生学习、教师的生产力和协作产生了不同的影响。唯一没有改变的是，我们强调以学习目标为先，然后寻找合适的工具来帮助我们实现这些目标。

---

① EdCamp 是颠覆传统会议形式的非会议，与会者可以自行设定议题并组织讨论，没有主题演讲，只是同行之间就共同感兴趣的话题进行交流。

与科技领域的创新同样重要的是，教育领域也正在发生着变化。如今广受欢迎的教学方法，包括个性化学习、翻转课堂、混合学习、创客空间等，都在不同程度上融入了数字化工具，并且激励学生在自己的学习过程中发挥更积极的作用。

与此同时，项目制学习的势头在国际上持续上升。这种激增反映出在开展研究的基础上，人们越来越认识到，如果做得好，项目制学习可以通过强有力的方式改变教学。此外，项目制学习和其他以学生为中心的教学策略并不相互排斥。在本书的案例中你会了解到，没有必要在项目制学习、创客空间、翻转课堂或者个性化学习之间进行选择。

到底是什么推动了人们对于在智能时代开展项目制学习的兴趣呢？下面是一些主要的趋势，你将在后面的章节中读到更多内容：

- **深度学习。** 教育工作者、政策制定者、家长和学生都在寻找实用的策略，以便更好地为年轻人进入大学、职场，以及为积极公民的身份[①]做准备。高质量的项目制学习在强调学术知识的同时重视技能的培养，如协作能力和批判性思维能力，这样的项目制学习会引发深度学习。

- **教育平等。** 那些致力于教育公平的教育工作者们坚称，无论来自哪个区域、家庭背景如何，所有学生都应该获得让他们走上成功之路的真实世界的学习经验。书中讲述的许多故事，都来自那些为不同类型的学习者服务的学校。

- **参与。** 我们从经验中得知，教师往往是在寻找能让学生更好地参与学习的策略时发现了项目制学习。研究显示，学生在学校待的时间越长，其学习参与度就越低。项目制学习为此提供了一剂妙方，它巧妙地强调了学生的话语权，并把学术学习和学生的兴趣联系了起来。

---

① 康德在 1797 年出版的《法的形而上学原理》一书中主张将公民划分为"积极公民"和"消极公民"。——编者注

- **更新标准。** 近年来，我们发现许多标准都被重新修订了，更强调知识的运用，因为死记硬背的知识可以瞬间在网上搜索出来。在这一版中，我们将着眼于更新标准，包括 ISTE 学生标准（见附录），呼吁学生会分析、有同理心、能综合、会举证、能创造、会沟通，并积极参与公民活动与行使公民权。这些可以成为有趣又有意义的项目的驱动力。

- **计算思维和编程。** 计算思维和编程为寻找解决问题的新方法提供了机会，也提供了新的表达形式。后面的案例将会写到为项目所用的信息处理知识，但这并不局限于计算机科学原理课程的项目。非技术背景的教师要认识到发现问题和提出问题的重要性，这是项目制学习和计算思维的关键特征。

我们把智能时代的项目制学习作为写作主题，并与世界各地的学校就这一主题进行商讨已有 10 年时间，这让我们能长远地看待两个重要的趋势：**教师个人如何做好项目制学习，以及学校如何能长期持续为项目制学习而努力。** 这一版为两者提供了丰富的例子。

在之后的章节中，你将看到教师分享的项目案例和在特定的环境下实施项目制学习的策略。这些丰富的案例给项目制学习赋予了活力。10 年前，我们采访的许多教师都是他们学校里孤独的项目制学习倡导者。他们开创了自己的成功之路，但是他们的征程往往充满了挑战。如果他们去了另一所学校，那么通常他们的学生进行项目制学习的机会也随之而去了。

越来越多的学校更具战略性地维持项目制学习的发展。全部采用项目制学习的学校形成的组织网络一直是这个领域的先锋，他们持续开发和改良他们的教学策略，我们也会重点介绍几个来自深度学习学校网络（Deeper Learning Network）的案例。在这些学校组织网络之外，更多的地方社区也开始把项目制学习当成一种定期执行的教学策略，不过可能还停留在特定的知识内容和年级水平上。在这种情况下，教师可以在项目和更为传统的教学之间选择。我们会重点讨论那些有助于项目制学习实践在学校中获取一席之地的因素，如协作型专业学习就反映了学生项目制学习中最有益的部分。

与第一版相同旳是，我们仍然强调教师共同学习的理念。随着新兴工具的诞生，明智的教育者已经会熟练利用这些工具与同行们建立新的联系。Edchats、Edcamp、Unconferences 以及其他虚拟和面对面的社交聚会，都在我们强调并欢迎的理念之中，这些都为内容丰富且目的明确的同伴学习提供了机会。

开启项目制学习征程

在我们开始写这本书之前，我们每个人就开始了自己的学习之旅，这段学习之旅让我们意识到智能时代教学有很多新的可能性。

简·克劳斯在她 30 多年的教育生涯中见证了教学方式的演变。她曾是一位特殊教育和通识教育的教师、师范生的导师、课程编写人员、演讲者、培训师和职业发展负责人。她早在小学教学中就采纳了项目制学习，并且经历了科技的转变，能把项目变得更真实、更严谨、更有意义。克劳斯和来自世界各地的教育工作者一起，持续地探索教育科技的潜力和前景。在过去的几年里，她拓宽了自己的工作领域，包括倡导学生有公平地接受计算机科学教育和就业的机会。她帮助教师和其他有影响力的人共同展望未来，认为学生不仅可以有效地使用技术，而且可以通过计算机科学去模仿技术。

苏西·博斯是一位教育作家和顾问。在过去 20 年里，她花了大量时间观察卓有成效的教师，从这些教师和他们的学生身上学习最好的方法，并把这些故事记录下来。博斯为教育工作者们编写了 10 本专著，这位作家见证了创新的教学方法如何能与新工具结合在一起，从而更好地吸引学习者参与学习，甚至改变当地的社区。作为一名顾问，她和很多不同国家的教师都一起工作过，这些教师都做好了把他们的教学实践向项目制学习转变的准备。在这一版中提到的很多案例都是出自这些教师群体。

从哪儿开始你的征程呢？是什么促使你考虑在课堂上运用新的教学策略呢？或许你已经是一个使用项目制学习的老手了，但现在你想以一些新的方式结合科技，从而实现雄心勃勃的教学目标；或许你刚入行不久，在寻找教材上找不到真实的项目构思；或许你的学校是积极倡导引进新的科技、研发评估共同标准或评估语言的学校之一；又或许你是一位行政管理人员或技术专家，要与教师团队一起来改进某个年级或某个学科领域的教学。

我们不会对你过去的教学经验、学生的年龄或背景，以及你会使用的科技工具做任何假设。无论你的职位或背景如何，我们都认为你愿意接受新思想，而且也乐于学习。

在我们一起踏上这段征程时，请牢记以下几点：

- **今天的学生能够迎接挑战。**数字世界已经渗透到了学生生活的方方面面。虽然许多学校还未能跟上智能时代学习的步伐，但是大部分的学生已经做好了利用数字化工具进行学习的准备。

- **项目制学习值得我们付出努力。**作为一名教师，你的世界将会变得更美好。经验丰富的教师经常会谈论他们是如何通过项目制学习获得新生的。我们采访过许多教师，他们都表达了同样的想法："对同样的课，我不再一遍遍地'炒冷饭'了。因为在教学的过程中，我也在学习。"在经历这段征程之后，如果你对教学变得更有激情了，不要感到惊讶，跟你的学生一同尝试过项目制学习之后，你可能会发现自己一直在重复这句我们在很多教师那里都会听到的话："我再也不会回到以前的教学方式了。"

- **学生在真实的世界里生活和学习。**从学生的角度来说，没有什么可以比在真实的世界里学习更能激发他们的学习兴趣了。归根结底，你是愿意看到你的学生把他们的"学习成果"丢进垃圾桶里，还是想看到他们饶有兴趣地谈论一直驱动他们学习的一个真实项目？比如，科学老师把他的学生当成在工业界和学术界的研究人员，在项目尾声，学生可能会发布一篇专题论文来分享他们的原创性研究，也可能会参与一个有关科学与伦理的社区专题研讨会。他们知道自己所做的是有意义的。

- **新环境促进了项目制学习。**新的学习环境为科技含量丰富的项目制学习打下了基础。教师的团队协作、专业学习社群和跨学科教学为课程的规划和设计都起了辅助的作用。运用科技的新模式，如一对一数字化学习项目、翻转课堂、自带设备（bring-your-own-device）和创客的举措，均扩大了学生使用数字化工具的渠道。教学实践社群以及互相联系的教育者网络的扩大，有助于各种好的项目构思的传播，同时也会激励教师复盘在项目制学习的过程中什么是有效的。这些因素都为项目制学习的成功奠定了基础。

效法项目制学习先行者

在过去，那些全面开展项目制学习的学校只占公立教育系统中一小部分。如今时局已变。全面实施项目制学习的学校网络取得了卓越的学习成效，项目制学习成果的科研基础也日益成熟，这都吸引了越来越多的主流教育的关注。项目制学习也在私立学校和国际学校中越来越受欢迎。

接下来，我们将重点关注几种以项目制学习为核心的学校模式。我们还将深入了解深度学习学校网络下的许多院校，如新科技学校网络（New Tech Network）和美高科学校（High Tech High）。在这些全面实施项目制学习的学校里，所有教师都在开展项目制学习，并且学生都通过项目课程来学习的。我们也将看到项目制学习是如何在传统的公立学校里占有一席之地的。比如，佐治亚州格温内特县和宾夕法尼亚州费城的一些学校，通过鼓励教师跨学科和跨年级的协同合作，成功地为K-12基础教育建立了他们自己的项目制学习模式。

在其他地方，许多学校选择交替使用项目制学习和更传统的教学方式。正如你将看到的那样，学生会在项目和"常规"的教学活动中来回切换，对此你不必感到惊讶。例如，采用工作坊模式的学校非常重视学生的读书教育，会把学生之间的合作、反馈和为真实读者进行写作放在首位。那些在科学课中强调探究能力、在数学课中重视解决问题能力的教师，会培养学生挖掘有意义的问题，并证明其解决方案的能力。当学生切换到项目制学习模式时，这些原则和教学策略也同样适用。

虽然每个项目制学习模式之间都有着细微的差异，但所有这些我们将讨论到的学校都秉承相同的理念：**学生通过实践学得最好**。在很多方面，他们被视为项目制学习的先行者，构建了教学中可复制的教学策略。在接下来的章节中，我们可以寻找可以借鉴的方法，并运用到适合自身教学的环境中去。

把这本书变成你自己的项目

野外指南是旅途中要随身携带的工具书，会提醒你注意关键事项。此书亦然，目的在于在智能时代瞬息万变的学习之路上为你保驾护航。

你可以把这本书当作自己的一个学习项目，在书的页边空白处标记你觉得可以借鉴的地方，或者在电子阅读器上做笔记。花点时间去摸索和试用那些我们重点推荐的科技工具。换言之，你要成为一个适应你所在环境的积极学习者。那也是你的学生开始设计和实施有效的项目时会经历的学习过程。

无论你是独自阅读此书，还是跟一群同事一起来阅读此书，这本书都是为支持你的项目制学习之旅而设计的。不管怎样，我们都希望你能找到机会跟别人谈谈你现在的想法和学习的东西。正如优质的项目需要团队合作一样，协同合作会产生最佳的效果。协同合作囊括了专业学习社群（本书第 2 章详细介绍了这个部分的内容）以及非正式的交流、面对面对话、在线上交流都是开启协同合作的方法。每一章的结尾都有很多问题供大家讨论。

学生对项目制学习的接受程度会有差异，每个人在开始采用项目制学习的起点也会不一样。有些人更愿意从小项目开始着手，有些则已经做好深入开展更复杂项目的准备了，而我们会提供所有的支持。我们会带你评估你的准备情况，引导你做出选择，指导你的学习，与你一起探索新思路并复盘你的经验。在整本书中，你会遇到相关的阅读建议和提示，鼓励你停下来思考。

在采访中，许多教师跟我们分享了他们关于项目的见解。在某些案例中，他们还开放自己的课堂供我们参观。除非另作说明，书中所有的直接引用都是来自作者的个人信件和采访。

以下是贯穿全书的专栏部分：

- **重点关注**：项目制学习的理论，教师、学校、学校网络的实践，或是其他前景广阔的教学模式的拓展性细节描述。
- **科技聚焦**：颇具潜力的科技工具的拓展信息，以支持你的项目顺利实施。
- **辅助资源**：供参考的相关阅读材料和网络资源。
- **小试牛刀**：对亲身实践的建议，或对协同合作的建议。

在这段学习之旅结束之后，你可以回顾整个征程，看看自己学到了多少，然后决定接下来该何去何从。

小试牛刀
从哪里开始

从哪里开始你的征程呢？

这里有一个简便的方法来衡量你对项目制学习的熟悉程度。想想你之前的项目制学习经历，测测你现在处于什么位置？

- **神游旅行者**：觉得好奇，但还没有做好跟学生一起进行项目制学习的准备。
- **新手**：刚开始进行第一个项目。
- **探险家**：已经在项目制学习上有所成功，并渴望进一步拓展。
- **侦查员**：资深的项目制学习教师，既能自己开展教学，也能对他人进行指导。

在开始学习之旅后，你随时都可以与同事们联系，一起复盘，以便走得更远。这样的关系网可以是正式的，也可以是非正式的，可以是面对面的交流，也可以建立在虚拟的网络世界中。我们的目的是定期和那些跟你一样对项目制学习有着共同兴趣的同伴进行交流。想想你的课堂新思路或者日常教学遇到的挑战，你会先跟谁诉说。在接下来的章节中，我们会帮助你更从容不迫地运用你的关系网络，来提升对项目制学习的实践能力。

第二部分
PART 2
项目制学习的规划

第一部分

项目制学习的准备

REINVENTING
PROJECT-BASED
LEARNING

YOUR FIELD GUIDE TO
REAL-WORLD PROJECTS
IN THE DIGITAL AGE

当你考虑把具有真实性的项目引入教学中，并且在这些项目中运用各种科技工具的时候，你会有怎样的期望呢？当你开始学习的时候，请思考一下是什么激励着你去尝试新的课堂教学法，并用新方法来使用科技工具的。在这场学习的征程中，你将与谁为伴？本书的第一部分将帮你判断你是否做好了改变的准备，同时为你提供一些通过跟他人合作来增加自身经验的建议。

第 1 章

项目制学习到底是什么

本章将指引你：

- 了解智能时代高质量项目制学习的特点；

- 向开创项目制学习有效教学策略的教育
  工作者和机构学习；

- 了解把项目制学习引入教学实践中的机
  遇与挑战。

斯科特·达勒姆（Scott Durham）老师在密歇根州的一所学校任教，他曾经在这所学校学习过。新年到来之前，达勒姆漫步穿过学校的大厅。当达勒姆经过曾经上课的教室时，他想起了往事。然后，他问了自己一个重要的问题："我在那些教室里到底做过些什么？"他记得自己曾在各项考试和作业上取得过好成绩，但是，却想不起任何一个曾让自己对学习感到兴奋的项目。他当即便向自己和未来的学生承诺：他会追寻一种"与众不同的教学方式"。

项目制学习，颠覆传统课堂的教学模式

当代科技驱动下的项目制学习必然颠覆传统课堂的教学模式。当学生通过参与真实世界的项目来学习时，他们在各个方面的体验都会发生变化。老师的角色改变了，他们不再是内容专家，只会把知识一点点地教给学生；学生的行为也改变了，他们不再一味地被老师牵着鼻子走，而是提出自己的问题，并为之创造意义。教室的界限也改变了，通常老师来设计学习的框架，但是在项目制学习中学生拥有更多的自主权，他们最终会利用科技来获取和分析来自世界各地的信息。学生和专家之间也可以实时联系。这意味着各种新型的学习社群可以聚集在一起讨论、争辩和交流想法。

传统教育的这一转变是为学生日后上大学、就业和形成积极公民的意识做准备的。现在的雇主所要寻找的候选人，是那些知道如何开展团队工作、懂得变通、能

够获取和分析信息，以及创造性地思考和解决问题的人。下一代公民也可以运用同样的技能处理复杂的社会和环境问题，包括当地和全球性的问题。

项目制学习为很多在学校里缺乏参与感的年轻人提供了一剂良方。学生在小学阶段保持了较高的学习参与度，但是当他们升入更高的年级，其参与度却在下降。我们可以通过让学生参与重要的项目来锻炼他们的心智，以提高他们应对困难和挑战的能力，从而扭转这一局面。

要培养有能力、有创造力的年轻人，仅仅靠教学的转变远远不够。斯科特·麦克劳德（Scott McLeod）和迪安·谢尔斯基（Dean Shareski）在《不同世界的各种学校》（*Different Schools for a Different World*）一书中提到，学校变革进程慢得令人沮丧。为了给学生创造他们应得的、引人入胜的、公平的学习环境，两位作者呼吁人们要重视高阶思维、学生的能动性、真实的学习任务和科技融入。他们强调项目制学习是教育升级的关键构成要素之一，认为教师这个角色对于学生的成功仍然至关重要，尽管这个角色正不断发展以适应信息化时代的要求。

知识内容再也不是稀缺的资源，我们的学生也不需要我们来提供信息。但是，他们现在比以往任何时候都更需要我们。我们需要帮助他们学会思考、学会如何钻研、学会如何应用知识。

巴克教育学院（Buck Institute of Education）资深研究员、项目制学习的忠实倡导者约翰·默根多拉尔（John Mergendoller）提到，世界各地的教师都开始承认，项目制学习贵在"能让学生掌握学术技能和知识内容，培养未来成功所必需的技能，养成学习自主性并能够解决生活中所面临的挑战，以及应对世界所面临的挑战"。

你可能已经熟悉了传统意义上的项目制学习。事实上，传统项目制学习受到如约翰·杜威（John Dewey）和玛丽亚·蒙台梭利（Maria Montessori）① 这些重要的早期思想家的影响。从实践中学习作为一种学习方法，其成就一直颠扑不破，它不仅增强了学生学习的积极性，同时也提高了学生解决问题的能力和高阶思维能力。

从广义上讲，项目制学习就是学生对开放性问题进行研究，并运用所具备的知识来制造真实的产品或制订出原创的解决方案。项目通常会顾及学生的自由选择，并为学生的主动学习和团队合作打下基础。但是，项目制学习并非是完全开放式的，教师要对项目进行设计，从而强调严谨的学习目标，并且提供指导、学习资源和教学反馈来帮助学生取得成功。

重塑项目制学习并不意味着抛弃以往的传统模式。相反，我们主张通过有意义的方式将科技手段与教学相结合，从而在现有基础上继续发展。（见重点关注：什么是高质量项目制学习。）

通过最大限度地利用数字工具来达到基本的学习目标，教师可以打破传统课堂的地域局限。一些工具拓宽了学生的思维，并为更富有成效的课堂对话奠定了基础。另一些工具则助益于项目草拟和完善的过程，能够消除项目制学习过程中的各种障碍。还有一些工具可用于即时的全球联系，这也重新定义了学习社群的概念。当教师和学生经过深思熟虑把这些工具结合到项目制学习中时，其结果就好比"涡轮增压"一般，能更加快速地将项目制学习带到新的轨道。

重点关注
什么是高质量项目制学习

你能说出项目制学习有多少种不同的衍生词吗？基于热情的、基于问题的、基于

---

① 《蒙台梭利教育精华》汇聚了国际知名蒙氏教育专家夏洛特·普桑 20 年丰富的蒙台梭利教学经验，是快速、全面了解蒙氏教育的必选读物。这本书的中文简体字版已由湛庐文化策划出版。——编者注

挑战的和基于地点的学习只是描述学习经历的几个术语，听上去从本质上与基于项目的学习相似。但是，这些学习法的定义未必明确，会给教育工作者带来干扰。几年前，在教育乌托邦（Edutopia）的一篇博文中，巴克教育学院的约翰·拉默（John Larmer）列举了他称作"基于××的学习"的 16 种变体。

对于教师、学生、家长和甚至是潜在的社区合作伙伴来说，在没有清晰的定义和通用语言描述的情况下实施项目制学习，结果会让人感到困惑。当教育研究者们找寻学校或课堂之间项目制学习有效性的证据时，他们也想有一个清晰的衡量标准。一份来自卢卡斯教育研究的意见书指出："缺乏共识会导致项目成果水准不一，若使用以相互矛盾的设计原则研发出来的课程材料，那项目制学习有效性也会受到影响。"

为了解决这个问题，最近的两次倡导活动让各方面的涉众都参与到其中，以就高质量项目制学习达成共识。这两次活动形成了两个框架，一个框架注重学生在项目制学习中的体验，另一个框架则注重教师在设计成功的学习体验中起到的作用。这两个框架均与智能时代下项目制学习的目标和实践保持一致。

2018 年推出的《高质量项目制学习框架》（*Framework for High Quality PBL*）是根据研究得出的结论，借鉴了数百名项目制学习实践者和许多倡导以项目制学习为核心教学策略的组织的见解。其倡导者认为，此框架确定了 6 项准则，在一个项目中，每项准则都或多或少得以体现，这个项目才能被评定为"高质量"的项目。就学生学习而言，对每一项准则的重视程度越高越好。

这 6 项准则包括：

- **智力挑战与成就**。学生深入学习，批判性思考，追求卓越。
- **真实性**。学生开展有意义的，与他们的文化、生活和未来相关的项目。
- **公开产品**。学生的作品被公开展示、讨论和评论。
- **协作**。学生以面对面的形式或通过网络与其他学生进行协作，或接受导师和专家的指导。
- **项目管理**。学生使用项目管理流程，以有效地开展项目。
- **复盘**。学生在整个项目中对自己的工作和学习进行复盘。

这些准则与巴克教育学院所说的"项目制学习黄金标准"（Gold Standard PBL）有很多重叠的地方。但是，巴克教育学院模式的重点在于，为学生学习奠定基础的决策。正如《为项目制学习设立标准》（*Setting the Standard for Project Based Learning*）一书中所述，项目制学习黄金标准应该有"激励人心的目标，最佳的项目设计元素和教学实践，这些设计元素以科研成果为基础，并经过课堂实践的验证"。

这些基本项目设计元素旨在引领教师设计有效的项目：

- 挑战性难题或问题；
- 持续性探究；
- 真实性；
- 学生的话语权和选择；
- 复盘；
- 评论和修正；
- 公开产品。

研究人员发现，高质量项目制学习可以带来许多好处 比如，让学生更深刻地理解学术内容、增强他们解决问题的能力等。在高中阶段，以项目制学习为主要学习方式的学生，不仅升入高等院校的比率超过美国平均水平 而且在大学里学习的时间也更长。在深度学习学校网络中，全面开展项目制学习的学校学生，就学业水平和个人技能发展（包括协作、学术参与、学习积极性和自我发展）而言，其成就都要高于平均水准。

我们对 PEL 项目制学习的愿景是，强调具有真实性、高质量的项目和灵活而广泛地使用数字工具，这些都需要教师和学生在实践中进行转变。但是，改变不仅限于课堂。其成功还取决于学校领导的支持，以消除潜在的阻碍，确保师生能获取他们所需的资源，真正解决问题。当项目制学习充分发挥其潜力时，我们常常会发现社区里的伙伴们更多地参与了办学，而学生也会觉得跟社区的联系更紧密了。

以下是让项目制学习重新焕发活力的关键：

- 项目是课程的核心，而不是一个附加的或额外的教学单元。
- 学生参与真实世界中的活动，实践演练学科中所使用的策略方法。
- 学生可以合作，有时甚至进行全球性的合作，以解决对他们和现实中的受众重要的问题。很多情况下，学生会尽早参与项目设计，并在发现问题时贡献他们的想法。

- 科技是集探索、合作、创造和沟通的工具，能把学习者带到他们无法到达的地方，并且帮助教师以新的方式来实现重要的教学目标。
- 越来越多的教师相互合作，共同设计和实施跨越地域甚至跨越时区的项目。他们通过网络交流各自的想法，并改进项目制学习的实践水平。
- 一个好项目所产生的能量可能会带来螺旋式效应，这将远远超出我们之前的课堂教学。那些"大阵仗"的项目也可能会吸引媒体的关注，这样的关注会帮助社区成员们领会项目制学习的价值，并更好地了解为什么项目制学习跟其他学习方式会有所不同。

当以上这些关键点结合在一起时，会带来变革性的结果。达勒姆研发了一种教学法，替代了以教材为主导的教学法来教授历史。他与学校的媒体专家合作设计了一个项目，即让学生利用美国国会图书馆的在线藏书来调查原始资料。他的学生就像真正的历史学家所做的那样，通过分析事件和过去的历史文物来理解历史。达勒姆花了一些时间来制订新的教学策略，因为学生必须学习新的技能，如理解用古老语言写的文章。达勒姆必须磨炼自己的各项技能，才能与媒体专家一起有效地规划和开展项目。达勒姆的投资回报是巨大的，他说："我已经获得了作为一名教师的自由，因为我知道，我的学生如今可以无拘无束地为自己去寻找意义了。"

并非个别教师发现了这些好处。正如我们前面所提到过的，以学生为中心的富含科技手段的项目正在整个学校网络中占据主导地位，成为学校发展的驱动力。深度学习学校网络包括 10 种这样的学校模式，它们跨内容领域使用项目制学习。这些全面实行项目制学习模式的学校在美国大约有 500 所。

更多的学校已经开始将项目制学习作为一种定期实施的教学策略，但并非把它当作唯一的教学模式。教师可以在每学期引入一个项目，在项目制学习和更为传统的教学法之间转换。

在美国，项目制学习的开展力度是全国性的。新加坡从 2000 年开始推行"课题研究"，其教学策略包括"少一点讲述"和"多一些主动的学习"。韩国教育工作者也已经把项目制学习作为一种教学策略来进行探究，从高度测试导向的课程中转变方向，着重培养学生的协作能力与批判性思维。在全球范围内，越来越多的地区对项目制学习产生了兴趣，我们也将项目制学习从印度带到了欧洲和南美洲。

当教师辅助学生开展其精心设计的项目，并最大程度地利用数字工具时，他们所做的不仅仅是给学生创造了那些难忘的学习体验，更是培养学生能在一个必然不会停止改变的世界里茁壮成长。

辅助资源
项目制学习网络资源

博客、播客和网站是很多教育博主、播客播主和教育类记者的生息之地，他们会在那里分享大家都颇感兴趣的有关项目制学习的见解，分享值得研究和为课堂教学所用的数字工具。你可以在以下站点学习，以了解更多：

- 身心广播网（BAM Radio）：提供以素质教育为焦点的博客节目，还有记者们对顶级专家们的采访。
- 教育乌托邦（Edutopia）：把很多博主聚在一起（包括本书的作者苏西·博斯），这些博主会撰写关于教师领导力、评估、科技融合、项目制学习、学生参与度、教育趋势等内容的文章。
- 明智网（GettingSmart）：以特约撰稿人和客座作者分享的课堂轶事和教学策略为特色，侧重于项目制学习。
- 教育周博客（Education Week Blogs）：为教师带来了对各种话题的真知灼见，其中包括数字教育、全球教育和课堂教学策略。
- 国际教育技术协会社群博客（ISTE Community Blog）：以教育工作者分享各种有关智能时代的话题为特色，话题包括计算机科学、个性化学习以及数字和媒体素养。

- 项目制学习博客（PBL Blog）：由巴克教育学院主办，以项目制学习的课堂和学习系统的轶事和教学策略为特色。
- 10 分钟教师播客（10-minute Teacher Podcast）：由维基·戴维斯（Vicki Davis）主办，展示了来自世界各地的教师讨论课堂上的趋势、话题和工具。

老师重新变成学习者

尽管项目制学习的历史悠久，但对于大多数教师来说，这仍然是一个相对较新的理念。我们中的大多数人在做学生时也未必有机会体验过这种教学方式，把科技手段融入其中让人感到更加陌生。那些从未在实践中关注过富含科技手段的项目制学习的教师，或许很难想象智能时代的项目到底是什么样的。即使你是一位新教师，甚至还是随着科技一同成长、对其了如指掌的那一位，你可能仍然会觉得在学校学习的方式和校外探索世界的方式之间会有脱节，而且和个人理解的科技之间也脱节了。

幸运的是，作为终身学习者，我们都有这样的经历：发现新信息，并且学习如何使用新工具来达成目标。在日常生活中，我们会处理各种各样的项目——从建造一个花棚到规划一个假期，或者举办一场晚宴。学习的曲线在最初可能会很陡峭，尤其是在我们必须掌握一种新工具或技术才能完成任务的时候。我们可能会遇到各种挑战，发现自己需要做更多的研究，甚至需要寻求专家的意见。但当我们达到目标时，会感到满足甚至会为此而庆祝。这不就是你想让学生经历的难忘的学习体验吗？

迈克尔·麦克道尔（Michael McDowell）是《设计严谨的项目制学习》（*Rigorous PBL by Design*）一书的作者，他承认："我在高中生物课上唯一记得的事情，就是解剖了一只青蛙。"麦克道尔现在是北加利福尼亚州罗斯学区的负责人，他早年曾是纳帕新科技高中的科学教师，后来又担任新科技学校网络的教学培训师。他在课堂授课时，就利用项目制学习帮助学生掌握生物学的重要思想，学生的收益也远不止于此。他坚信，学生学习更广泛的技能与学习其他技能同样重要。他说："几年后，我想让学生记住，教室不仅是他们学习生物学的地方，而且也是他们学习如何进行团队合作、如何解决问题、如何应对变化的地方。如果他们碰巧忘记了有丝分裂的确切定义，我希望他们知道该如何找到答案。"

重点关注
新科技学校网络的实践

在最初的 7 年教学生涯中，保罗·柯蒂斯（Paul Curtis）勇敢地尝试了在一所传统高中里开展项目制学习。他坚信，源于真实世界的学习所带来的好处，是基于教材的教学所无法比拟的。虽然他满腔热情，但也遇到了重重障碍。柯蒂斯说："除非全校都相信这就是我们要走的路，否则你就是独自在打一场硬仗。别人不会让学生组队一起学习，也不会要求学生做报告陈述，更没有人像你一样会对学生进行评估。但你的课堂要更严谨，也更具挑战性，尽管你布置的作业可能更少。"

最终，柯蒂斯离开原先的那所学校，加入了 1996 年在加利福尼亚州纳帕成立的纳帕新科技高中。这所学校设立的初衷就是为满足智能时代学习者的需求，培养学生，让他们为 21 世纪的职场做准备。对于柯蒂斯来说，来到这所新学校的感觉就像回家一样，他说："我发现在自己工作的地方，整个课程体系都是由项目制学习来推动的。"

如今，新科技学校网络已发展到全美的近 200 所学校中，还有一个澳大利亚的合作点。在纳帕新科技高中进行改良过的设计目前遍布于城市、郊区和农村，影响着成千上万的 K-12 学生。

新科技学校网络的总裁兼首席执行官莉迪娅·多宾斯（Lydia Dobyns）解释道："我们设计的是用于学校重建的蓝图，得到了各种支持。我们把自己看成是学区的合作伙伴，为学生和教师创造新的空间。"在整个学校网络中，大约有 45% 的学校是对现有学校的改造，42% 的学校与传统类型的学校共享校区，13% 的学校是独立的新建校。新科技学校网络有 110 余所公立学校、18 所特许学校和几所澳大利亚的私立学校。

核心要素

虽然发展迅速，但新科技学校网络仍坚持在纳帕新科技高中开发并改良 4 项核心设计原则。多宾斯把这 4 项原则描述为：

- 一种既能激励学生，也能激励成年人的文化；
- 以项目制学习为教学手段，让教学变得有参与感；
- 科技融入整个学习体验；
- 学习成果具有现实意义。

新科技学校经常接待来自其他学校的访客，这些访客通常来自其他国家。他们都想看看正在开展的成熟的项目制学习是什么样子，看看是否可以借鉴新科技学校的经验。这里有几点值得借鉴。

1. **注重文化。** 新科技学校规模设计得并不大，高中通常是每个年级 100 名学生。这也是考虑到更充分的个性化教学和积极的学校文化。因为如果教师和学生互相了解，那么解决学生行为问题上的耗时就会减少。这样就能把更多时间留给学生，让他们在促进同伴合作的环境下进行学习。正如一位学生向一群好奇的访客解释的那样："我可以放下背包或笔记本电脑就走开，没人会搞砸我的东西。我觉得，这就是我想要的一个好的学校文化。"学生想在需要合作和需要承担学术风险的学习活动中获得成功，这种信任感是至关重要的。

2. **以项目为中心。** 学术上严谨的项目形成了教学核心，这让学生沉浸在真实世界的学习体验中。每门学科，包括体育，都是通过跨学科项目来进行教学的。

3. **科技无形，却无处不在。** 科技一直被视为一种工具，而非学习的重点。网络工具涉及学生、教师和家长在内的许多层面上的合作和交流。

4. **为教师合作提供时间。** 新技术的设计给教师合作提供了时间和动力，包括协同备课的时间、项目制学习最佳实践中的培训指导，以及完全注重教学的教职员工会议。合作型、教师主导的专业发展模式，形成了一种多宾斯所描述的

"学会爱学习"的文化。

5. **评估新思路。**新科技学校重新考虑了对学生评估的形式，由此学生可以得到远比一个简单的成绩更多的反馈。学生可能会在一个项目上获得多个成绩，从而更好地将注意力集中在他们需要改进的地方。

6. **建立统一的认同感。**每个加入新科技学校网络的新校区，都会形成一个当地领导团队，其中包括校长和主要的合作伙伴。按照多宾斯的说法，学校网络的作用是"帮助这些学校成为高效的学习组织。"一所新学校的开设需要规划长达一年的时间。这样，就有时间让包括管理人员、商界领袖、家长、教师和学生在内的利益相关者都参与进来。新教师会先在已有的新科技学校里实习，直接从同行那里学习项目制学习的方法。学校网络内的培训师会提供 4 年的实地支持。当一个学校要采用以项目制学习为核心教学策略时，这一切都增强了整个体系中统一认同感的重要性。

7. **分享有用的东西。**设计一个新项目可能需要通过前期合作来共同规划。教师可以通过各种途径分享项目构思，比如私下面对面地交流，或者在所在的校区里进行交流，也可以通过在线项目库或是整个学校网络的年度会议进行分享。他们还能通过线上的平台进行沟通，集思广益，解决遇到的问题并交换资源。比如，教师可以利用每周进行推文活动的 Twitter 账号"#pblchat"①来进行交流。

8. **创新永不止步。**新科技学校的快速发展在一定程度上得益于它坚持进行复盘哪些东西有效、哪些东西需要改进。作为一个学习型组织，新科技网络从不认为已经完善了其教育模式。不断复盘和修正有助于确保系统内的学校都建立在坚实的基础上，去开展最好的教学实践。例如，当研究表明，主观能动性和成长思维对学生的成功有重要影响时，新科技学校网络就会把这些因素纳入成功学校的定义里，并制定帮助教师评估这些因素的规则。随着个性化学习实践的一些好处变得越来越明显，新科技学校网络采用了一个改进的学习管理系统来支持这些实践。新科技学校网络的生存之道就在于，他们既关注学术界的教育理论，又注重系统性学校的改革实践。

---

① "#pblchat" 是由新科技学校网络的同行们联合创办的，对所有对项目制学习感兴趣的人开放。

多宾斯说："我们时常会停下来，去收集和分析数据；根据分析，再进行改变；并周而复始地这样做。"

复盘是新科技学校学习文化的重要组成部分，因此，他们的毕业生会在学校年会上对学习进行复盘。亚历克斯·威克（Alex Wick）毕业于达·芬奇特许学校，这是美国加利福尼亚州戴维斯市的一所新科技学校。威克毕业后成了一名从事研究的科学家。他在南极洲的一艘科考船"Antarectie"号上拍摄了一段视频，在视频中他告诉与会者："我们在这里遇到的问题在谷歌上是搜索不到的。我们有复杂的运筹方面的问题，例如，如何标记每 20 分钟就会浮出水面的鲸鱼的背鳍。而新科技学校里项目制学习的教学方式，使我能够无缝地从学术环境转换到职场中。"

运用项目制学习的 8 大思考

什么可以帮你与学生一起展开项目制学习呢？你如何评估自己是否准备好进行这一转变了呢？

你需要先适应学习者的角色，因为你即将开启在科技手段丰富的环境下探索项目制学习的旅程。你可能会更多地反思自己的教学方式，包括过去你是如何利用项目进行教学的。一开始，你无法得到所有的答案。你可能会遇到一些问题，而这些问题可能会把你带到意想不到的方向，让你有更多自我学习的机会。

在本书中，适应变化是反复出现的主题，这并非偶然。能够适应变化对学生未来的成功至关重要。对于教师的职业发展来说，也不可或缺。

接下来的章节将涉及设计项目、实施项目和评估项目等方面的内容，以满足智能时代学习者复杂的需求。你还将反思 ISTE 学生标准，该标准要求项目能培养学生在智能时代的重要技能，如创造力、信息洞察力、计算思维、协作能力、批判性思维和数字化公民意识。

但是现在，让我们思考一下如何用真实的项目来进行教学。你通常会在什么地方注意到变化？你需要想清些什么？项目制学习的使用会促进你思考以下 8 点。

- **你的学习目标。** 准备好重新思考你对学生的期望。
- **你和学生互动的方式。** 做好走下讲台、用不同的方式与学生互动的准备。让学生更加自主地学习，不一定要所有人都同时做同一件事情，以适应"更混乱的学习"。
- **你的课堂管理风格。** 准备好帮助学生更好地管理他们的学习。
- **你对教学环境的布置。** 准备好重新配置教室里的硬件，如课桌、电脑和其他摆设，以促进团队合作。
- **你对评估的看法。** 准备好重新评估你在整个学习过程中需要注意的事项，并根据你所关注到的事项去调整教学计划。
- **你对社区资源的看法。** 准备好将学生与课堂外的专家和其他资源联系起来。
- **你要收集什么样的学习成果。** 准备好重新思考哪些学习成果是值得进行评估的，或是值得用来触发学习复盘的。
- **你如何与家长和同事沟通。** 准备好向家长解释你采取项目制学习的理由，鼓励家长和其他社区成员找到支持项目制学习工作开展的方法。例如，他们可以提供受众反馈，分享自己的专业知识，或者帮忙做好实地研究的后勤保障工作。在你设计和改良项目时，你的同事会给你带来很多帮助。

项目制学习的实施会产生如此多的变化，你可能会想，这样费神费力值得吗？你的同事、校长、学生或家长可能也会问你同样的问题。

让我们来看一看在非洲莱索托的露西尔·卡贝萝·玛拉蒂斯（Lucille Kabelo Mahlatsi）老师所面临的情况。玛拉蒂斯在乐奇尔高中（Leqe.e High School）任教，对她而言，给一个有 100 多名学生的班级上英语课就是常态。尽管如此，她仍然成功地完成了一个项目，该项目帮助她的学生更好地理解了文学作品，尤其是莎士比亚的作品。这些莎士比亚的作品均在全国性考试的考纲内。对很多学生来说，莎士比亚的作品都很难读懂，因为他们很难理解作品中复杂的语言，且不熟悉当时的文化背景。借助社交媒体，玛拉蒂斯的学生得到了他们所需要的学术帮助。

为了以一种不同的方式研究莎士比亚，玛拉蒂斯设计了一个名叫"指尖文学"的项目。学生组建了一个群，然后玛拉蒂斯邀请附近大学的师范生参与进来，深入探讨莎士比亚的作品《恺撒大帝》。对学生而言，这种方式很新颖，但他们很快就适应了使用社交网络来展开学术交流。

当学生对莎士比亚笔下一些不朽的人物越来越熟悉后，他们开始在自己所处的环境中寻找相似的原型。玛拉蒂斯说，她的学生想要知道，"莱索托的'恺撒大帝'是谁？谁是我们的'布鲁特斯'？现在他们明白了，这些主题和角色具有普遍性。"

通过改编《恺撒大帝》，学生把这些通用的主题融入自己制作的戏剧中，就地取景进行拍摄，并在视频网站上分享。这个项目不仅有助于玛拉蒂斯的学生理解莎士比亚，而且他们创造性的学习尝试也帮助许多其他学校的学生获得了更好地了解这出戏的机会。为了获得重视，这些年轻的戏剧家们计划再表演一次，把莱索托风格的《麦克白》改编成自己的版本。该项目在"微软学习伙伴比赛"中赢得了国家级奖项，而玛拉蒂斯因此赢得了一次前往布拉格的机会，去那里与来自世界各地的项目制学习倡导者交流，分享她所做的工作，这为她未来的项目获得了新的构思。

当你设计和推行了成功的项目，并看到你的学生更深入地投入到有意义的学习中时，你会发现自己有充分的理由继续这一征程。你可能会发现，项目可以帮助你的学生获得灵感，并建立他们平时看不到的联系。

维基·戴维斯是一个不断创新的教育者典范。她在社交媒体上是知名度颇高的前卫教师，她说："我们所做的每个项目都涉及企业家创业、教师创业等方面。有些部分未经尝试或测试，关于这些我们会说'如果……会怎么样呢？'新的问题可能仅占整个项目设计的 15%，但这足以让我们保持创新。这也让孩子们看到我们在不断学习。"

2012 年，当飓风桑迪（Sandy）席卷美国东海岸时，一些家庭断电数周。当时，一个项目正在进行中，受影响地区的学生用手机给他们的项目同伴更新消息。"在暴风雨中，孩子们担心着那些依靠着他们的同伴。当一个孩子足够关心自己的同伴，并用手机给地球另一端的同伴发消息时，你就已经从根本上改变了那个学生。"戴维斯说，"他们知道有人依赖他们。他们学到了合作的意义。"

以项目为驱动，以学生为中心

如果你是项目制学习的新手，那么你可能需要一些时间才能看到如此激动人心的结果。首先请牢记，你是在投入。项目设计是前置的工作。这意味着教师要为项目做准备和规划，为项目的实施打好基础。之后，你就要把掌控权交给学生。轮到他们在学习中付出努力，而你则成为他们的协助者和引导者，以及问题的咨询者。一旦为以学生为中心的学习打好了基础，那么你最初对项目设计的投入就会马上得到回报。

你也可以期望你现在付出的努力会在将来提高你的效率。如果你创建了一个成功的项目，你很可能会一次又一次地使用它，或者像戴维斯建议的那样，改变或调整它以保持新鲜感。这是个累积的过程，你从每个项目中学到的东西都会影响下一个项目。创建新项目就好比在你的教室里造图书馆。它是一种会随着时间的推移而变得越来越好的资源。

例如，在一所小学里，同一年级段的 4 名教师定期组队合作，共同规划跨学科项目。这些项目既要突出多种课程的内容标准，还要把学生与校外更广阔的世界联系起来。一个经久不衰的热门项目是关于国际贸易的。4 年级学生在项目中扮演"进口商品的侦探"，去找出生活中熟悉的商品都来自世界的何处。他们利用网络资源实时跟踪货物运输，并与其他国家的学生交换信息和学习成果。教师在规划方面的初步投入也就得到了回报，因为他们获得了一个可靠的平台，在此平台上，他们可以建立新的构思。教师找到了新的方法和技术使学生的研究更深入，促使这个项目在过去的几年里得到了进一步发展。例如，当谷歌地球（Google Earth）免费提供卫星图像时，它为学生提供了"查看"国际贸易模式的新方式。

通过实践，参与项目工作有助于教师和学生发展新的互动合作方式，并融入新的思想。随着时间的推移，你的学生就能更好地进行团队合作，管理好项目的截止日期，解决冲突以及对他们自己想了解的问题进行调研。你在协助他们取得成功的道路上也会越做越好。你们都会进入一种良好的工作或学习节奏。

最后请记住，你是在为你的学生创造新的传统。多年以后，你希望他们在和你共同经历的学习中，还能记得什么呢？

下一步该做什么

在引言中，你已经对你的项目制学习经验水平进行了快速评估。你是从新手开始起步的吗？还是已经是领军人物了呢？无论你的经验水平如何，现在是时候考虑让谁陪你走完这段旅程了。

无论推动你转变的动力是什么，当你探究和实施项目制学习时，会发现与同事们协同合作是一种优势。本书中的主题、讨论指南和活动都遵循项目发展的轨迹，因此阅读本书就是一个合作型项目。从最初的自我复盘到最后的回顾，你可以将本书当作一本尝试新的学习机会的指南。与同事一起阅读本书并进行讨论，这样你们可以创造一个共同的愿景，并朝着共同的目标迈进。通过共同努力，你们可以期待创造出比你自己单打独斗所能创造的更伟大的东西。

下一章我们要关注从正式和非正式的层面，同事间合作以及利用关系网所带来的好处。在开始下一章之前，你可以想一下你的专业学习关系网中都有谁。如何才能与同行们建立联系？你还想请谁加入，做你的学习伙伴？

科技聚焦
共享信息

当漫游互联网以寻找一些好的构想时，你可能想要管理你所找到的内容以便日后查用。在这个过程中，你会遇到和你有相同想法的人，有些人甚至还会向你介绍新的东西。

书签和批注是社交性搜索工具中十分有用的功能，例如 Diigo 和 Hypothes.is。如果安装了这些工具，你就可以在任何页面上选取文字，添加批注，根据你选择的类别进行标记，比如，"Hydroproj"，并分享给你的关系网络中的其他人。

这些工具可用作：

- 添加标签并公开发文或私下保存；
- 回复或分享任何批注；
- 链接到笔记或整个页面；
- 添加书签和批注并批量进行分组；
- 私下与他人协同合作；
- 对你的笔记进行搜索；
- 查询所有的公开批注和配置文件。

拼趣（Pinterest）是一个组织管理各种想法的可视化社交网站。

小试牛刀
从总览全局出发

当开始进行项目制学习时，你就要花时间思考自己要做些什么了。你可以研究一下，看看智能时代下的项目制学习有哪些好处。先浏览以下这些在线资源，你可以看到来自不同背景、学科领域和年级水平的各种项目制学习案例。建立你对项目制学习的全局认识，从总体上了解项目制学习能给你和你的学生带来些什么。

1. **教育乌托邦**：是由乔治·卢卡斯教育基金会（George Lucas Educational Foundation）发布的网站，教育乌托邦展示了项目制学习潜力的各种多媒体资源。你可以搜索"项目制学习"或者"PBL"，然后观看视频，阅读研究论文或者浏览项目范例库。作为一种对你的学生可能奏效的教学策略，最吸引你的是什么？目前看起来"太大"或遥不可及的是什么？从研究的角度来看，是什么让你觉得项目制学习值得去做？

2. **巴克教育学院**：学院拥有广泛的项目库、视频收藏、项目制学习研究概要和帮助你设计项目制学习黄金标准的各种工具。你可以浏览这些资源并问问自己，哪些案例看起来最符合你的情况，为什么？

3. **卓越典范**：高质量学生作品中心（Models of Excellence: The Center for High Quality Student Work）。EL 教育联合哈佛大学教育研究生院共同建立一个项目展示平台，其中包括学生作品和教师复盘内容的范例。

4. **美高科学校学生项目**（High Tech High Student Projects）：这个在线资源库展示了美高科学校网络的项目范例和学生学习成果，其中还包括了教师和学生的复盘内容。

信息素养的一个方面是指，懂得如何分析和评估资源。一旦找到了你认为有用的东西，你就想能够再次找到它。你也希望能够与他人分享有趣的研究和想法。科技手段可以帮助你开展这些活动。如果你之前没有一个在线的空间让你组织管理、批注和分享资源以及有用的链接的话，那么现在是时候去建立了。在整个学习之旅中，准备好不时地回过头来查看和使用这些资源，也想一想当你的学生在进行调研时，他们该如何利用这些工具。

第 2 章 **找到你的同伴**

本章将指引你：

- 识别采月项目制学习的潜在催化剂和激励因素；

- 理解教师协同合作在设计和维护高质量项目制学习中的重要性；

- 探索线上社群，与正在使用项目制学习的同行仃以及可参与的项目联系起来。

杰夫·惠普尔（Jeff Whipple）是一名加拿大的教育工作者，他在从事了一段时间的工程方面的工作后，步入了教育行业，目前是一名技术导师。团队合作在现在的职场上，如工程、商业、媒体、设计和其他很多领域都很常见，但最近才在教育领域普及开来。惠普尔认识到了团队合作给师生双方带来的好处，也见证了在创建和维持学习社群的过程中会面临的挑战。

惠普尔初次接触教师工作是在一个有 60 人的混龄课堂上，当时包括他在内共有 3 名教师。他之前所受的正式的教师培训完全没有涉及跨年级合作的问题，但他很快感受到了与同事紧密合作的好处。他说："在这个班级教了大约一个月后，我才明白自己有多幸运。我能够与同事们一起通过头脑风暴来进行备课、反思课堂里发生的事情，这都是很棒的体验。"

两年后，惠普尔被调到另外一所学校，他在一个独立教室里教授 8 年级科学，一天 5 节课。他说："我都快死了！这里太闭塞了。我很难有时间与其他教师交流想法，甚至连话都说不上。我就像手被铐住一样难受，一切都停滞不前。"接下来的学年有了新的变化。学校校长给了他一个机会，让他在演示型课堂上与另一位教师合作。这个课堂是"每个孩子一台笔记本电脑"项目的一部分。惠普尔急切地抓住了这个机会，并取得了成功，也因此给整个学区的教育带来了新的机遇。

如今，他成了新不伦瑞克省西部学区英语国家教师的技术导师。这个新角色让惠普尔有机会开展更多合作。他说："我不断推动教师跳出狭小的本地社交网络去思考问题，鼓励他们走出去，用教育的眼光看世界，并与世界各地的教师建立联系。"

惠普尔说，他真正热衷的是"让孩子们彼此联系起来"，这样他们就能通过与同龄人的互动来了解世界。"想让孩子们彼此相连，教师们得先知道如何与彼此建立联系。"

教师合作最重要的一个条件就是：尊重。惠普尔说："你们必须对彼此坦诚，这意味着你必须信任和欣赏与你共事的人。你需要自然地说出'那么做挺好，下次试试这种方式吧。'得到这样的反馈对教师而言是很好的体验。"

新的学习环境，新的合作机会

新的学习环境为教师创造了新的合作机会，并克服了传统的职业隔离。

科技创新通常会带来职业的发展连同软硬件的升级，这样教师能自如地使用新工具。惠普尔和他加拿大的同事早期参与了"每个孩子一台笔记本电脑"项目。这个行动会为当地教师提供机会，去参加田纳西州孟菲斯市洛桑学院（Lausanne Learning Institute）举行的国际研讨会。惠普尔每年都会带新不伦瑞克省的教师参加一年一度的活动。他说："看着教师们相互建立起了联系，并意识到这些联系所带来的力量，我真的十分欣慰。当他们回来时，你能感受到他们热情洋溢。他们遇到了世界其他地区的教师，彼此的交流让他们认识到：我们并不是身处一个封闭的小环境中。他们从中获得了新的教学思路，现在，他们想用更多的方式来保持联系，互通有无。"

对于一些教师来说，他们尝试新教学方法的灵感来自他们参加的赞助活动，如"探索教育社区""苹果杰出教育工作者""谷歌认证教师""微软教育社区"等。这些活动能让教师在线上一起进行专业学习，也能在线下面对面地开展合作。

对于一些学区而言，采纳通用标准，是引发项目制学习崭露头角的因素。在亚利桑那州，韦尔联合学区（Vail Unified School District）的学科带头人已制订了覆盖所有年级的项目规划方案样本，他们想要同时提高项目的水准和相关性。这些符合通用标准的项目规划方案，被发表在一个名为"课本之外"的学区自营网站上。这样一来，更小的学区和特许学校也能从中学到东西。

那些乐意采纳跨学科方式的学校，比如 STEM 教育[①] 或者 STEAM 教育[②]，他们为引入项目制学习做好了充分的准备。华盛顿州塔科马市的谢尔曼小学（Sherman Elementary School）就是个很好的例子。这所学校的文理学科都很强。几年前，学校的管理团队在参加了州里的一个 STEM 教育研讨会后，于一周内制订了行动方案。5 年级教师朱兰娜·博伊德（Julanne Boyd）当时已经从教 20 年，她对项目制学习知之甚少，她回忆说："当时真的很激动。"

谢尔曼团队的一个关键决定就是，他们倾向使用 STEAM 课程而不是 STEM 课程。"我们不想丢弃艺术所能带来的创造性，"教学导师塔拉·埃德蒙（Tara Edmond）解释说，"我们要怎么做呢？我们意识到项目制学习是我们能做的最适合的跨学科学习方式。于是，我们就专注于项目制学习，把它作为我们的指导方法。"

不可否认，谢尔曼的行动方案是充满雄心的，不仅把重点放在 STEAM 课程上，并且在教学法上转变为项目制学习，甚至还在学校引入了创客空间。"经验丰富的管理人员通常会建议你一次只尝试一种新方案，"罗恩·史丹利（Ron Stanley）是一名幼儿园老教师，也是早期采用项目制学习的教师，她承认，"我们一次性启用了三种新方案，但它们都是相互关联的。"

---

① STEM 教育是科学 Science、技术 Technology、工程 Engineering 和数学 Math 四门学科英文首字母缩写，其重点是加强对学生这四个方面的教育。——编者注
② STEAM 教育是集科学、技术、工程、艺术（Art）和数学多学科融合的教育。——编者注

基层教师管理加上行政部门的支持，有助于教职员工一起开展项目制学习，并且创建各种真实的项目，而这些项目往往与社区合作伙伴协作开展。博伊德承认，项目制学习是具有挑战性的，但"作为一名教师，它让我充满活力。它更加以学生为中心，也更公平合理。"比如，学校过去常常会把科学俱乐部作为课前和课后拓展活动课，但是那意味着有些学生就被排除在外了。现如今，每个年级的学生每年至少会体验 3 个深入的 STEAM 项目。

某位教师率先尝试了一些新事物，改变自然发生了。当你将具有丰富科技手段的项目融入你的课程中时，你就已经在为改变做规划了。在你与同事们分享开展项目制学习的体验时，或者邀请他们一同参与项目规划时，你会激励在同一幢楼里工作的其他人也开始效仿。

瑞士苏黎世国际学校（Zurich International School）1 年级团队发生的事情就是如此。卡蕾·霍克（Kalley Hoke）老师一直在自己的班级教室里尝试项目制学习，她想把传统教学单元改造成为一个真实世界的项目。当霍克想开展更多的真实项目时，她的热情很快就传递给了她的同事们。

"以前，我们做过一个关于动物适应环境的单元，"霍克解释说，那时她很努力地让她的学生学习到更多的科学内容，"孩子们住在苏黎世，如何对海豚的尾巴进行探究呢？那是行不通的。所以改进的主要部分就是将内容本地化，这样才能让探究学习更真实。"

当附近的动物园宣布即将举办一个关于刺猬的展览时，霍克的团队意识到这是一个好机会，可以让学生有机会成为博物馆的"负责人"。于是，整个年级的学生相互协作，共同规划了一个项目，学生将创立他们自己的快闪自然历史博物馆，来展示可供学生观察和研究的小动物，如昆虫、小型哺乳动物，以及爬行动物。

团队里的迈克尔·米尔恩（Michael Milne）和格雷琴·史密斯（Gretchen Smith）

是学校新来的教师，也是项目制学习的新手。共享式规划帮助他们识别出课程中的关联内容，并预测了项目关键阶段的具体学习活动。通过在项目日历上的布局安排，他们可以计划什么时候把重点从前期研究转向头脑风暴，或从产品制作转向展示成果。在后面的章节中，你会了解到更多关于项目该如何展开的内容。

教师协同合作的好处很快显现出来了。"作为教师，我们可以决定我们想要如何进行细化。"米尔恩解释说。在项目的早期研究阶段，学生在 4 个教室轮流探讨问题，"他们找了不同的老师做不同方面的研究"。这些研究包括书本、图片、精选网站和视频资源的使用。

在项目后期，当学生设计自己的展品时，他们可以选择去哪个教室参加研讨会。每位教师都提供了使用不同材料的方法，比如纸胶混合物，或者把科技手段结合到展品设计上。"作为教师，我们可以分工合作来面对挑战，"史密斯说，"我们不必全靠自己承担所有的教学任务，这让我们如释重负。"与此同时，学生也因为能进行选择而受益。"如果你只是在自己的班级里开展项目，那么项目的做法很有可能就是以老师的指导为主。孩子们游走互动的形式会让他们有更多的能动性，这样一来教师控制结果的可能性也就更小。"

如果你是为了学生能掌握智能时代的相关技能而开始了这段项目制学习之旅的，那么你就要理解团队合作精神对他们生活的重要性。ISTE 学生标准、共同核心国家标准（Common Core State Standards）、新一代科学教育标准（Next Generation Science Standards）、21 世纪学习框架（Frame work for 21st Century Learning），都注重培养学生的沟通与合作能力，精通这些技能的学生才能充分适应这个日益数字化的世界，从而变得高效多产。经验告诉我们，我们应该在实践中培养这些技能。

需要考虑的 3 个问题

你想要在何时、以何种方式、从何地开始引入新的教学方法来实现你的目标呢？惠普尔鼓励教师考虑以下 3 个问题：

1. **在教室里如何造就"信息工匠"（information artisans）？** "信息工匠"这个术语是由教育作家戴维·沃利克（David Warlick）创造的。这个词巧妙地形容了懂得使用信息的学生。这类学生能够用语言、图像和丰富的数据讲述引人入胜的故事。

2. **如何帮助学生成为连接型学习者？** 我该如何帮助学生找到对他们有帮助的人，并帮他们安全地建立起联系呢？

3. **如何帮助学生构建数字化社会资本？** 与其关注学生在上网时应避开什么，不如考虑帮助他们建立网上的个人形象。我们应该帮助他们思考：在网上，暴露在公众视线下意味着什么？该如何利用数字工具进行创作，并与真实的受众来分享自己最好的作品？

你自己思考一下这些问题会很有用，与其他同事讨论一下会更有价值。你们该如何支持彼此，帮助学生成为信息工匠、连接型学习者和内容创作者呢？你自己是如何培养这些能力的？

在第 1 章，你评估了自己是否愿意改变与学生的互动方式。现在，请花点时间想想，在合作性更强的项目中，你该如何与同事们互动。除了仔细观察彼此的教育方针和课堂实践之外，你知道如何提出和接受批判性反馈吗？就这一点，你可以参见本章后面重点介绍的美高科学校和项目改进操作规程。你们除了会在一起备课之外，还会给对方提出对教案实施方案的意见，你是否适应这种共同决策的模式呢？如果你拥有开放的心态，并且尊重与你共同踏上这段征程的同事，你就不会觉得不舒服。

重点关注
团队合作，教学方式的一部分

埃莉斯·米勒（Elise Mueller）在第一次经历团队合作时还是一名新教师，她将这次合作视为教师职业发展的一块跳板。在从教的第二年，米勒获得了比尔 & 梅琳达·盖茨基金会的补助金，这让她有机会与华盛顿州的其他教育工作者一起提高自己的职业水平。通过小组活动，米勒对项目制学习和将科技有效融入教学的策略有了更深入的了解。她说："团队合作真的很棒，但这在教育领域中还非常少见。"在资助金周期结束后，她正式进行团队合作的机会也就结束了。"我回到自己的课堂里，就又是我自己孤军奋战了。"

第二年，米勒碰巧看到了另一个资助机会，该资助金计划需要组队参加。米勒抓住了这个机会，亲自到华盛顿州贝灵汉小学与同事们讨论，组建了一个 5 人小组。在这个小组里，从 1 年级到 4 年级各有一名老师，5 年级的米勒是小组的组长。他们获得了一整年的资助，包括硬件设备，如平板电脑、投影仪和数码相机等，以及通过国际教育技术协会（International Society for Technology in Education，即 ISTE）进行职业深造的机会。教师会与国际教育技术协会的导师、作家和教育家苏珊·布鲁克斯 - 杨（Susan Brooks-Young）结对。他们以课程标准为依据，想要通过科技来促进针对"英语语言学习者"的科学教育。米勒解释说："我们想提取科学的学科词汇，并利用科技手段来给各个年级的学生做清晰的阐述。我们希望跟我们的英语语言学习者一起，把重点放在他们所需要的词汇上。"

这些教师立刻投入到学习中。"他们给我们提供了平板电脑，但我们不知道如何使用。我们学区也没有关于将科技融入教学的课程。于是我们建立了互助小组，一起学习。这是非常可贵的。"米勒说道，"这次经历让我们成为学习者，这也大大地改变了我对自身在课堂中的角色定位。"

他们这个团队在学校放学后也会碰面。米勒说："我们会拿出平板电脑，互相展示我们在课上与孩子的互动情况。这种相互支持和学习是我们在别处不可能获得的。对我而言，这是个从量变到质变的过程。我们一起合作，除了时间没任何别的花费，但这能对我们的课堂教学产生巨大的影响。它培养了我们的能力，也改变了我的世界观。"

是什么让专业学习社群取得了这样的成功呢？米勒认为，大家共同的热忱是一个关键因素。她说："我们互相督促，让项目提高到一个新的水平，绝不满足于'还行吧'。我们都热爱学习，都有'必须要知道'的态度。我们想知道外面的世界有什么，可以把什么带到我们的课堂来帮助孩子们的学习。"此外，这个团队的教师也能够从失败的实践中吸取经验。"失败的部分至关重要，"米勒解释道，"如果有什么地方做得不太成功，你就需要从中吸取教训，然后继续前行。这也是你的前车之鉴。"

对于米勒和她的同事来说，团队合作已经成了他们教学方式的一部分。尽管米勒后来换了学校，但她仍在寻找机会与其他同事交流，并在跨学科项目上进行合作。

此外，她还建立了一个教育者的线上社群。她说："我与世界各地的同行保持着联系。在线交流为我打开了一扇通往新世界的大门。"对于那些刚接触团队合作的老师，米勒给了这样的建议："刚开始，你可能会遇到一些障碍。一旦找到和你有着同样热忱的人，你就会乐此不疲。"

学校是一个学习型组织

学习型组织，或教育领域经常提到的专业的学习社群，与其他职业关系不同。彼得·圣吉（Peter Senge）在他的畅销书《第五项修炼》中阐释了商业领域的学习型组织这个概念。一个学习型组织可以是或大或小的业务团队，他们通过团队合作不断解决问题，从而把生意做得更好。在此过程中，个体和团队都得到了发展，有能力创造他们想要的结果。他们学习新的思维模式，学习如何充分利用集体的智慧，最重要的是他们不断摸索如何共同学习。

学习型组织这个概念在 20 世纪 90 年代轰动了商业界，颇具革命意义。有趣的是，它源自商业，又迁移到了教育行业。为什么让商业领域的组织发展专家去构想教育领域的学习型组织前景呢？学校难道不是一个学习型组织吗？你和同事们一起探讨专业实践问题的频率是怎样的？你们是否经常探讨如何共同学习？

学校的整体境况，从学校日常安排到传统教学实践的影响，导致其不能促进对基本教学活动进行合作审查。老师们可能会每周花数小时聚在一起，但其中大部分时间都花在安排课程进度、课程协调、为个别学生排解疑难问题、审查测评数据、规划学校活动以及处理许多班级"日常内务"的事宜上了，很少有时间谈论他们想在课堂上教什么和如何教。

以项目制学习为核心的学校，会对课程的时间安排十分谨慎，同时也会为教师合作保留时间。在加利福尼亚州圣迭戈县，构成美高科学校体系的14所学校就是如此，那里的教师每周都有数小时共同进行讨论，而讨论的内容都是围绕如何通过项目推进教学。科学领导力学院（Science Leadership Academy）在费城有3所学校，十分重视项目制学习，而且会给老师集中的时间来计划和汇报他们所开展的项目，并共同检查学生的作品。

在探索项目制学习的过程中，请想想你将如何有意识地与其他同事进行互动。请花点时间去观察和复盘彼此课堂上的互动情况，学着互相给出批判性反馈，充分利用集体的智慧，积极用新的思维模式思考，学习如何坚持不断地共同学习。如果你是学校管理者，那么请你考虑一下如何为教师合作清除阻碍。

如果在你工作的地方很难有时间与同事一起合作，那么不妨从小事做起，你也许可以与同事探讨你们共同面临的一个教学挑战。如果能够定期与同年级或同学科的教师团队会面，可以让他们就你心中构想的一个教学项目给出反馈意见，同时你要乐于接受同事们给你的反馈，也要欢迎那些感兴趣的同事加入你的队伍。渐渐地，你就能从学习型组织中获益良多。

一些学校非常重视团队合作，他们采用了让教师互相给出批判性反馈的流程。卡梅尔·克兰（Carmel Crane）在从教十载后，进入了一所强调教师合作并将其并视为学校文化的高中。在新学年之初，克兰打算和学生一起开展一个数字媒体项目。克兰叙述了之后发生的事情："在向学生介绍这个项目之前，我先将其展示给了大约10位老师，他们提出了很多意见。这其实是一个很好的机会，让我发现了自己疏忽的地方。他们还给我提了一些建议，好让这个项目扩展到整个社群。这不仅能将我的兴趣公开化，而且其他教师也可以借此了解到，我们在未来的项目中该如何合作，以达成我们共同的目标。"

这次经历让克兰大开眼界。"我以前在其他学校里从没有得到过这样的反馈。"她说，"这对开发我的课程，让我得到真正的进步十分宝贵，是我从业以来最棒的一次经历。"

重点关注
美高科学校的实践 [1]

2000 年，美高科旗舰校创立于加利福尼亚州的圣迭戈县。在此之前，创始人拉里·罗森斯托克（Larry Rosenstock）就明白学习的价值在于思考和实践的结合。罗森斯托克当过律师，也做过木匠，也还以教师、活动家、导师和会议召集人的身份，就公共教育的未来进行了全国性对话。

美高科学校的思考与实践结合的学习模式，在圣迭戈县不断传播扩展，目前已经覆盖了从小学到高中的 14 所学校（加上还有 2 所在筹划中）的 53,000 名学生。学生通过应对他们所在社区的挑战来学习。比如，改善当地流域的水环境，就热点问题举办公众论坛，出版当地的野外指南，为残疾人制作辅助器具等。这些项目都与现实生活相结合，学生使用的工具包括从最新的数字技术到文艺复兴以来就有的工艺品制作材料。他们将自己的作品公开展览，吸引了数以百计的参观者。

学校通过摇号抽签的形式招生，学生的数量反映了圣迭戈县社会经济的多元化以及美高科学校网络对教育公平的决心。在这里，对学生的追踪和分组都不是依据学生能力来进行的，几乎所有美高科学校的学生毕业后都能进入高等院校，其中有 3/4 的学生可以进入四年制大学。许多学生是他们家庭中第一个接受高等教育的人。这样惊

---

① 美高科学校的实践在《为孩子重塑教育》（Most Likely to Succeed）一书中有更为详尽的呈现，这本书的同名纪录片风靡全球。《为孩子重塑教育》的中文简体字版已由湛庐文化策划出版。——编者注

人的成绩使得每年都有来自世界各地的访客，他们想亲眼看看美高科学校是如何将项目制学习付诸实践的。

教职人员和学生都非常乐于分享他们的成果。这所特许学校大方地展示着他们的项目和流程，将一切都透明化，因为从建校之时起，学校就想让这种模式得以复制。学校的学习空间都是用玻璃墙隔开的，这因为他们想创建教室和社区这两个空间互通的景象，而不是在两者间建立屏障。美高科学校通过跟深度学习系统的合作，举办了一年一度的春季研讨会，吸引了来自美国及世界其他国家的 1,000 多名教育工作者。

美高科学校建立了自己的教育研究生院，为项目制学习教学模式直接培养和输送教师及学校管理人员。研究生课程吸引了美高科学校网络内部和南加利福尼亚州其他学校的参与者。教育研究生院每年招收 28 ～ 35 人。这里的教职人员会让高中生担任教师候选人的顾问，这就使角色进行了逆转，充分展示了美高科学校学生的话语权。

到 2018 年，美高科教育研究生院已经给 138 人颁发了教育领导学硕士学位。大多数毕业生都留在了一线教室里，其中将近 100 名毕业生被聘为教师管理人员。其他的毕业生有的担任了学校或学区的管理人员，有的被聘为教学导师，在不同的职位上推动项目制学习。还有 3 位毕业生创办了新学校。

斯泰西·卡里尔（Stacey Caillier）自 2007 年以来一直在美高科学校工作，她比前曾指导过教师领导力硕士课程。在职业生涯的早期，她在一所鼓励创新的高中教数学和物理。她回忆道："我之前一直在用项目的方式进行教学，直到后来我才知道有项目制学习这个术语。"那段经历让她确信了做项目的价值，但也留给她"许多问题"。"我看到了很多人孤立的工作状态。确实有新的事物涌现，但并不一定是通过合作来实现的。"

但是在美高科学校，所有的学习都是通过跨学科项目展开的，学校的文化促进了教师和学生之间的合作。那么其他学校可以从美高科学校和其无处不在的项目制学习中借鉴些什么呢？卡里尔目前负责美高科学校网络的股权与创新教研中心，她给出了一些建议。

强调合作设计

在成立之初，美高科学校的核心原则就是"教师即设计者"。20 年前，让教师可以自由地设计自己的项目，而不必使用现成的课程，是很激进的做法。现在时代变了，而且美高科学校改善了其模式，强调合作设计的核心原则。

项目制学习仍是主要的教学方法，但现在的项目设计更强调学生的话语权和跨学科规划。对于教师来说，合作设计意味着要思考："在合作设计项目的过程中，如何让学生参与？如何创造丰富的跨学科项目？"合作设计十分重要，不能抱有侥幸心理。校方特意给新教师介绍了这种方法，并不断强化项目制学习的应用。

美高科学校新来的教师，不管是从教几十年的老教师或是刚刚从业的新教师，都会参加一个为期 10 天的强化培训，培训涉及项目制学习的各个方面。这项名为"奥德赛计划"（Project Odyssey）的专业学习经历，可以帮助教师学习如何设计、管理、评估和展示对学生来说富有意义的项目。在项目改进的过程中，学生通常会给出反馈。美高科学校的入职培训是一个很好的提醒，让大家知道通过项目制学习来开展教学需要花费时间、精力，也需要大家沉浸其中，全情投入。

"学校的目的是让教师通过这段经历构想出一个他们能做的项目。"卡里尔解释说，"更重要的是，我们要树立起一个意识：我们是一个合作学习型群体。"

采用规范的操作流程

在美高科学校网络中，会通过频繁的项目改进和反馈会议来巩固和加强团队合作的文化。这些会议使用共同的语言来讨论项目制学习，规范的操作流程能让教师更好地给出批判性反馈，分析和解决项目中的挑战，以及一起检查学生的作业。

规范的操作流程给同事间的讨论提供了一个框架。卡里尔承认，要通过实践练习才能很好地使用这些工具。"引导讨论的协调员要坦诚地告诉大家，这么做会让人感到尴尬和有些做作，这点很重要。"她说道，"人们常常会说：'我们就不能直接讨论吗？'但采用规范的操作流程能提醒我们照章办事。这是为了确保大家都有平等的发言权。这样的操作流程能够帮助我们走上正轨，使大家在一起的时间变得很有意义，并让每个人都参与其中。"

项目改进环节一般耗时 1 个小时，在结束后，协调员会立即引导小组对整个过程进行汇报。小组或许会评估他们提出问题的质量，或许会考虑他们是否达到了共同标准。学生会经常参与项目改进的过程，在某些情况下，他们甚至会充当促进者的角色。"这些都能帮助大家更好地展开讨论。"卡里尔说。

这种专业学习的合作方式与项目制学习的课堂相互呼应。在课堂上，学生也会互相给对方所做的任务提建议并接受他人反馈。"一开始，大家对于分享自己所做的工作都有点不习惯，也不习惯做一个发言者，或是接受一些关于如何参与合作的准则。"卡里尔说。我们知道，在教育领域之外也是用类似的流程来促成富有成效的讨论的。比如，建筑师会用一个叫"专家研讨会"（charette）的流程引导参与者提出意见，形成设计方案。

美高科学校以外的教师也可以从同样的操作流程中受益。这些流程很多都改编自美国国家学校改革委员会（National School Reform Faculty）使用的资料。卡里尔分享了一个例子，说明了项目制学习是如何改变一个非美高科学校背景的学校的文化的：

> 我们发现支持非美高科学校教师最有效的方法之一，就是让他们在自己的学校里设计项目、改进项目。这样能给大家传达一个信息：我们在分享我们的成果。我们是课程的设计者，而不仅仅是实施者。
>
> 当人们加入这些讨论时会很兴奋。在一所很传统的学校里，有两位研究生跟与他们的同事一起做了项目改进。他们邀请同事对他们正在研发的探究学习单元进行反馈。同年级组的同事都热情地参与其中，并告诉校长："我们认为所有年级都应该这样做。"后来的项目改进会议校长也来听了，她说："你们是对的！每个人都该这么做。"在接下来的全体教职工大会上，校长让这些教师用"玻璃鱼缸式讨论"①来演示项目改进是如何进行的。之后，校长让这些教师在区领导会议中再用"玻璃鱼缸式讨论"展示了一次。现在，其他学校的校长也让他们

---

① 玻璃鱼缸式讨论：指的是让人数较少的一组人坐在内围，其他观察者站在或者坐在外围，来观察正在发生的过程。

的教师开始做项目改进了。由于这两位勇敢的教师迈出的一小步，这个做法已经在整个学区普及开了。

为协同合作腾出时间

因为教师之间的合作是教学实施的关键推动力，因此，美高科学校给教师留出了在学校一起讨论和合作的时间。美高科学校网络中的大多数校区，每周都至少会留出3 个在学生到校前一小时的教师合作时间。有些校区还会为了展开更多的教师间合作安排出几个半天来。卡里尔说：“这种做法很特别的地方就是时间的利用方式。”在许多学校，包括在卡里尔职业生涯开始的那所学校，教师职业发展是由校外的专家主导的，教职工开会也多数围绕着学校后勤内务展开。相比而言，美高科学校希望学校的主管和校长成为教学上的领导者，能带领教职工进行专业学习。“我们的教师相互间会进行多次反馈，这非常有效。”

这些讨论为那些刚接触项目制学习的教师提供了持续的帮助，而那些经验丰富的教师也能因此提高了自己的领导技能。正如卡里尔所说：“这是培养更先进、更成熟的教师的途径。我们一直考虑怎样才能让更多人参与其中并获得成长。”

找到你的盟友

一个能给予支持和帮助的专业群体显然是美高科学校的部分魅力所在。卡里尔说：“我们都热忱地投入其中，向公众展示我们所做的工作。这里还有一种赞扬疯狂构想的文化。即使一个项目构思进展得并不太顺利，大家也会说你尝试做了一些了不起的事情。”

对那些希望将这些成果复制到美高科学校之外的教师，卡里尔鼓励他们找到一个对项目制学习有着同样热忱的教育工作者群体。“好好干，并且邀请其他人加入。”她建议说，“从容易的地方开始推进。从邀请你的朋友开始做起，而不是试图去说服那些最保守的同事。”另外，不要忽视展示项目成果的机会，因为这能够吸引更多的盟友。

卡里尔发现，在就读美高科学校的硕士学位项目时，如果有两名教师来自同一所学校,那他们一起学习会更有动力。她说:"当至少有两名教师来自同一所学校时,他们取得的成就比一个人单干时大很多。"与来自同一所学校志同道合的同事一起参与,可以让人产生"使命感和激情"。"这些感觉是会传染的。"

有些教师在本校找不到可以一起做项目制学习的同事,那他们会去校外寻求帮助。卡里尔讲述了一名老教师的感人故事。这位老教师来自一所困难学校,他来到美高科学校打算重塑他的教学实践。"他告诉我们,他过去变成了自己从未想成为的那种教师:一名优秀的应试型教师。当他的妻子说不想让他教他们的孩子时,他触动很大。他内心希望以一种不同的方式教学,而他所需要的只是一个能告诉他这样做没什么问题的群体。"卡里尔补充说,"如果你的学校内没有这样的同事,你可以想想还能去什么地方找到源源不断的支持和动力。"

充分利用学校网络

随着由卡里尔领导的平等与创新研究中心的创立,美高科学校有意识地利用网络的力量来改善教学。以实践者领导的研究项目把美高科学校与美国各地的学校联系起来,共同探究有关教学法的问题,比如如何提高学生的读写能力,或如何帮助学生在数学课上更有成就感。用于研究项目的操作流程和其他资源都是共享的,这样做也是为了能传播那些行之有效的方法,并继续建设致力于以实现深度学习为目标的学校网络。

辅助资源
项目改进操作规程

美高科学校网络里的所有学校,会定期用规范的操作流程来为同事间的讨论制定框架。其中许多操作流程都是由"美国国家学校改革委员会"所有的材料改编而成的。美高科学校最常用的一种操作流程就是项目改进操作流程,教师可以在项目进行过程中随时使用它,让同事们给出批判性反馈和建议,以改进项目。

美高科教育研究生院的教师领导力硕士课程负责人斯泰西·卡里尔，对于如何充分利用这些合作性讨论给出了 3 点建议：

- **通过提问的方式让别人反馈**。你想知道什么？比如说，一位设计项目的教师可能会问：我怎样才能让驱动性问题显得更加有趣呢？怎样才能让学生和参与这个问题的社区组织联系起来呢？当项目进行到一半时，教师可能想知道如何调整项目计划。比如，怎样才能更好地做好形成性评估？该为成品的最终展示做些什么？
- **让不同的教师参与进来**。让多元化的群体加入同事间的讨论会，比如经验丰富的教师和刚接触项目制学习的新手，或者是不同年级或不同学科的教师。多元化的观点可以碰撞出更多火花。
- **让学生参与其中**。美高科学校的教师经常邀请学生也参与到项目改进中来。学生能很现实地指出该项目是否能引起他们的兴趣。在项目进行时，学生可以分享更多的想法。卡里尔说："这能够帮助我们了解我们做的哪些事情是有效的，哪些地方还可以做得更好；学生想知道什么，以及项目开展过程中他们认为哪些地方需要调整。这些往往都会带来很精彩的讨论。"

一般来说，一次项目改进会议的时间为 40 ～ 60 分钟，会有一位协调员来引导整个讨论不偏离规程，也会有一位计时员负责查看时间。下面是时间表范例：

1. 介绍（5 分钟）

协调员简单地介绍操作流程的目标、指导原则和时间安排。如有需要，参会者会做简单的自我介绍。

2. 展示（5 分钟）

主讲人可以跟大家分享学生项目的背景，比如：

- 关于学生或班级的信息；
- 促使学生做这个项目的任务或激励因素；
- 了解该项目的学生学习目标或标准；
- 学生作品的样本；
- 评估格式，包括评分说明或评估标准；

- 引导反馈的中心问题。

参会者要保持安静，这个环节不能提问题。

3. 澄清疑问（5 分钟）

参与会议的人员都有机会要求主讲人"澄清"一些问题，因为主讲人在展示时可能会忽略一些信息，但这可以帮助参会者更好地了解学生项目的背景。澄清的问题都是与"事实"有关的，主讲人要提供清晰的答案。

4. 检查学生的作品样本（8 分钟）

参会者会仔细查看学生的作品，并时时做笔记，记录下那些与既定目标不一致、需要调整的地方，或可能有问题的地方。参会者会特别关注主讲人提出的中心问题。主讲人在这个环节保持安静，参会者也会安静地进行这项工作。

5. 停下来思考要给出的反馈（2 ~ 3 分钟）

参会者会花几分钟时间思考他们在反馈环节要给出什么反馈。这将会以"热"反馈和"冷"反馈的形式呈现。热反馈包括关于该项目看起来是如何达成了理想目标之类的评价；冷反馈包括项目可能存在的脱节、分歧或问题。主讲人保持沉默，参会者也会安静地进行这项工作。

6. 热反馈和冷反馈（8 分钟）

这段时间参会者会互相分享反馈，而主讲人保持沉默。反馈环节最初的几分钟一般会是热反馈（"我喜欢……"），接着是几分钟的冷反馈（有时会以反思性问题的形式提出，比如"我想知道……"），接下来就是冷热反馈轮番出现。通常参会者会为了改善项目提出想法或建议。协调员可能会提醒参会者主讲人提出的中心问题，这个问题应该张贴出来展示给所有人看。主讲人会保持沉默，做笔记。

7. 复盘（5 分钟）

主讲人会选择一些问题和评论给出回应，这时参会者保持沉默。这不是主讲人为自己辩护的时候，而是让主讲人大声说出对那些特别有趣的想法或问题的复盘。协调员可能会中途介入，让主讲人更好地聚焦复盘或澄清复盘中的一些内容。

8. 总结（5 分钟）

协调员引导，对整个项目改进过程进行讨论。

在网络上寻求反馈

如果在你的学校协同合作的时间很有限，或者你想从虚拟专业学习网络（PLN）得到反馈，那么可以考虑使用最快的网络在线形式。通过邮件把你的项目概要和问卷调查链接发给每个可能会对你的项目感兴趣的人，看看是否有专业人士能提供帮助。

加入专业学习社群，转移关注点

其实你已经身处多个教学实践群体了。从最小的范围来看，所有的教师都是学校教职工的一部分，他们每天在一起工作，一起度过整个学年。一位 5 年级教师在学校里与她同年级的教师组成了另一个更紧密的教学实践群体。一位 9 年级的生物教师可能会与工作人员或本地区其他的科学教师保持紧密的联系，也可能与全国各地的科学教师一起加入更大的实践群体。喜欢玩博客的教师也许能找到一个线上教学实践社群，那里聚集着相距遥远但志同道合的教师。

加入一个教师实践群体能让你的职业生涯更加多产，也会让你更有满足感。但如果你真的想要在团体合作中受益，就不应止步于此。专业学习社群关注以学生为中心的三大要素：确保学生学习，创建有助于学校进步的团体合作文化，以及关注结果。专业学习社群与其他随意组合的实践社群不同，前者将关注点从"你教了什么"转移到了"学生学了什么"。所以请考虑迈出下一步，加入一个紧密关注项目制学习的专业学习社群吧。

学生间的项目制学习合作与教师的专业学习社群很相似。对于这两者来说，学习都是具有关联性和严谨性的，同伴都会学习如何共同学习。这两种群体都会培养"真实世界"所需的技能和素养，包括沟通交流的能力、解决问题的能力、管理项目的能力、动机和毅力。两种群体都会与团体建立牢固的纽带，一起分享成功的喜悦，一起克服失败的沮丧。（详见本章中重点关注：团队合作，

教学方式的一部分）

项目制学习对教师、学生以及学校本身都提出了新要求。被孤立在教室里的教师，单凭一己之力不可能充分发挥这种教学法的潜力。教室空间带来了很多限制，而为了把教学计划融进学校的日程安排，并与其空间和资源结合起来，可能会产生更多问题。

通过让志同道合的同事一起来宣传进行必要的改革，这样你就可以聚集一大批有着共同目标的、具有奉献精神的教育工作者。这一点意义重大。如果许多教师和学生都能统一起来，那么改变学校的时间安排以及对学校空间和资源的利用就会容易很多。相对于一名教师，一群教师能促进更广泛的变革，将好的理念传播得更远。一支高效的教师团队做出的项目制学习课程将是推动学校不断发展的引擎。

美国佐治亚州格温内特县的拉尼尔高中（Lanier High School）就是一个例子，这所学校一直在拓展以项目制为基础的设计与科技中心。创始教师迈克·赖利（Mike Reilly）见证了这种工作室式的跨学科项目的招生情况，从 2010 年招收的单一班级的 30 名 9 年级学生增加到现在 9 ～ 12 年级的 400 多名学生。这意味着一个对项目制学习有着共同理解的教师团队已经成长起来，他们对赖利所说的"数字创造力"有着同样的理解，详见第 3 章的"重点专注"中关于 K-12 迈克·赖利的部分。

那些运转多年的专业学习社群带来了以下好处：

- 降低了教师孤立的工作状态；
- 增强了教师的使命感；
- 分担责任；
- 更高效的学习；
- 更有可能产生根本性、系统性的改变。

科技聚焦
线上社群

　　线上工具会帮你建立或加入一个现有的社群，以支持你的职业深造。加入线上社群后，你就能与那些志同道合的教师建立更广泛的联系。这些线上空间是点对点专业发展的新兴实例。这表明，作为积极的学习者，教师不是等待职业发展的降临，而是自己创造机会进行共同学习。此外，你会获得许多使用这些社交网络工具的经验，你的许多学生都已经在使用这些工具，来创建他们自己的在线社群并进行交流了。了解一下这些线上社群：

1. **全球教育会议（The Global Education Conference）**。这个线上会议促进了教学全球化意识的对话与协作。该平台允许用户创建群组、发起和回应评论，还有其他特色功能。

2. **教育魔豆（Edmodo）**。教育工作者使用这个在线学习管理平台相互联系，并且进行讨论。加入后，你可以搜索关于项目制学习的讨论。

3. **教育乌托邦社区空间（Edutopia in social spaces）**。这是一个了解教育创新的一站式网站，在 Twitter、拼趣，尤其是 Facebook 上均已有很多活跃的讨论。2018 年，该网站已拥有超过 120 万的粉丝。

4. **Twitter 账号 #pblchat**。用"pblchat"来分类你的 Twitter 简讯，就能加入一个跟那个主题标签相关的充满活力的社群，围绕项目制学习进行讨论。主题标签在任何时候都很有用，尤其是在周二晚上，会有来自世界各地的参与者聚集在一起对每周的话题进行讨论。这里有一些很棒的讨论话题，包括：在传统环境里能开展创新工作吗？家长参与的最佳方式是什么？什么样的项目可以触发批判性思维？

5. **其他的 Twitter 账号**。用其他一些主题标签标记的 Twitter 名称加入讨论，比如，#EdChats、#mathchat 或者 #engchat，并通过查看杰里·布卢姆加滕（Jerry Blumengarten）设立的名为"CybraryMan"的教育聊天网页来继续跟踪一些新的账号。

让团队产生复合效应

交流和互助的机会有正式的，也有非正式的。学校改革措施可能包括规范的操作流程，如听课或者有批判精神的朋友来给教师反馈；又或者两位同事可以决定每周开一次会，边喝咖啡边谈论项目规划。

有些专业学习社群是设在网络上的，那里聚集着志同道合的教师，他们一起交流思想并相互鼓励，朝着成为卓越教师的方向努力。也有一些群体产生于 EdCamp 聚会和非正式会议，他们以非正式性著称，强调同伴互助学习，充满趣味性和草根氛围。

你的现状和目标将决定你的团队的组成和互动的方式。只有一两个人的团队总比没有团队强。但请试想一下，一个大型团队，比如，全体教职人员，甚至是国际性的教师群体能产生怎样的复合效应？

越来越多的教育工作者认同 #TeachSDGs 这个标签，这个团体致力于帮助实现联合国可持续发展目标（SDGs）。2016 年，四位对全球化教育有着同样热情的教育者发起了这场草根行动。一年后，他们与联合国代表们会面，从而增强了教育工作者在解决联合国可持续发展目标方面的话语权。在社交媒体的推动下，#TeachSDGs 迅速发展为一个成熟的组织，包括它的在线资源，这些资源将教育工作者与挑战学生实现一个或者多个全球目标的项目联系起来。

与此同时，一个名为 Participate 的机构开发了帮助教师把可持续发展目标和他们的课堂联系起来的在线课程。其中有一门入门级的课程叫"改变我们的世界：全球的目标"，这门课强调的驱动性问题是：学生该如何了解世界？如何通过他们的努力把这个世界变得更美好？教师通过学习一系列在线课程，疏理了全球化素养获得了徽章，并且发展了一个由共同目标连接起来的教师网络。

如果你心中的"梦之队"尚不明晰，不如先看看已有的系统和团体。你们学校的教师团体是否正在解决学生的学业成绩问题呢？不妨成立一个特别团体，试着通过项目制学习来解决大家都面临的学业成绩问题。同年级或同部门的教师是否会定期开会？学校里有没有跨学科的团队？这些团队可能已经做好与你一起开展项目制学习的准备了。也许你理想的合作伙伴分散在各地，在不同的学校甚至在这个国家的不同地区工作。你可以利用科技工具来寻找你的团队并完成合作。

在实践中学习

在启动你自己设计的项目之前，你可能希望加入一个现有的项目，以便跟你的同事先练习一下团队合作。你可以通过加入一个已经开始实施的精心设计的项目，快速开启你的实践之路。这能让你节省规划的时间，并能让你跟和你有相同学习目标的教育者联系起来。你可以和别人交流想法，练习如何给予和接收批判性反馈。以下是一些来自世界各地的项目，许多项目包括了在线合作的机会，以及为教师提供的辅助材料。

工程与科学教育创新中心

工程与科学教育创新中心（CIESE）开展了一些项目，在这些项目中，世界各地的学生都给项目贡献了本地数据，并且与世界各地的学生、研究人员一起分析积累起来的全球数据。这些项目包括"国际沸点项目"（The International Boiling Point Project）、"生活平方"（Square of Life）、"人类遗传学"（Human Genetics）和"午间项目"（The Noon Day Project）。

Empatico

协同合作是学生学习同理心的时机。Empatico 是通过使用视频会议连接全球 1

年级至 5 年级课堂的平台。所有的学习活动均基于课程标准，旨在促进有意义的互动。在共同学习时，学生一起探索彼此的异同，并培养有效的沟通技巧和领导能力。

e 伙伴

现由克瑞克特媒体公司（Cricket Media）管理的 e 伙伴（ePals）是一个项目信息库，也是连接了来自 200 个国家和地区的数百万教师、学生和家长的全球化学习网络。你可以参加一些特色项目，比如"我的窗外"（Outside My Window），在这个项目中学生通过讨论教室窗外的所见来探索自己的校园；再比如"上升，上升，然后不见"（Up，Up，and Away）这个有关风筝的项目，学生可以在项目中运用测量、对称性、除法和分数的概念来提升数学技能。教师也可以在网站上为自己设计的项目发布团队合作请求。网站的翻译工具也为有语言差异的学生和教师架起了沟通桥梁。

GLOBE

GLOBE 是一个在全球范围内推广科学实践教育的机构。中小学生可以参与到各种科学项目中，包括实地进行科学的有效测量的项目，比如对大气、水文、土壤和土地覆盖进行测量。在诸如"学生气候研究活动"（Student Climate Research Campaign）这样的项目中，学生把他们收集的数据发布在网络上，并与科学家们和 GLOBE 上的其他学生一起进行团队合作。这个机构为教师准备的职业发展资源有视频资料和行动指南，还有科学家和辅导老师的协助。这些资源中有多达 7 种不同的语言可供选择。

全球校园网

全球校园网（Global SchoolNet）的项目登记库是历史最悠久的全球团队合作项

目信息库之一。想要在线上进行项目合作的教师可以加入已有的项目，还可以查看即将上线的项目，或者查阅超过 2,000 个已完成的项目档案。近期的项目包括"地理游戏"（Geo Game）、"新闻日计划"（Newsday Project）和"外交之门"（Doors to Diplomacy）。全球校园网由两名教师于 1984 年创建，现已发展到 194 个国家和地区的 45,000 所学校，覆盖 100 多万学生。

国际教育与资源网

国际教育与资源网（International Education and Resource Network，简称 iEARN）的在线合作项目涉及来自多个大洲的成千上万的学生。教师可以使用线上和线下的专业发展资源。教师自主研发的项目侧重于学生的语言发展、读写技能、研究能力和批判性思维，同时为学生提供了使用新科技的机会，并培养学生的文化意识和社区意识。该网络有很多种不同语言资源可供选择。有些合作项目的名称或许会启发你的思路，比如"反唇相讥期刊：国际新闻杂志"（Back Talk Journal : The International News Magazine）、"庆祝与哀悼"（Celebrations and Mourning）、"海边城市：舒适被子项目"（Cities Near the Sea : Comfort Quilt Project）、"充实思想，战胜饥饿"（Feeding Minds, Fighting Hunger）、"候鸟无边界"（Migrating Birds Know No Boundaries）、"世界各地的风筝"（Talking Kite Around the World），以及"时光机项目"（The Time Machine Project）。

一路向北

K-12 的合作项目聚焦于季节变化的方方面面，比如实时跟踪帝王斑蝶的迁徙。其多媒体资源包括图片、视频、动画以及交互式学习功能。许多项目要求学生添加数据，让他们扮演研究员的角色。供教师所用的材料包括有关核心概念和知识的背景课程，以及通过提问来培养学生观察能力的建议。

神秘的 Skype 网络电话

神秘的 Skype 网络电话被称为两个教室之间的 "全球猜谜游戏"。处在不同地域的学生可以通过 Skype 网络电话来进行交流，并交换线索试着找出彼此所在的位置。对于刚接触线上团体协作的教师来说，神秘的 Skype 网络电话提供了一个很好的起点。你可以试着从使用这个游戏的群体那里借鉴一些课堂构想；或者用 Twitter 的 "#" 主题标签功能，找到 #mysteryskype 来搜索各种构思，或者分享自己的想法。

美国国家历史日

在美国国家历史日这一天，初中和高中的学生会开展原创的历史研究，然后通过纪录片、公演或展览等来陈述他们的研究结论。每年的活动主题给学生的调研提供一个框架，比如 2018 年的主题为 "历史中的冲突和妥协"，但同时也给学生留有足够的话语权和选择权。地方和附属的竞赛最终会上升为全国性的比赛。参赛者大部分来自美国，也有来自关岛、美属萨摩亚、波多黎各，以及中国、韩国和南亚一些国家的国际学校的学生。

公民教育计划

公民教育计划（Project Citizen）是公民教育中心的一项计划，旨在让初高中在校生参与到各种公民行动项目中。学生组成团队研究他们所在社区的公共政策问题，评估各种备选解决方案，制订他们自己的解决方案，并且拟订行动计划去争取地方或者州政府的支持。在热心公益的社区成员组成的评审团面前，学生会展示他们的提案，并为自己的提案辩护。

基于网络的科学探究平台

基于网络的科学探究平台（WISE）是 5 ~ 12 年级的学生参与的项目，这些项目涉及分析科学争议和检验真实世界的证据，模拟仿真和不同的模块让学生通过项目来参与协作调查。例如，"犯罪现场调查：遗传基因"（Crime Scene Investigations：DNA）、"与朋友相处"（Hanging with Friends）和"2013 年版板块构造论"（Plate Tectonics 2013）。

小试牛刀
组织阅读小组

组织一个阅读小组，让大家一起来阅读并讨论这本书。你可能已经和同事们开始进行团队合作的规划了，那研读本书便可成为一种指导性的练习。你们最初聚集在一起也许只是阅读和讨论这本书，但之后决定要共同合作来规划和开展一个项目。不管是哪种情况，你都可以借用共享阅读小组的经历，和同事们共同复盘。你也可以在线上和远程读者一起展开讨论。虚拟线上读书社区包括 Goodreads 和 Bookshelf。在讨论新构想时，要记得把重点放在学生的学习上。

第二部分
项目制学习的规划

REINVENTING
PROJECT-BASED
LEARNING

YOUR FIELD GUIDE TO
REAL-WORLD PROJECTS
IN THE DIGITAL AGE

当你开始策划一个试点项目时，第二部分会帮助你定义概念框架，并指引你完成设计过程。在向学生介绍项目之前，你应该花时间思考项目管理技能和策略，以及可以运用的科技手段，以成功推进项目。

第 3 章　确定学习目标

本章将指引你：

- 把课程中的"大概念"与项目开展的机会联系起来；

- 思考该如何帮助学生培养智能时代的素养，并成为有计算思维的人；

- 预测在项目实施过程中所需要的 6 项必备学习技能，并思考用何种科技手段来支持它们。

如果去旅行，你会做哪些准备？当收拾行李时，你很可能会想，目的地是哪儿，要乘坐什么交通工具。你会考虑路途中可能遇到的各种状况。当你带着具体的项目规划，为你的项目"整理行囊"之前，也设想一下学习的"目的地"，思考一下你与学生要用什么方法到达那里。在脑海中有一个清晰的构思后，你就可以决定需要携带什么东西了。

本章重点在于建立项目的概念框架。你可能想要使项目符合国家或地方标准、ISTE 学生标准、新一代科学教育标准等内容知识标准或其他学习目标。在第 3 章的结尾，你可以按提示来确定项目要强调的核心概念，然后进入第 4 章所要讲述的"项目规划"和第 5 章要详细讨论的"评估计划"。

好项目直指学科大概念

好项目直指一门学科的核心。知识点越复杂、越重要，就越有必要对项目进行管理。项目规划的第一步，就是确认我们所教授学科的大概念——核心概念和进程。

请思考一下，学生跟你一起学习之后，应该知道哪些大概念？如果你的学生只能理解或只能做两三件事，那这两三件事是什么？举例来说，在地球科学中，地球系统中的能量是一个核心概念，重要的进程则包括设计调查和像科学家一样使用仪器。代数老师可能会说运用线性方程很重要；小学老师则希望学生在培养跨学科领域的文化素养时，能加强阅读和书写的流利度；历史老师则希望学生能够领会历史是如何塑造文化的，并能了解历史学家的调查方法。

当你使用已出版的教科书进行教学时，对于何为重点你已经有了判断。这会很高效，但学生学到的可能并不比教科书出版商所设想的多。学习成果往往是可预测的。已出版的教科书和内容标准直接切入一系列学习目标。在教科书中，教学材料被分成多个便于理解的小节。课程内容也可能已经过时。有驾驭能力的教师和富有洞察力的学习者才能进行综合推理，去理解至关重要且具全局性的大概念。

项目有很高的关联度。它们在一系列决策中产生，即使是以学生的建议开始的，也是由教师、由最了解课程目标和学生需求的人设计的完整的学习体验。好项目与学生的观念、兴趣和经历直接相关。采用项目制学习的教师可能也会使用教科书，但这里的教科书不再是课程的基础，而是一本带有丰富插图的参考书，能为学生提供阅读和概念层面的信息。

找到项目制学习的契机

思考课程的大概念是一种很好的学习方法。浏览一下你使用的教学指南的目录，回顾一下学科课程标准，看看 ISTE 学生标准，这些能帮助我们把学生想象成"主动学习者""知识建构者""数字公民"等。

问问你自己和你的同事：这些加起来意味着什么？

凯西·卡西迪（Kathy Cassidy）是加拿大萨斯喀彻温省的小学 2 年级教师，她希望她的 2 年级学生能理解数字 1,000 的含义。怎样才能让年幼的学习者更加具象地理解这个数字呢？"我们的教室并没有太多的空间来收集东西，因此我想到了在维基上收集名字。"她解释道。一个名为"1,000 个名字"的维基网页由此诞生了。首先，她给学生展示了如何使用编辑功能来添加他们自己的名字，一个名字对应页面上的一个框。然后，她邀请学生家长一起加入这个项目。再后来，她还邀请另外三个班级也参与其中。当消息在网上流传开时，她说："这个项目就火了。"学生的祖父祖母、朋友们，还有其他一些来自不同国家的人都加入进来。卡西迪每周都会用投影仪向她的学生展示那个维基项目页面，这也让她有机会可以不断强化学生对数字 1,000 的理解。他们见证了名字数目的增长，从一开始不到 100 个，到 3 个月内超出 850 个。当名字的数量接近目标 1,000 个时，学生的兴趣也随之高涨。

最新的课程标准都呼吁学生要能对信息进行分析和运用，而不只是列举事实。这一变化反映在学生为进入大学、就业和成为一个积极的公民所需要做的准备中。回顾一下"共同核心国家标准""新一代科学教育标准""C3 社会学课程框架"，你会发现其中所用的语言实际上都在呼唤"项目制学习的契机"。

- **共同核心国家标准：**强调在运用知识解决真实问题的同时，培养学生的批判性思维、沟通能力和协作能力。
- **新一代科学教育标准：**强调因果关系等跨领域概念，为跨学科项目奠定了基础。学习主动性贯穿了整个标准，要求学生提出问题、建立模型、设计和测试解决方案以及交流科学信息。
- **C3 社会学课程框架：**以"探究弯"（inquiry arc）统领整个框架，内容包括通过提问进行学习、应用学科概念和工具、评估原始资料、沟通结论和采取行动。

科技聚焦
创建维基网站

维基是一个易于管理的网站，允许用户共同在线添加和编辑内容。无论你是单独工作，还是本地或异地进行协作，维基都可用于策划和管理项目。

维基的使用便捷且易于访问，能帮助你组织思维并追踪操作。关于维基的更多介绍可见第 6 章相关内容。

现在是创建你的项目维基的好时机，你可以使用 PBWorks 搭建一个维基网站。PBWorks 为教育者提供了免费账户和资源。你也可以尝试易于操作的谷歌协作平台（Google Sites）。在这个平台上，你可以很轻松地插入多媒体，并将在线文档、电子表格和表单整合到你的维基中。

你的项目维基最开始看起来可能只有一副骨架，但不用担心，当你跟着接下来的章节学习，继续开展项目规划的时候，就能填上丰富的内容了。

每个年级和学科领域都要关注大概念，校外世界的学科亦是如此。在确定了你希望学生理解的首要概念和进程之后，请反思一下为什么这些概念是重要的？这将促使你思考它们在现实生活中的应用或关联性，并帮助你想象学生会用何种有趣且实际的方式来学习这些概念，还能帮助你揭示该概念主题的各个跨学科视角。

思考一下：谁会在意这个概念？谁会接触这个概念？谁会在工作或日常生活中与这个概念主题有关系？

罗伯特·格里芬（Robert Griffin）在加拿大大马南岛的渔业社区任教，他就主张尽可能多地使用真实的项目。"为了让学生与写作的真实用途相关联，我会让学生就许可证问题或是配额问题给渔业部长写信。这些都是我的学生经常在饭桌上讨论的问题。"他解释道。在另一个写作的项目中，格里芬让学生给当地报纸撰写文章。他判断项目是否具有真实性的主要标准就是"这些活动是否会在真实世界中发生。比如，记者会不会向报社提交文章以求发表？答案是肯定的，那么我的学生也会照样去做。"如果县报的编辑选择发表某位学生的一篇文章，"那么，那位学生不仅会收到报社的酬金，也会从我这里得到该课程的成绩。他们的文章能在报纸上刊登就是真实的评估，这说明他们的文章已经好到可以被发表的程度了。"格里芬说。

再回想一下地球科学的大概念：地球系统中的能量。在校外谁还会关注这种基本概念？在地球科学中，地震学家会关注能量，因为它与板块构造论和海啸相关。而住在海岸线边上的人们会关注海啸，社区委员会、紧急救援机构、保险公司、渔业和酒店业也同样会关注。设想一下，要如何开展一个既动手又动脑的项目，才能把以上这些方方面面的利益都考虑进去？

想一想，真实世界的情景如何能帮助我们展示项目中跨学科的本质。项目制学习跟传统的学习方式不同，传统的学习方式把知识点划分在"纯粹"的学科中，而项目制学习就像现实生活一样，杂乱无章且交织了多门学科。但就是在这重叠交织的空间中，好项目才能应运而生。

在物理科学中，学习能量的概念可能就是一个目标。想象一下，当你向学生介绍能量的概念时，让他们设计一种简单且高效的炉子，这种炉子可以用生物质能作为燃料，如用农业废料来取代木柴和煤炭。当学生知道以木柴和煤炭为燃料的危害时，你就需要结合环境科学了。呼吸油烟有健康隐患，那世界上还有哪些地方仍在用木柴烧饭？让学生思考这一问题时，实际上你已经结合了地理学。你可以再进一步，把科技手段也用过来，让学生与其他国家的同伴们召开视频会议，分享他们的火炉设计，而这就把语言学习和多媒体技术结合进了项目中。至此，你已经启动了一个具有真实目的和真实产品的项目。

这就是真实地发生在美国马萨诸塞州曼彻斯特市布鲁克伍德学校（Brookwood school）中学生身上的案例。他们开展了一个关于高效厨灶的研究，这个厨灶对于发展中国家的人们来说有挽救生命的可能性。学生联系上了麻省理工学院的人道主义工程师们，通过 Skype 网络电话向洪都拉斯的炉灶建设者学习，并与在卢旺达、印度和巴西的也在做类似项目的同伴们交流测试数据。这样一来，该项目也就不断扩大。

对于里奇·莱勒（Rich Lehrer）老师来说，与世界各地的同行联系意味着"我拥有了有着相同愿景的盟友，我们都愿意在真实的全球合作中学习。"他补充说，"这太强大了！我的实验室里不是只有我一个人。"

当学生得知自己的项目能给社区带来价值时，他们会更加投入。举个例子，在美国一所以土著青年为主的高中里，学生经常被要求帮助解决当地的环境问题。他们的项目通常包括科学、数学建模、语言艺术和公民学。他们创建三维地图、拍摄纪录片、制作多媒体演示文稿，以便向当地管理机构倡议他们的解决方案。

在美国加利福尼亚州埃尔克格罗夫市的福克斯兰奇小学（Foulks Ranch Elementary School），学生接受了为他们所在社区的客户们制作视频项目的挑战。他们的客户包括市政机构和当地企业。他们还通过一个名为"公民教育计划"的节目，制作了纪录片。当吉姆·本特利（Jim Bentley）老师意识到数字化叙事项目能够鼓励学生成为作家和具有批判思维的人时，他开设了福克斯兰奇影视学校。本特利解释说："影视制作可以把所有的元素都结合起来。"

想象一下，在类似有趣的项目中，你的学生所能获得的所有学习机会。不要担心你的项目构思会将你带入不熟悉的领域，或是需要你学习新的技能，抑或学习不熟悉的内容。正如你要求学生所做的那样，这也是你与同行们协同合作、与专家交流的大好机会。举个例子，当本特利开始与学生一起制作视频时，他也要和学生一起学习数字编辑和镜头选择。精心设计的项目一旦实行，你也要成为学习团体中的一分子。

与同事们一起集思广益，可以帮助你深入思考项目所能带来的学习契机。比如，作为一名初中或高中教师，你可以考虑与一名任教其他学科的教师会面，共同构思一个项目，这个项目能同时满足你们两个学科的学习目标。如果第一次尝试没有成功，换一个目标再试试，要寻找其中的联系。

如果你是一名小学教师，你就可以任意找一位教师一起探讨，挑选你们任教的科目，比如健康、阅读、数学，又或者是科学、艺术和音乐。在这些科目中，确定一个或多个你想要通过项目来教授的主题。然后进行头脑风暴，你们要如何纳入其他学科的概念，项目会是个什么样子？你们可以帮助彼此设想各种可能。举个例子，莉萨·帕里希（Lisa Parisi）是一名 5 年级的老师，她与同校的体育老师合作，用简单的器械来教物理。在高尔夫挥杆的课程中，他们以一种肌肉运动知觉的方式帮助学生理解杠杆、力和运动方面的知识。

你也可以考虑与其他年级的教师讨论你的想法，有意识地建立学生与某个主题之间早已有的互动关系，这不仅能使学生回顾并巩固过去所学的内容，还能为学生创造一个能更接近于专家思维的机会。你可能会对学生说："你已经对这个主题有一定的了解。现在我们会像专家一样，一起深入探讨这个主题。"例如，初中老师可以与高中物理老师分享自己关于地球科学项目的观点，询问一下要跟学生介绍哪些物理概念，可以为即将到来的高中物理学习打下基础。反过来说，一个关于板块构造的初中地球科学项目，也可以成为高中生学习物理知识、探究势能和动能的起点。

重点关注
美国佐治亚州格温内特县拉尼尔公立学校集团的实践

在传统的公立学校中，项目制学习又是一番怎样的景象呢？我们可以从美国佐治亚州格温内特县内的公立学校一窥究竟。这里的教育工作者通过跨学科和跨年级的合作，创建了一个从小学到高中的项目制学习管道。

拉尼尔公立学校集团（Lanier Cluster）包括三所小学，一所初中和一所位于佐治亚州舒格希尔（Sugar Hill）学区的拉尼尔高中。这些学校均以合宜的方式，强调项目制学习、STEM 课程，以及诸如合作与沟通之类的可迁移技能，其目标是为确保学生在升入高中阶段时，就为在真实世界学习做好了准备，包括与社区伙伴一起解决真实的问题，以科技为驱动的创新，以及参与校外实习。

从小学阶段开始打好基础

在白橡树小学，教师通过在项目制学习和更传统的单元学习间转换，建立了牢固的基础。他们基本上每九周内就做一个大项目。在没有带领学生做项目的时候，他们也会强调探究并使用工作坊模式来教授阅读、数学和写作。

从幼儿园到小学 5 年级，教师不断强化以学生为中心的学习所需要的技能。比如，在谷歌上共享规划文档，以此来帮助学生学习如何管理时间，并且为自己的团队成员负责，校长让·洛森-佩恩（Jean Loethen-Payne）说道。

让·洛森-佩恩在 2009 年开办了这所学校，使用工作坊模式来促进协同合作，提高学生的主人翁意识，并"鼓励学生对学习的热爱"。她鼓励教师进行合作，并在教室里实现了这一愿景。"我们都需要团队合作，相互支持，以创造出最适合孩子的环境。"

第二年　当拉尼尔高中成立时，一个名为设计与科技中心的职业与技能教育的学术团体设立了，这给学生提供了将最先进的数字工具用于高回报项目的机会。小学教育工作者们便开始努力地思考该如何让学生为未来做好准备。渐渐地，小学教育工作者们对如何结合探究、STEM 课程和项目制学习来满足学生的需求有了更深的理解。教学成果"再不是千篇一律的蛋糕模子了，"校长说，"而是一个引导学生完成学习的系统。"

在白橡树小学，项目制学习始于对知识内容的理解，从而引起学生的"好奇心"，然后得出驱动性问题。接着才有调查研究，媒体专家会节选安全网站上适龄的内容，并对高质量的研究进行实践操练，反复强化。学生以团队的形式开展合作，对他们的调查研究进行综合，并就最终的产品或解决方案达成共识。

"老师有的放矢地教学生如何求同存异，如何有效合作。"洛森－佩恩说。流程规范会帮助学生管理他们自己的学习。比如，团队开始项目任务时，需要一致同意先要完成的"前 5 个"任务。在项目结束时，学生会重新编队，并对"最后 5 个"完成的任务进行复盘。在项目的最后阶段，学生向合适的受众分享他们的成果。

校长阐述了在一个 5 年级的关于气象的项目中，项目制学习的各个阶段是如何共同起作用的。学生研究的并非抽象的气象知识，而是研究如何运用他们对气象知识的理解，来应对他们所在地区的自然灾害。学生提出了一系列的解决方案。其中一个团队起草了一份应急预案，并将其呈现给土木工程师。另外一个团队则为小朋友们筹划了一次实地考察，帮助他们了解气象。其他的学生则在考虑如何使用"我的世界"（*Minecraft*）虚拟游戏空间或者制作视频，来分享他们在气象研究中学到的知识。

"我们一年比一年做得好。"洛森－佩恩说。在学校里，学生越来越熟练地运用科技，就连 1 年级的孩子也可以用 Scratch 软件进行编程，并且使用数字媒体工具制作公众服务视频。创客空间为学生提供了一个测试构想和建造雏形的场所。"这些是我们的学生今后会用到的工具。"洛森－佩恩说。

在初中阶段进行深化

在拉尼尔初中（Lanier Middle School），学生继续通过一个名为 TWIST[①] 的跨学科课程，来学习他们将来在大学和职场中必备的技能。

学生需要递交申请来加入 TWIST，目前有 1/4 的 6 年级至 8 年级学生报名参加了这个课程。TWIST 全面实施项目制学习，不在这个课程内的学生偶尔也参与各种项

---

① TWIST：指拥有创新技能与科技手段的团队合作。

目。TWIST 所开展的项目包括语言艺术、科学、社会学和数学的跨学科组合，所有项目均强调真实性。

副校长布里塔妮·霍兰（Brittany Holland）是从拉尼尔高中调到拉尼尔初中的。在拉尼尔高中，她曾是设计与科技中心教学团队的一员。"我见证过项目制学习是如何让学生参与其中的。"霍兰说道。那段和高年级学生相处的经验，让她很好地了解了项目制学习的实践需要如何做出调整，来满足低年级学生的发展需求。

"在初中，我们需要花更多的时间帮助学生去构思。他们经常会提出一些比较宏观的主题，比如，我们要如何帮助非洲？老师需要帮助他们缩小关注的范围。"霍兰注意到，要给学生合适的挑战。"这很有意思。"她补充说，"也是探索的一部分。"

举个例子，学生对非洲野生动物的广泛关注就变成了一个跨学科的项目。参加这个项目的学生跟当地一家濒危物种保护中心合作，一些学生根据自己的兴趣，对保护中心的网站进行了改造；也有一些学生在研究了游客的学习环境后，提出了各种重新设计动物栖息地的方法；还有一些小组提出了如何增加中心收入的营销计划。与此同时，他们都学习了物种濒临灭绝的原因和后果。

组织能力是在初中阶段要培养的另一个重点。"在这个年纪，学生需要有确切的时间节点，并且与教师一起时不时地进行检查，才能走对路。"霍兰说道。

在初中阶段，让家长了解项目制学习也至关重要。霍兰发现，"家长想要了解项目制学习是什么样子，并且也想知道对于孩子来说团队责任感意味着什么。"拉尼尔初中会举办家长信息之夜，来帮助家庭成员们了解项目制学习，并且设立了一个有家长参与 TWIST 课程的顾问委员会。当学生做项目演练时，霍兰补充说："整个教学楼都挤满了家长和其他的社区成员。"

在高中阶段准备创新

一旦开始拉尼尔高中阶段的学习，学生就会有更多自主学习的经历。学生可以从 4 个学院中选择，每个学院的重点不同。这些学院中，最以项目为基础的就是设计与科技中心，其重点是 STEM 课程。自 2010 年中心招收 30 名 9 年级学生以来，现已经发展到拥有 400 多名 9 ～ 12 年级的学生。中心开展了各种具有开放性、跨学科和个性化的项目，给了学生很大的自由度，去选择如何展示和应用他们所学到的知识。

以近期的一个项目为例，这个项目就是受到兰迪·波许（Randy Pausch）教授著名的"最后一课"TED 演讲的启发。语言艺术教师内奥米·柯克纳（Naomi Kirchner）给学生的挑战是模仿波许，并反映出他们的个人兴趣或者激情所在。学生们利用各种技能来宣传自己的亮点，就好像在求职或者实习面试时需要做的自我推销一样。在另一个项目中，学生必须运用语言艺术和科技技术在"丧尸"传染病中生存下来。

设计与科技中心的创始人兼拉尼尔公立学校集团的创新导师迈克·赖利，一直都鼓励学生为自己的发明取得专利，引起了当地商业界的关注。他招募了商界和社区的成员加入中心的顾问委员会，这也为学生参加真正的项目和实习打开了一扇门。

在学习的过程中，中心逐渐培养学生的独立性。高中一年级的学生在开展项目时会有辅导，并能初步学习到很多不同种类的科技工具；高中二年级的学生会更深入地开发自己的兴趣，比如，编程、二程或影视制作；高中三年级的学生要完成一个为期一年的顶点项目，比如，制作一部纪录片、为自动驾驶汽车编程或者发起一项社区服务活动。高年级的学生可以自由选择，要么离开校园去实习，要么进入双学分课程开始积累大学学分。

赖利说："我听到最多的就是，我们的学生讲话方式和别的高中生不一样。他们是更好的交流者和团队合作者，因为他们平时会跟导师和其他同学展开很多对话。"

在整个拉尼尔公立学校集团，教师有机会在自己的学校或是在跨 K-12 垂直团队中学习。在集团内部跨年级或跨校区的沟通交流，形成了谈论教学的共通语言，同时也共享了很多有效的工具和策略。

项目制学习的发展"已经成为由教师自发领导的行为，而不是自上而下的政策了。"柯克纳说。她珍惜与团队拥有的共同规划的时间，和一些常规的会面机会。她说："大家经常在走廊里碰面，一起共进午餐，一起商量事情。我们经常协同合作。"

在拉尼尔初中，教师可以提出要求，为合作规划项目开放时间。霍兰指出，TWIST 课程雇用的教职人员都是那些自愿报名加入的老师。这是为教师自主权奠定了基础。小学教师也"投入时间对探究和项目制学习进行研究。"白橡树小学的校长洛森－佩恩说。

赖利承认，尽管取得了很大的进步，但是 21 世纪学习的管道还不够完善。在整个拉尼尔公立学校集团里，项目制学习并没有普及每一个学生。在强调 STEM 课程的设计与科技中心，尽管仍在努力招募更多的女生，男生的比重还是远远大于女生。

但正如赖利解释的那样，在升入高中后，那些拥有扎实的智能时代技能的学生会表现出"明显的不同"。

关联高阶思维，保障项目水准

正如你已经考虑过你想让学生理解的学科大概念一样，你也需要思考一下这个项目将如何帮助他们在开展项目的过程中，培养重要的技能、态度和学习素养（也被称为思维习惯）。

一个精心设计的项目能让学生脑洞大开，而传统的学习活动可能无法做到这一点。保障项目水准的一个方式就是规划学习行为，使之与布鲁姆教育目标分类学中的高阶类别相联系。

在布鲁姆教育目标分类中，从低阶（更为典型的教学进程）到高阶（项目领域）包含：记忆、理解、应用、分析、评估和创建。尽管它们都有各自的作用，但后三个与项目制学习尤其相关。想象一下，使用以下高阶思维技能和与之相关的学习活动，你的项目规划会如何演变：

• **分析**：考查、解释、调查、描述、分类、比较、推断、区分、辨别、说明、优先。
• **评估**：判断、挑选、决定、证明、证实、提高、维护、辩论、说服、建议、评定。
• **创建**：适应、预计、合并、组成、发明、设计、想象、效仿、提议、推理、规划。

当你在设计学生活动时，这些动词就能派上用场了。以一个典型的项目为例：让学生撰写名人传记。这个项目若是要求学生不仅对他们的研究进行汇报，还要进行综合评估，那么设想一下该项目将得到怎样的改变。

- **传统的传记写作任务**：研究文艺复兴时期的一位著名人物，并撰写一篇描述他或她生平和其显赫成就的报告。
- **重新斟酌后的传记写作任务**：研究文艺复兴时期在同一领域表现出色的两到三位著名人物，制定"名人堂"标准，然后在 Padlet 网站平台上发布链接，让其他人也能一起参与。思考收集的所有证据，以比较这些人物的成就，然后挑选最杰出的一位将其列入"文艺复兴名人堂"，说明这样选择的理由，并为选出来的这位人物设计一份适当的奖品。

什么是智能时代的必备素养

那些经过思考和精心设计的项目，能帮助学习者在走出校园、迈入社会时做好准备。只要你要求学生进行团队合作和创作，就很有可能接触智能时代的技能。考虑一下，你的项目能强调哪些智能时代的技能？对于当今的学习者来说，"智能时代的技能"和"智能时代的素养"意味着什么？

几个研究项目对智能时代的技能和素养做出了不同的定义，但所有的定义都不只是局限于阅读和写作能力。从"ISTE 学生标准"到"美国学校图书馆员协会的标准"都在发生变化，更加关注 21 世纪成功人士应该具备的能力。

enGauge 21 世纪技能由一个团队制定，这个团队进行了调查研究、开展文献综述、探索劳动力趋势，并对教育工作者及其他团体进行了访谈，结果得出了一个模型。该模型强调智能时代的素养[①]、创造性思维[②]、有效沟通的能力[③]和高生产率[④]。

21 世纪技能合作组织是一个代表商业领袖、教育工作者和政策制定者的倡导组织。这个组织制定了自己的 21 世纪学习框架。该框架包括核心学科，如语言艺术、数学、科学等；21 世纪内容主题，包括全球意识、创业精神和公民素养以及健康意识；学习和思维能力，如批判性思维能力、问题解决能力、沟通能力、创造能力、协作能力以及信息和媒介素养等；信息和通信技术素养，如在教学和学习中能高效应用科技手段；以及生活能力，包括领导能力、自主能力、责任心和适应能力。

从全球角度出发，联合国教科文组织给出了一个更宽泛的定义：

> 素养是指运用不同语境下的印刷和书面材料，进行识别、理解、解释、创造、沟通和推断的能力。素养涉及一系列学习，能使个人实现自身目标，开发自身知识和潜能，并充分融入更大的群体中。

上述对素养的定义有着大量的重复之处，尤其是在帮助学生准备应用所学知识的部分。2012 年，美国教育部把具有全球竞争力的学生描述为可以探索世界、权衡观点、与多样化的受众进行有效沟通并采取行动的人。

ISTE 学生标准建立在学生是有积极参与感的公民这一理念上。2016 年更新的学生标准强调，学生在一个日益数字化的世界中学习和生活需要做好 7 个角色：主动学习者、数字化公民、知识构建者、创新设计者、有计算思维的人、有创造力的

[①] 包括科学、经济和技术素养，视觉和信息素养，以及多元文化素养和全球化意识。

[②] 包括处理复杂事物的能力，自我指导的能力，好奇心、创造力和敢于冒险的精神，以及高阶思维。

[③] 包括团队、合作和人际交往能力，个人、社会和公民责任感，以及相互交流的能力。

[④] 指能划分优先等级、制订计划并进行结果管理，能有效使用实际工具，以及生产相关优质产品的能力。

沟通者以及全球合作者。ISTE 学生标准清晰地阐述了这 7 个角色所需要具备的具体能力[①]。如果没有适当的项目经验来应对真正的挑战,那么学生将很难发展出这些能力。

在这些多重定义中,"素养"可以归结为学习成为独立的、有意识且富有创造力的公民。一个贴近生活的项目自然会为学习者提供机会,让他们成为有文化修养的人,而这种文化修养是符合智能时代特征的。对于教师来说,他们也需要能完成智能时代下的教学目标。

在听完作家戴维·沃利克的会议演讲后,加拿大教育者杰夫·惠普尔对于素养有了自己的顿悟。惠普尔说道:"我忽然意识到一切都与信息相关。我们希望我们的学生成为信息艺术家。他们是否能找到信息,评估信息的优劣,处理原始数据,并发表自己对数据的理解呢? 作为教师,我们是否能为学生创造机会,让他们获得自己的信息,阐释他们自己的故事,并与他人分享呢? 无论是何种学科,这些都是基本却又关键的素养。"

要帮助学生培养信息和媒体素养,就需要教师开展新的教学任务。设想一下,你会如何教学生从多重来源中寻找、评估和综合信息。再设想一下,你要如何制定一个项目大纲和评估准则,以指导学生,并把他们的注意力集中到关键和有效的信息上。你可以与你所在学校的专家,如图书管理员或是媒体专员,探讨一下你的计划并寻求他们的建议。他们会很乐意把自己的专业知识运用到你的课堂项目中。你的学生也将建立批判性思维,这也是当今几乎所有最新的标准所要求的。

若你想要对信息素养了解更多,可以仔细研究 ISTE 学生标准,以及图书馆传媒和信息组织创办的各种网站,如美国图书馆协会、媒体素养中心和媒体教育实验。在第 7 章,我们将会仔细研究 Big6,这是一种培养信息素养和问题解决能力的

---

① 详见附录 B:ISTE 学生标准。

策略，它能帮助学生重点关注对他们最有用的信息。之后，当你开始进行具体的项目规划时，你就可以回到信息素养这一部分。

现在问问你自己：用什么方法才能让项目制学习帮助学生了解世界是如何运转的，以及他们未来会如何进行工作呢？项目制学习又如何能帮助学生操练各种技能，使之成为高效的终生学习者呢？

请开始思考一下"评估"吧，我们会在第 5 章进行深入讨论。在项目的设计阶段，试问学生能够制作出什么样的作品，来展示他们的学习成果呢？

用计算思维自主探索

纳塔莉·汉普顿（Natalie Hampton）是南加利福尼亚州的一名初中生，她遇到了许多学生都面临的问题：因为自己不太合群，所以午餐时间是她觉得最不舒服的时间。

"我被所有的同学排斥，所以每天都只能一个人吃午餐。"汉普顿告诉国家公共广播电台的奥迪·科尼什（Audie Cornish），"当我走进餐厅，看到所有桌上都有人，我知道走过去加入他们只会遭到拒绝，这让我感到非常孤单，觉得自己被孤立了，甚至连胃也开始难受起来。"

后来，她去了另一所学校就读，跟那里的新朋友们相处得很好，午餐时会和同伴们坐在一起进餐。这两种经历让她不禁想知道，孤立和霸凌是否真的就像她想的那样是不可避免的。

汉普顿反思道："我觉得，如果我只是在新学校里开心快乐地成长，而不为那些每天都跟我有着相同处境的人做些什么的话，那我跟那些冷眼看我一个人吃饭的人又有何区别。"

高中时，汉普顿还是一如既往地和那些被孤立的学生进行友善的交流。到 11 年级的时候，她开始想自己是不是可以做得更多一些，她开始思考一种数字化的解决方案，并在他人的帮助下开发了一款名为"与我同坐"（Sit With Us）的免费手机应用程序。汉普顿知道在这款应用程序中设定什么功能，但碍于编程技能有限，于是她与一位软件开发员合作，把她的想法变成了产品。

任何想要加入餐桌的人都可以在手机上查看这个应用，找到开放的邀请。汉普顿的解决方案得到了落实。这款应用自 2016 年问世以来，已经在 8 个国家拥有了超过 100,000 多名学生用户。这款应用不仅仅减轻了被孤立学生的孤独感，对于那些发出邀请的学生来说，也有移情作用，能提醒用户冷眼旁观他人的困难是不行的。

在科技支撑着生活的时代，像汉普顿这样的学生，已经为变成拥有计算思维的人做好了准备。**有计算思维的人，就是那些设法用应用软件、机器人、模拟仿真、网络系统、数字艺术和其他计算科学的表达形式来解决问题的人。**这些数字解决方案可以自然而然地融入项目制学习中。无论是为了进行技术训练，还是为了帮助学生成为精于计算思维的人，教师可能需要先建立自己的理解。

当今，计算机科学是一个流行的话题，但是很多人其实并不确定它是什么，以及在学习计算机科学时学到的是什么。本书作者简·克劳斯定期跟教育工作者团队开会，鼓励他们掌握计算机科学知识。她通常用计算机科学教授和技术专业人士认可的一个简单的定义来开始她的会议：

计算机科学提出的课题，是可以通过计算机帮你解决的。

在新学校里，每当汉普顿看到有人犹犹豫豫地寻找一群友善的同伴一起用餐，或是决定独自一人用餐时，她都会邀请他们加入自己的团队，有一些人因此成为她最亲近的朋友。

当学习编程技能时，或者跟具备编程技能的同学一起协同合作时，学生会强调用技术解决方案来处理真正的挑战。我们回过头来再想想纳塔莉·汉普顿的"与我同坐"应用程序。它解决了什么问题？我们可以设想汉普顿的驱动性问题可能是"怎样让我们彼此相连？"

设想一下学生面临的设计挑战，要求他们"找到"并"提出"一个有可能通过计算机解决的问题。这里有几点想法：

（1）高中生上第一节课常常迟到，因为他们很难在学校的停车场找到车位。有什么解决方案呢？他们设计了一款应用程序，这款应用程序可以读取他们放置在每个车位中的光线传感器。当车辆停到车位上，车子就会把传感器遮住，之后该应用程序就会读取到那个车位已被"占用"的信息。学生可以在手机上查看互动地图来找到空着的车位，而这款应用程序附加的好处是它们减少了引擎空转的时间和随之带来的污染。

（2）在健康课上，初中生学习到如果人们刷牙的时间长一点儿，就可以避免大多数口腔疾病。他们开发了一款间歇性发出叮叮声的音乐刷牙计时器，叮叮声会提示使用者何时从口腔中的一个位置移到另一个位置。

教师不必是计算机科学方面的专家，但必须要鼓励学生从小学阶段就开始训练计算思维。你可以考虑将"编程一小时"（The Hour of Code）这样的年度活动作为项目的入门活动。"编程一小时"是计算机科学教育周上的活动，活动时间是每年的 12 月 9 日，这恰好也是著名计算机科学家格雷丝·霍珀将军（Admiral Grace Hopper）的生日。

你还可以考虑从 Code.org 上类似"编程一小时"的智力游戏开始。在《我的世界》、《冰雪奇缘》(*Frozen*)、《愤怒的小鸟》(*Angry Birds*)或者《星球大战》(*Star Wars*)中进行挑选。在短短的几分钟内,你和你的学生就可以感受到逻辑、空间推理、模式识别、排序和计算机科学的其他方面是如何发展你们的计算思维的。

另外,"不插电"活动也可以作为项目的入门活动。这个活动是新西兰坎特伯雷大学的计算机科学教育研究小组的一个项目,该项目集合了各种免费的教学材料,"通过用卡片、绳索、蜡笔和大量跑动等有趣的游戏和智力难题"来传播计算机科学原理。在"不插电"教学活动中,学生可以通过"排序网络"来理解什么是并行编程;或练习如何用二进制计数,以了解计算机运作的本质就是用二进制码控制电子脉冲进行开启和关闭。5 岁的孩子就能从"不插电"课程中学习并享受其乐趣了,这也为那些强调计算思维的项目,提供了趣味十足的项目导入活动。这个活动的网站 Unplugged 还会为那些没有计算机教学经验的教师提供很多的支持和帮助。

强调计算思维的项目还提供了让学生与技术专家和相关的榜样联系起来的机会。通过鼓励学生关注与社会相关、对个人有意义的计算型课题,计算机科学专家们希望让更多的学生、以及更多样化的人群在技术领域踏上有意义的职业生涯之路。

到了高中,学生已经做好了准备,去应对更多的技术型计算机科学项目。维克托·埃尔南德斯(Victor Hernandez)在科学领导力学院使用项目制学习教授计算机科学。他的入门生会探究"什么是电脑游戏?"这样的问题。为了建立背景知识并与相关话题联系起来,他们阅读了有关"玩家门"的争议内容,"玩家门"涉及对电脑游戏文化中性别歧视的指控。然后他们着手设计和编程自己的游戏,并将游戏在 SLA 游戏中心上线,供玩家来玩,以便让学生的作品跟真实的受众联系起来。在高级计算机科学课上,学生要解决的问题是"科技有何用处?"他们通过采访去了解企业或机构的需求,并拟定课题。然后根据特定的需求,来设计实施计算机软件解决方案。他们使用与专业程序开发员同样的方法:创建功能列表和实施时间表，然后从客户那里获得相关解决方案的实时反馈。

重点关注
开拓对计算机科学的兴趣

道格拉斯·江（Douglas Kiang）在瓦胡岛火奴鲁鲁的普纳荷高中教授计算机科学，他指导学生将设计思维和计算机科学知识应用到有意义的项目中。道格拉斯·江老师说："我们让孩子们使用设计思维流程，来为真人真问题设计真实的解决方案。"

他说，把计算机科学作为一种设计解决方案的手段，是吸引许多学生入学的关键。"如果我们以 Java 语言入门来宣传我们的课程，那么我们只能吸引一群特定类型的孩子。但如果我们说'你将为非营利组织创建网站，而要建造这类网站需要学习 Java 语言、HTML 超文本标识语言和 CSS 计算机系统模拟'，那我们就能吸引更多人来上这门课，因为他们对将要完成的事情和所能做出的贡献感兴趣。"

道格拉斯·江老师觉得计算机科学跟所有的学生都息息相关，因为他知道在计算机行业里女孩的人数严重偏少，所以他试图尽可能多地展示给女孩子们。为了让学生觉得他们会对他的课感兴趣，或是能从他的课上受益，只要有客座演讲人来，他就会邀请所有感兴趣的人旁听他的课。"我试着定期邀请客座演讲人。我觉得树立一个好的女性榜样非常重要，因为女孩子们能亲眼看到成功的女性榜样。"道格拉斯·江老师说，"我们请来了阿什莉·斯派克（Ashley Spiker），她在华盛顿的 XBox 游戏工作室工作。她描绘了作为一个程序员，她的一天是什么样的。她说：'我在一个团队里工作，会经常跟设计师开会，并研究艺术资源。我的团队会为不同的规格进行讨论和争辩，一旦每个人都清楚了，我就会把任务带回来并进行编程。'后来有个女孩子跟我说，'这跟我想象中的程序员完全不一样。我想象中的程序员就是整天坐在电脑前独自工作的人。我知道，我不想成为程序员，因为我很喜欢社交，喜欢与人交谈。我都不知道，原来程序员一天中的大多数时间都花在与其他人交谈上。'这改变了她对计算机科学的态度。"

普纳荷高中和道格拉斯·江老师还通过支架式教学，即从课程内容的顺序和教学单元的教法上都进行支架式设计，让学生应用计算机科学。学生在普纳荷高中上的第一堂课上，可以创作互动性小说：选择自己的探险故事。这些故事是根据游戏者的反应而发展的。这个活动让更多的女生对计算机科学产生了好感，因为她们会被故事内容吸引。道格拉斯·江老师说，很多上过第一堂课的学生会回来上更多的课，并且还鼓动他们的朋友们一起来。

每个教学单元都是支架式教学，最后以个人和团队项目的形式到顶峰，在这些项目中，学生的表达让人眼前一亮。每个单元的开头都有一个好玩的"不插电"活动，不需要使用计算机就可以使学生了解他们将要深入学习的核心概念，然后应用到项目中。第二个阶段通过结构化的"鸟笼活动"来展开，这个活动可以让学生掌握所需的技能，从而与新概念进行互动或应用新概念。道格拉斯·江老师把这个活动叫作"鸟笼活动"，因为所有学生学的都是一样的内容，制作的也是同样的产品，就像他们在工艺课上要做一个鸟笼一样。一旦在概念上和实践上都准备就绪后，学生就开始进入项目阶段。在项目中，他们参与设计思维流程，然后应用在计算机科学课上学到的知识，去解决一个独特的问题。

道格拉斯·江老师课上的项目涉及面很广。下面举两个例子：

在一个项目中，道格拉斯·江老师把他的瓦胡岛的学生和夏威夷大岛上的一所学校联系起来。这所学校是一所特许学校，为当地的夏威夷人服务，教授夏威夷语。实际上，在夏威夷语中，有几十个关于降雨的词，其中许多词是每个岛上不同地区的关于降雨的特有词，有些词甚至能描述说话者所面对的方向。道格拉斯·江老师的学生跟这所学校的学生一起开发了一款地图应用程序，使用 GPS 来识别用户所在的位置，并用夏威夷语来显示那个地方在下什么类型的雨。通过他们的应用程序，学生正尽其所能来保护夏威夷语，同时帮助其他人了解夏威夷的深厚文化。

另一个学生项目涉及与家长合作开发的一个应用程序，用于帮助患有自闭症的孩子学习数数。尽管它是为一个特定的孩子设计的，但是教师、家长和儿童自闭症治疗师们已经购买了这个应用程序数千次。公众对这个应用程序的反应让学生感到兴奋。

你可能会觉得，道格拉斯·江遵循 STEM 进入计算机科学教学的道路，但事实上，他证明了任何人都可以快速掌握计算机科学教学。道格拉斯·江以前是英语专业的学生，对艺术和人文科学很感兴趣。他对计算机科学的兴趣来得较晚。虽然他现在教授从入门到大学水平的计算机科学原理课程，但他说："我以前从未觉得自己会跟计算机科学或者 STEM 教育搭上边。但是我对编程感兴趣，因为它是一种工具，可以进行有创造力的自我表达，能够讲述强有力的故事。这些都是我感兴趣的事情。我还发现，如果我做自己感兴趣的事，除了本来就想要上机器人和工程方面课程的孩子之外，还能吸引不同群体的孩子。我们为那些已经在计算机科学领域找到自己定位的孩子提供了完善的课程。所以，我正在努力为尚未开发且数量庞大的其他群体的孩子创造机会。"

让学生参与设计挑战赛

为了让小计算机科学家们具有真实的体验，你可以考虑让学生参与这些以项目为基础的计算机科学挑战赛。每个比赛说明后面都有一个吸引人的获奖项目，来解释学生如何通过计算机技术让世界变得更加美好。特别是"一劳永逸的应用程序"（Apps for Good），在这个挑战赛中，即使是年龄最小的学生也要寻找并提出适合用计算机解决方案的问题。学生还未具备必要的编程技能来自己制作应用，所以获胜的团队会跟软件开发人员合作，来实现他们的构想。你可以考虑让学生跟当地的开发人员合作，来做同样的事情。

国会应用程序挑战赛

国会应用程序挑战赛（Congressional App Challenge）是在美国的一项公共活动，旨在鼓励孩子学习编程。通过由美国国会议员主持的地区竞赛，来自参赛选区的学生对原始应用进行编程。他们将有机会被国会代表选中，赢得奖项，并把自己的作品放在华盛顿特区的国会大厦进行展示。2017 年，近 5,000 名学生参加了国会应用程序挑战赛。

2017 年，来自俄勒冈州的学生亨利·皮格（Henry Pigg）和伊莱·温克尔曼（Eli Winkelman）设计了一款名为"Mela-Know"的苹果手机应用程序。这款应用程序利用人工智能技术来探测黑色素瘤，其准确度接近医生的水平。如果有人担心自己皮肤上的出现一个新的或者不寻常的斑点，那么他们可以打开 Mela-Know，选择自己的皮肤和头发的颜色，然后放大聚焦拍摄斑点的图片。这款应用会通过神经式网络来处理影像，并指出此斑点是黑素瘤的可能性。

想象杯：微软

想象杯：微软（Imagine Cup：Microsoft）是一个全球性竞赛。学生通过竞赛来创造能改变人们生活、工作和娱乐方式的计算机科学应用程序。每年都有成千上万的学生为了赢得奖品，以及为了能把想象杯这一荣誉带回家而竞争。

来自阿根廷的 NASH 团队开发了一款名为"救援"（Rescue）的软件，这个软件能快速部署整个网络内的自主无人机，前往自然灾害区进行拍摄。利用图片和影像识别以及测绘软件，救援队能迅速与受灾人员取得联系。

科技创新挑战赛

科技创新挑战赛（Technovation Challenge）是一项仅针对女孩的全球性挑战赛。每年都会邀请女孩找出他们所在社区存在的问题，并用技术方案来解决它。在设计课程的引导和导师的支持下，女孩们以团队合作的方式来开发移动应用程序，以及制订启动这款应用程序的商业计划书。获胜的学生可以获得奖金，并有机会到世界各地参加宣传活动。

阿鲁扎·科什卡洛娃（Aruzhan Koshkarova）是一位哈萨克斯坦的高中生。她知道父母们每天都在担心孩子在上学和放学时的安全。鉴于当地社会治安的情况，这种担忧不可避免。阿鲁扎开发了一个名为"QamCare"的 GPS 应用程序，可以提供导航，并在用户遇到危险时给用户的家人或朋友发送警报。

一劳永逸的应用程序奖项

一劳永逸的应用程序奖项（Apps for Good Awards）既是一门教学课程，又是一个比赛奖项，奖项在每年的年度竞赛期间颁发。通过这个奖项，10 ～ 18 岁的学生可以学习开发移动应用程序和物联网（Internet of Things）产品。

"零钱猪"（Pocket Money Pig）是一款由小学生开发的应用程序，这些学生与家人在钱的问题上存在分歧。这个团队想要做一款应用来帮助家庭追踪零钱和贷款，并且避免争论。他们的奖励包括了跟专业人员共同合作，在信用卡公司 Barclcaycard

的赞助下，见证自己的应用被开发并投放市场。

为了在课堂之外培养学生对计算机技术的兴趣，你可以引导学生了解很多他们可以获得的非正式学习的机会。你可以访问 The Connectory，这个一站式信息提供站精心列出了计算机科学新秀们可以参加的夏令营、俱乐部、竞赛，甚至是学生可以通过面对面或在线参加的课程。

学习素养，关注两种思维和两个特质

学习涵括理解、技能和学习素养。学习素养，或是阿特·科斯塔（Art Costa）所说的"思维习惯"，是指我们鼓励但通常无法直接传授的重要特质、态度、习惯和情感，如自信、好奇、谋略、合作、动机、坚持和勇气。学习者的学习素养，大多是通过经验和鼓励而获得的。当你在规划项目时，思考一下你能培养学生哪些学习素养。

当项目开始时，探讨那些直接影响学习的因素。当学生理解自己的学习方式，并能反省学习过程（元认知）时，他们将变得更加精明，并为迎接未来的生活做好了准备。心理学家卡罗尔·德韦克（Carol Dweck）和安杰拉·达克沃思（Angela Duckworth）对影响学习的态度和行为进行了研究，并都对帮助孩子成为更有能力的学习者提出了建议。

德韦克发现了两种影响学生学习的思维方式。在项目制学习中考虑这两种思维方式很重要。一个拥有固定型思维模式的人，相信智力是与生俱来的，你要么有，要么就没有。经常被别人夸奖聪明的人有时就会采用这种思维模式。一个拥有成长型思维模式的人会认为，在学习新事物时，努力学习比聪明更重要。

一个人是拥有固定型思维模式，还是成长型思维模式，在项目制学习中影响很大。项目制学习要求学生感受努力学习和自主学习的"兴奋感"。在面临困难时，拥有固定型思维模式的人，可能会变得沮丧或是想要放弃，因为他们把困难等同于失败。这样的学生可能会认为："如果我是聪明的，这难不倒我。但是如果我被难倒了，那肯定是我不聪明。"这种想法会让他们感到挫败，而且他们以后也不愿意再拿自己的"聪明才智"去冒险了。而拥有成长型思维模式的学生则不同。在通往成功的道路上，他们更容易直面挫折。你可以通过鼓励不屈不挠的精神，对努力而非智力多加赞扬，来培养学生的成长型思维。不要再说"哇，你真聪明！"之类的话，而应该说"哇，你真努力！"

来自宾夕法尼亚州立大学达克沃思实验室的安杰拉·达克沃思，更关注于预测人生成功的两个特质：坚毅和自控力。坚毅是针对长期目标，维持兴趣并为之付出努力的能力。自控力是在面对诱惑或是不安时，控制冲动的能力。坚毅的人往往更具自控力。项目会经常考验人的坚毅和自控力，要求学生在一段时间内、面对经常诱人分心的事情时，能保持专注。我们可以通过讨论坚毅和自控力在一个学习片段中所起的作用，来对两者加以培养。留心学生展现坚毅和自控力的时机，并注意这些能力对学习和学习结果产生积极的影响。

在项目开展过程中，当学生遇到项目挑战时，你可以给他们提出一些问题，鼓励他们去思考自己的毅力或成长型思维方式。

重点关注
对学习素养的思考

盖伊·克拉克斯顿（Guy Claxton）是英国布里斯托大学教育研究生院的学习科学教授，也是《该觉醒了：学会过学习生活吧》（*Wise up: Learning to Live the Learning Life*）的作者。在为《泰晤士报教育增刊》（*Times Educational Supplement*）撰写的一篇文章中，他分享了他 8 岁的小女儿苏菲亚所讲述的这个故事，她正在对自己的"学习能力"做出思考：

6个月前，我是一名很棒的团队学习者，但是没有什么毅力，也很少发挥自己的想象力，除非被要求那样做。我之前从未在开始学习前计划好自己可能需要的资源。现在，我的计划能力和想象能力都大大增强了，但当我不能立刻想到如何解决某件事情时，仍然倾向于随波逐流。我认为，我应该把毅力作为我下半学期要提升的学习能力。

如何激发学生的热情

站在学生的角度，对破壳而出的项目构想进行复盘：他们为什么要在意这个？美国加利福尼亚州帕洛阿尔托研究中心（Palo Alto Research Center）的前任首席科学家约翰·西利·布朗（John Seely Brown）建议，我们应当想象"基于激情的学习"是什么样子的。用"激情"替换"项目"后，再思考一下你的项目构想。什么才能激发学生的好奇心，并让他们感到当下所学是有趣且重要的？如何设计交互方式，让参与者感到自己也是重大项目的一分子？哪些活动、经历和工具能让他们兴奋起来？当你激发起学生的热情时，你就增加了他们开展深入探究的可能性，并让他们获得更深的理解。充满激情的项目有助于将学习经历的社交要素和情感要素联系起来。

有些教师对学习素养的教学很明确。他们会把整个学年和之后要做的项目考虑在内，并把具体的目标放在培养学习素养上。例如，在学年开始时，教师可能会把学生的自我管理，如高效利用时间、管理学习材料、回应反馈等作为最重要的学习素养来加强。在年初开展的项目计划，可能会让学生多做一些独立任务，以培养自我管理能力。自我管理显性教学可能包括，为学生提供工具帮助他们管理时间，或是给学生演示要如何回应反馈以改进书稿。下一个项目可能会强调不同的学习素养，比如毅力，并强调团队问题解决策略，以帮助学生克服挑战。当你思考整个学年的项目时，你需要考虑学生所需的技能和学习素养以及处理它们的顺序。从一个项目到下一个项目，不断强化积极的素养，让其成为学生的第二天性。

智能时代必备的 6 项学习技能

通过项目的不同阶段来研究科技手段的作用，是很有帮助的。与其去追踪详尽的科技工具列表，还不如思考一下怎样运用科技支持项目制学习，以及科技工具如何才能更好地服务于教学的不同阶段。在项目的许多节点上，很多功能都很有用，比如让大家能联系在一起的功能和使想法可视化的功能。其他的一些功能，比如调查研究，更可能是在项目的早期发挥作用，因为那是学生构建项目背景知识的时候。接下来，我们将介绍 6 项必备的学习技能，并讲解他们与智能时代学习的关系，以及可帮助培养这些技能的工具。举例虽不详尽，但当你做选择时，就可以用上。附录 A 详细展示了在项目制学习的不同阶段起到辅助作用的科技工具。

1. 研究

通过专家、原著和原始数据进行深度学习。当学生与专家互动，检查第一手资料或解释丰富的数据时，他们运用高阶思维来提出问题，发现、筛选、组织、分析、解释并提出新的理解。

比如，通过微软教室 Skype 应用（Microsoft Skype inthe Classroom）与专家交流会面，通过虚拟访问史密森学校实验室的平台来钻研原著，或是通过"计算机化的"知识搜索引擎 Wolfram Alpha 获得超过 10 万亿的数据，进行数据解释并制作信息图表。

2. 想法视觉化，观点表达创新化

公开想法，畅所欲言并创造意义。学生可以使用谷歌表单（Google Forms），通过谷歌云盘（Google Drive）从他们自己的观察、民意测验或者其他数据库中捕获数据。学生可以使用 Piktochart 软件将那些数据可视化，做成信息图表；或者使用 Evernote Suite 中的 Skitch 来美化数码图片、截图制作地图和网页；或者使用

Glogster，将文字、图片、视频、图案、声音、绘画、嵌入式媒体等，制作成在线多媒体海报。

3. 团队合作

项目需要团队合作，也需要众多工具和服务来帮助我们共同学习。一旦你联系上了你的团队或社群以后，就需要使用一些工具来辅助团队合作。Skype 和谷歌环聊（Google Hangout）是支持聊天和文件传送的视频会议服务。团队可以在 Padlet 上发布虚拟便笺，或使用 Backchannel Chat 这一款实时教育讨论工具在一个安全的"房间"进行类似 Twitter 的讨论。团队可以使用谷歌云盘的应用程序套件或在维基网站上，共享任务进行团队合作。

4. 项目管理

使用有助于良好项目管理的工具为项目增强条理性。别再胡乱翻阅纸张了，将信息储存在谷歌云盘的应用程序套件中。或者，若是传统文件一定需要一个归属存放点，可以将它们储存并分享在 Dropbox 上。让学生使用 Trello 来组织和管理他们的项目，并用社交性书签服务 Diigo 或是网络综合管理工具 Symbaloo 来进行标记、注释、整理和分享网络资源。不要忘记像谷歌协作平台或 Weebly 这样的网站，以及教育魔豆这样的社群学习系统，辅助进行项目管理。本书将在其他章节对这些工具进行深入探讨。

5. 复盘和迭代

鼓励复盘和不断提升。考虑周密并不断修订且更新迭代的作品，最终会成为优秀的作品。通过建立博客，学生就可以公开他们的想法，进行深入探讨并得到他人的回应。在教育上，经常使用的博客平台包括 Edublogs 和 Kidblogs。通过谷歌文档进行写作，会让改写变得更简单，不但可以记录修改过程，还可以允许其他用户发表意见和评论。

6. 用开放的教育资源来充实学习

当学生开始学习时，要帮助他们挖掘利用共享教材、课程、课程纲要和其他个性化学习的选项。在 Curriki 上创建、寻找和分享免费学习资源，或是使用 C-K12 Flex 来节选免费和开放的学习材料，将其变成基于网络的合作型"弹性课本"（Flexbooks）。你可以在可汗学院上享用 4,000 节微课，或是按照自己的节奏参加完整的课程。

小试牛刀
为你的项目制订一个概念框架

既然你已经在设想各种可能性，那么开始准备规划一个具体的项目吧。在接下来的活动中，根据提示重新考虑重点主题，并缩小你的关注范围。项目规划是一个互动过程，请随时准备好重新考虑项目的概念框架，甚至重新考虑你所做的选择。

当准备规划一个项目时，你要把自己的维基空间使用起来。如果你还没创建好维基空间，那么可以把你的同事添加为合著者，让他们也可以使用你的维基。创建一个简单的首页，并为自己创建一个项目页面。如果合适的话，为每个团队成员都创建一个项目页面。此外，你可能还要建立一个页面来保存每次的会议记录。

在你的第一个项目页面上，写下"今年要教的核心概念"，然后根据以下建议定义你的项目概念框架。

对于个人：思考下面一系列的问题，并在个人维基页面上记录自己的回答。准备好在下次团队会议中进行分享，但不要太拘泥于自己的想法。

对于团队：开会时，先分享并讨论你们各自的答案，然后一起回答问题。如果你的目标是一个合作项目，尝试将你的工作分解并融到一个共享的项目构想中去。

1. 你所教的课程中，哪些是最基本的概念？把它们写出来。尝试将每门课程的概念控制在两到三个以内。参考你教的内容标准，来确定涵盖在这些总概念下的是哪些知识内容。

2. 这些概念有什么重大影响？它们为什么重要？

3. 在校外，还有谁会关注这些主题？在不同的人的生活中，在世界不同的地方，这些主题有何相关性？

4. 在这些主题中，选择一到两个最有望成功的主题，并考虑现实生活中的情况来回答以下问题：学科之间的关联是什么？可能会结合哪些学科？

5. 当你设想使用这些主题进行教学时，问一下自己，你如何能把过去死记硬背的学习方法应用于分析、评估和创作中？

6. 想象一下，可以用哪些真实的方式让学生参与到项目中去，还有哪些方式可以用来提高智能时代所需的技能？提示：在你的答案中应该出现如协同合作、数字工具和信息素养这些词。

7. 这些主题会让你的学生感兴趣吗？一个看似肤浅或无关紧要的功能如果能让你的学生为之着迷，它就能成为那些更核心内容的引子。因此，尽可能多地进行头脑风暴吧！想想如何创建像新闻标题那般"取材于真人真事"的项目构思。

8. 你应该培养学生哪些学习素养？

9. 思考一下对于这些项目构思，学生可以通过哪些方式来展示和分享他们所知道或是可以做的事情？

第4章 **选择和设计项目**

本章将指引你：

- 对有效项目的质量进行批判性思考，规避
  那些无法达到质量标准的隐患；

- 思考项目灵感的来源；

- 有计划地筹划项目以达到学习目标。

一支来自芬兰奥卢市的跨年级教师团队希望拓展对探究在学习中的使用，他们把探究看作引发学生学习的推动力。具体来说，他们想鼓励小学生通过观察提出问题。通过观察来学习，在现实生活中很常见。因此教师开始设想，如何将探究融入学生的日常活动。

芬兰因其高效的教育系统在国际上备受尊敬，同时芬兰也是世界上人均手机使用量最高的国家之一。奥卢市的老师知道他们的学生可以随时使用移动设备。正如当时的小学教师帕斯·马蒂拉（Pasi Mattila）解释的那样："学生很熟悉照相手机，这是一种很有意义的沟通和工作工具。移动数据终端的好处就在于它可以跟学习者随时随地同步。"

这些芬兰教师所处的学校体制鼓励他们开展团队合作，不断地集思广益，探讨如何将他们的项目中各个部分联系起来，包括教学目标和可使用的科技手段，以及学生协同合作和解决问题的能力。他们设计了一个项目，利用照相手机、GPS全球定位系统和网络学习环境来支持探究学习的过程。马蒂拉称其结果是"有意义且有动力的学习"。

在一个真实的项目中，学生团队收集并分析了有关垃圾回收的数据，从而对家庭和社区的垃圾回收习惯进行观察，然后他们对学校的垃圾回收提出了建议。在引导学生进行这样的创新型学习体验之后，马蒂拉进一步成为探究式学习、以学生驱动的学习模式和创造沉浸式学习环境的国际倡导者。

本章重点介绍如何选择和设计项目。你可以决定调整已由其他教师或教学团队开发并在课堂上测试过的项目计划。或者像奥卢市极具创造力的教师一样，你可能想要从头开始设计自己的项目，以新的方式把科技整合到项目中，以实现你的教学目标。无论是前者还是后者，项目规划需要同样的批判性思维。本章结束时，你会了解如何建立包含最重要学习目标的基本项目构思。

用批判性思维仔细审查项目

如果你决定先从其他人设计的项目计划开始，请记住"买主要当心"。虽然有众多项目可供选择，但是你需要意识到它们的质量差异会很大，需要精心挑选。

先研究一下别人的项目计划大有裨益，即使你最终决定自己设计。研究过程有助于你运用批判性思维，以及与同事合作。通过一起研究现有的项目计划，例如那些在国际教育与资源网或仝球校园网等网站上的项目，你就会了解到同事对何种项目感兴趣。借此，你还可以练习如何给出批判性反馈。

项目设计中易犯的 6 大错误

在研究和审查项目计划时，你要如何运用自己的批判性思维呢？不要被项目的"外表"迷惑，要多关注学生的体验，看看项目是否强调了重要的学习目标、项目计划是否包含了你进行评论的学生作品范例。现在，想一想你的学生正在参与的项目：他们能借此掌握严谨的知识内容吗？会参与那些能帮助他们成为独立学习者的活动吗？能学习到如何进行探究吗？能开展有效的研究，进而有新的发现和认识吗？能学习到如何向他人学习和与他人共同学习吗？能运用身边的工具来帮助他们实现一些重要的学习目的吗？当你审视他人的项目计划时，你使用的批判性思维和信息素养，也是你的学生在开展项目时要具备的。

以下是项目设计中易犯的 6 大错误：

1.活动时间长，学习成果少。 如果项目任务繁重且耗费时间长，却只能达到小的或低阶学习目标，那么就不值得投入你或学生的时间。项目的繁简程度应该"刚好适合"它所需完成的任务。如果学生通过简短的讲座或阅读相关内容就能学到特定知识，那么就不适合开展项目。如果每个学生最终的学习成果十分相似，或者可以在网上轻松找到，那就表明学生完成的是低阶的学习，仍处于记忆和理解的阶段。作为一个具有批判性思维的人，你可能会对自己说："这个构思引起了我的注意，但还不够。我和学生还能用这个构思达成什么目标？"

2.科技重于传统实践。 让学生在互联网上研究一个主题，然后以幻灯片的形式呈现出来，这不是一个高质量的项目，它只是一个经过装饰的研究报告。好项目强调取得有意义的学习成果，而不仅仅是利用技术应用。如果学习目标较高，并且科技可以帮助学生实现这些目标，那么结合科技才是必要的。在查看项目计划时，不妨思考一下，科技是不是用来辅助实现真实学习目标的。例如，它是否能将人们聚集在一起，是否能将学生与丰富的数据或第一手资料相连接，是否能使学生与真实的受众建立联系，以及是否为学生提供了其他方式来创建和分享独特而高质量的学习作品？

3.单薄的主题单元。 一个 3 年级的班级每年都研究关于海洋的主题。学生会撰写报告并绘制海洋生物图片，在数学课上利用贝壳学习分数，阅读有关海上冒险的故事，甚至参观水族馆。不过，这些任务并非是跨学科、有合作性的，更不是高水准的。学生很可能是跟着教师的设计方向来学习一系列跟海洋有关的主题，而不是进行深入的探究式学习。

　　主题式教学不一定是项目制学习，但它也可以成为项目制学习。同样是海洋项目，可以有不同的结构设置，比如小学生可以研究超市里的海鲜来自哪里，以及如何在可持续性记分牌上计分，从而去了解有关渔业、商业和运输的知识。他们可能会研究渔民的生活，并记录渔业的发展历程。学生可能会在学校或整个社区里进行民意调查，以了解人们对鱼类食物的消费方式，然后根据美国农业部的饮食建议分析收集的数据，由此得出的结论，向大家汇报。与之前的主题学习项目相比，这种教学方式看似具有局限性，其实包含了多个学科的知识，更加丰富多彩。

　　主题式教学中，主题有大有小。有些班级会在一整年的任务中使用统一的大主题。在前面的例子中，还可以构建关于海洋鱼类的小主题。想一想，如何通过各种项目在一整年中反复涉及"变化"或"力量"的主题。一个主题又该如何将一整年的项目整合在一起。其他一些值得考虑的高质量主题包括生存、公正、相互依存、设计、自然世界、混乱和秩序。在检查他人的专题项目或创建自己的项目时，要找到方法让主题促进学习，并把学习与项目的核心重点结合起来。要寻找机会通过探究的方式去调查研究主题。

4.学习步骤过于详尽。 最好的项目是让学生在学习中做决定。警惕那些步骤过于详尽且衔接不自然的项目计划。如果按照详细的计划去开展项目，那么学习成果会是可预见且十分局限的。话虽如此，复杂的项目需要有详细的步骤。当你评估项目计划时，要重点关注学习目标和学习成果。如果学生最终的学习成果看起来千篇一律，或者学习成果无法反映所需步骤的必要性，那么你最好另寻妙方。

5.对形成性评估的关注不足。 在项目制学习中要尽早并经常进行评估。在整个学习过程中，时不时检查学生的理解程度、调整教学计划，有助于学生取得更好的学习成果。当你研读一个项目计划时，请考虑它是否具有里程碑式的学习阶段和学习成果。

6.评估不够真实。 当学生开展真实有意义的项目时，应该以一种类似真实世界中衡量质量的评估方法来评估他们的成果。想要避免评估不够真实的问题，就要确保学生开展真实的项目，以及拥有真实的观众和评委。

如果你碰到一个看起来很不错但收效甚微的项目，那要么找到同一主题的另一个项目，要么重新构建该项目以获得更显著的学习效果。以下 9 个方面，能帮助你构建一个项目并提高其质量：

1. **比较与对照**。对社区安全进行研究的学生，把"破窗"警务治安管理法和其他的方法做比较，并就研究结果向市政厅提出建议。

2. **预测**。学生为发布一个新的饼干品牌做准备，进行口味测试，并收集消费者对各种市场促销活动的反应，以预测市场占有率。

3. **理解因果关系**。学生分析来自美国国家公路交通安全管理局道路交通事故数据库的数据，以确定导致他们所在城市发生事故的关键因素，并就城市交通安全提出建议。

4. **确定局部与整体的关系**。在观看电影《火星救援》之后，学生使用免费的建模软件 STELLA，来确定各种因素是如何影响他们设计的行星生物圈的。

5. **着眼于随着时间而发生的变化**。在一个城市历史项目中，2 年级的学生研究了几十年前拍摄的市中心照片，并根据研究结果对城市未来的发展提出了建议。

6. **辨别模式或趋势**。4 年级的学生希望能减少他们学校浪费食物的情况，于是在一个周期内测量被丢弃食物的重量，并且利用电子表格中的制表和制图的功能得出结论。

7. **研究不同的视角并变换观点**。高中语言艺术课的学生在新闻报道中查找有关歧视的例子，并且把事实和观点分离开，然后就自己关心的争议话题编写专栏文章。

8. **做出合理判断或明智的决策**。4 年级的学生在"丢弃的食物"研究数据中发现了相关趋势之后，还对学生的食物偏好做了问卷调查，以此为基础，他们对改变食堂提供的餐食提出了建议。

9.推陈出新。学生在研究了健康、营养和锻炼的作用之后，担当起了私人健身教练，为当地一个健康中心推荐的客户定制健康方案。

设计灵活，为不同的学习路径创造可能

到目前为止，你和你的同事对项目中需要具备的一些重点要素应该有所了解了。你可能已经很想开始设计自己的项目，或修改他人的项目计划以实现自己的目标。但是，先让我们花几分钟"听一听"专家们是如何开始项目设计流程的。他们优秀的项目创意从何而来？想想那些已经对项目制学习领域的知识了如指掌的先锋们，他们可以帮助你找到适合你的优秀项目。在寻找好项目的过程中，需要避免之前讨论的那些易犯的错误。

加拿大教育家西尔维娅・查德（Sylvia Chard）是艾伯塔大学（University of Alberta）早期儿童和小学教育领域的荣誉教授，她在自己创建的项目制学习的网站上展示了许多由教师研发的有效项目。查德建议使用灵活的框架来指导项目设计。

灵活性的价值是什么？让我们研究一下"船只项目"（The Boat Project）背后的构思，该项目由位于艾伯塔省埃德蒙顿市明洲小学（Minchau Elementary School）的教师谢里尔・韦希尔（Cheryl Weighill）开发，之前作为特色项目被放到了查德的网站上。韦希尔讲述了她的项目构想是如何产生的。

最初，学校的小学教师团队已经规划了一个关于"海洋"的主题单元。但是，在一个寒冷的冬天，学校组织了一个特别的活动，这个活动让教师开始重新考虑他们的项目计划。在加拿大天气转暖的时候，孩子们被要求在学校穿上沙滩服。学校的活动中心给孩子们提供了很多与海滩相关的东西去进行探索。韦希尔和她的同事们注意到，许多学生都被用积木制作的船模所吸引。正如韦希尔所述：

将海洋作为一个项目去研究实在太过宽泛了，因为这并不是这些孩子所见所闻的真实世界或真实体验。因此，我们放弃了把"海洋"作为项目主题的想法。但是，由于许多孩子已经开始在积木区用大块的积木搭建船只了，并且孩子们通过讨论、提问、对话，表现出了他们对建造船只的浓厚兴趣，于是"船只"就被选作了我们的项目主题。在搭建积木船的过程中，越来越多的孩子参与进来。他们饶有兴趣地分享着个人经历。其中一个孩子大声宣布："我们应该建造一艘船，一艘真正的船！"船只项目就这样应运而生。

韦希尔的团队原本可以坚持原来的"海洋"的单元主题。然而，他们非常明智地让学生的兴趣和好奇心去驱动他们的学习体验，把重点放在一个问题上：我们如何制造一艘真正的船？由此产生的项目使教师能够达到一系列重要的教学目标，如涉及浮力、船只和设计这些与该年级学生科学水平相符的内容、语言艺术目标，以及让教师带领学生真正解决真实的问题。这个跨学科项目引出了一系列的活动，这些活动能培养学生的探究能力，并教会他们利用互联网搜索来解答他们的问题。这个项目为期 7 周，学生参与到了各种学习体验中，这些体验能帮助他们更好地做出决策，进行团队合作，并证明他们的学习成果。

阿瑟·戴安·麦格拉斯（Arthur Diane McGrath）是一位退休的教育学教授，她强调设计项目时要摆脱传统思维：

要真正吸引学习者，你必须建立一种情境。在这种情境中学生想要提问，想要学到更多，想要知道他们未知的事物，并且相信这一切对他们来说很重要，对更大的群体来说，找到答案也很重要。你的项目不是让学生复制前人做过的实验。相反，一个好项目是在前人所做的基础上的一种更深入的探究，在这个探究过程中，学生会自己设计各种子问题，并且试图寻找如何解决这些问题的方法，因为学生认定了他们所做的事情，并充满信心。

这在实际操作中会是什么样子？为了证明她的观点，麦格拉斯强烈建议中学科学教师去设计一个受《纽约时报》专栏作家安德鲁·波斯特曼（Andrew Postman）启发的项目。波斯特曼记录了自己尝试进行"节能"，减少家庭燃料消耗的过程。麦格拉斯建议教师向学生提出一些开放式问题：我家如何才能减少 5% 的能耗？这样做需要付出的成本是多少？她建议引导学生使用在线能源计算器、有关气候变化的多媒体网站，以及政府机构和环保组织的网络资源。

另一个项目的产生，是因为两位对政治充满热情的教师想激发学生对选举制度的兴趣。这两位教师分别是来自密歇根州的迈克尔·凯歇乐（Michael Kaechele）与印第安纳州的自称"政治痴"的乔·尤索（Joe Urschel）。他们发起了团队合作，在 2012 年的选举季中开启了 #MyParty12 项目。他们没有用教科书来教授学生关于政党的知识，而是向学生发起挑战，让他们去制定自己的党派纲领，并将自己的立场观点以视频的形式在 YouTube 上播放。该项目在选举季中发展越来越壮大，并在 Twitter 上用 #MyParty12 话题标签推动了势头，因为来自美国各地的学生纷纷参与了进来，学生最终还通过谷歌环聊与来自美国各地的同伴们进行议题辩论。

4 年后，凯歇乐邀请了来自美国各地的教师加入 #MyParty16 项目。该项目强调的内容是伴随政治行动的公民对话。凯歇乐在一篇博文中解释说："在 2016 年的总统选举中，来自两个阵营的大部分言论都聚焦在人身攻击上，而不是政策上。对于教育工作者来说，这是一个很好的机会，可以教授学生有关政治行动、重要问题、第三类政党和公民礼仪的知识！"

在 2016 年的项目中，学生制定了党派纲领，制作了竞选广告，还在自己的校园里进行了初选。每所学校的获胜者继续参加全州选举。作为全国投票的导入环节，前 5 名候选人通过谷歌环聊对他们的党派纲领进行了辩论。学生不仅了解了民主制度，而且积极参与其中，还对重要问题进行了批判性思考和文明的沟通。

辅助资源
项目设计资源

为了帮助我们更好地了解如何能设计出卓有成效的项目，许多专家做了很多研究，也制定了各种有效的教学策略。如果你有兴趣了解更多该领域的研究，不妨查看以下资源：

- **巴克教育学院**。作为项目制学习的领导者，巴克教育学院在其领域已有 25 年的实践经验，学院提供项目制学习的研究、教师专业发展机会以及出版物。这些出版物主要强调 21 世纪成功技能主题下的项目设计、管理和评估。其网站包括一系列可下载的项目设计资源、可搜索的项目库、读物和视频材料，以及项目制学习的 DIY 自学教程。
- **《追求理解的教学设计》**（*Understanding by Design*）。格兰特·威金斯（Grant Wiggins）和杰伊·麦克泰格（Jay McTighe）的这本著作帮助了成千上万的教育工作者去应用"逆向设计"，并学习如何围绕核心问题构建课程体系。参见 2010 年的《创建高质量单元设计理解指南》（*The Understanding by Design Guide to Creating High-Quality Units*）。
- **鲍勃·珀尔曼（Bob Pearlman）创建的网站**。鲍勃·珀尔曼是一位教育改革的领导者，并且一直以来都是项目制学习的倡导者。他拥有一个综合性网站，上面有很多相关的资源和建议，包括教师专业发展机会和值得参观访问的推行项目制学习的学校。

最佳项目的共有特征

许多基于研究的项目设计框架，都拥有很多相同的显著特征。在设计自己的项目时，务必记得这些特征。

最佳项目都具备以下特征：

- 设计灵活，为不同的学习路径创造可能性；

- 是生成性的，让学生自己构建意义；

- 是以驱动性问题为中心，或者是以探究为架构的；

- 以复杂而非常有趣的真实场景或模拟体验，引发学生的兴趣；

- 是真实的、切合实际的，因此往往跨多个学科；

- 不局限于学校内，能让更多的人参与；

- 利用丰富的数据或第一手资源；

- 拥有让学生共同学习、互相学习的结构；

- 提倡反复进行反馈、复盘和修正；

- 让学生像调查研究专家一般展开学习；

- 掌握智能时代的技能和素养，包括沟通、项目管理、信息和媒体素养，以及技术的运用；

- 掌握重要的学习素养，包括坚持不懈、敢于冒险、充满自信、坚韧不拔、自我反省，以及相互合作；

- 让学生边做边学；

- 将学生与真实的受众联系起来，或允许学生公开分享他们所知道的内容。

好项目无处不在

据一位教师说，本来会扰乱课堂的事物，也有可能成为优质项目的推动力。就是这位教师将学生的便携式音乐播放器（扰乱课堂的）变成了用于研究的设备。

之前提到的谢尔曼小学是一所以 STEAM 项目制学习为重点的学校。在这所学校里，罗恩·史丹利老师觉得自己不必绞尽脑汁，就可以找到有价值的项目构想。当社区禁止使用塑料垃圾袋的时候，史丹利就成功地利用学生的新环境意识开展了一个行动项目。"我们请了专家给孩子们讲了有关一次性塑料袋的话题。不久之后，在小小的提示下，孩子们开始注意到餐厅里的一次性塑料杯和一次性餐具。于是我们就开始收集、清洗这些物品，计算它们的数量，并且根据回收标志给它们分类。"史丹利说。学生向学校领导和餐厅职员展示了他们的数据，于是学校同意把塑料餐具换成可重复使用的不锈钢餐具。教师巧妙地引导了学生进行调查研究和分析，"但是如果你问问孩子们，他们会觉得这些都是他们的主意。"史丹利说，"这就是应该有的样子。"

由于学校人口增多，另一个项目便从拥挤的操场中诞生了。"我们的学生数量从 270 人增长到了大约 430 人。"史丹利说，因为很多家庭都支持学校的 STEAM 项目制学习的方法。"但是学校的操场大小没有变。孩子要玩秋千和其他的设备都需要排队。那么问题就来了：我们有足够可以供大家玩的东西吗？谁喜欢玩什么？"幼儿园小朋友进行了调查，来找出同学们的各种偏好。当孩子们着手应对这个真实问题时，他们还对潜在的解决方案进行了分析，比如如何调整课间休息的时间。

无论学生关注的问题是涉及他们的校园、当地的社区，还是更广阔的世界，史丹利都建议要把学生放在问题发现者的角色中。"即使是低年龄段的学生，都能找出他们想要通过努力去解决的问题。"

如果要寻找项目构思，不妨考虑下面几个不同的方向。对应的例子可在本书其他章节找到，希望这些构思能给你带来一些启发。

- 一个经过实践检验的真实项目，该项目有潜力让学生进行更有意义和表现力的学习，包括让学生有机会将自己所学传授给他人。（见第 5 章关于研究小说《人鼠之间》[①] 的项目）
- 由教师开发，为其他教师所用的项目计划。（见第 2 章 "全球校园网""国际教育资源网"）

---

①《人鼠之间》（*Of Mice and Men*），美国作家约翰·斯坦贝克（John Steinbeck）的小说。

- 新闻报道和时事。（见第 4 章 "♯MyParty16 项目"）
- 社区问题。（见第 9 章 "在适当之处学习"）
- 学生的疑问或兴趣。（见第 4 章 "船只项目"）
- 把给扰乱课堂教学的事物用于教育用途。（见第 8 章 "澳大利亚 iHistory 播客项目"）

请记住，一个成功的项目往往会将你引向另一个项目。先前提及的加拿大教育者罗伯特·格里芬曾说：

"我一直在寻找能够满足触觉学习者需求的学习活动。大约 7 年前，当我开始做一些合作项目时，我注意到触觉学习者使用科技手段时变得全神贯注。无论学习方式如何，所有的学生在需要使用科技手段的项目时，都会表现得更好。当我对有学习障碍的学生研究越来越多时，我发现，真实的项目和真实的评估能使所有学生受益。"

如今，格里芬已经使用富含科技手段的项目制学习好几年了，他见证了以前的成功经验如何给现在和未来带来新的机遇。格里芬说道："我们利用科技项目所做的一切，都演变成了更高级的项目。我们开始为加拿大工业部开展'校园网基层'（SchoolNet GrassRoots）项目。学生创建了关于我们的社区网站。他们在项目中学到的技能促成了我们的第一个合作项目，该项目涉及以南极洲为主题的新不伦瑞克省的 6 所学校。这些项目使我们学校成为加拿大创新学校网络的一员。这两个项目让我们学校获得了第一笔惠普资助金。正是因为教师和学生在这些项目中获得了专业知识和技能，让我们的学校能被选中参与另一项研究项目。"

🖥 科技聚焦
在线收集和追踪项目资源动向

当你的项目慢慢成形时，你可以考虑使用技术辅助工具来确认和管理你的资源。

想要获取专业知识和资源，可以在谷歌表单中创建一个在线调查问卷。在设计调查问卷时，请确保有一个开放式问题，能引导被调查人对此做出有创意的回复，从而了解他们可能会为项目作出的贡献和支持。

通过电子邮件，将你的项目概要和调查问卷的链接发送给所有可能关心你的项目的人。然后就等待那些愿意为你提供专业知识或材料的回信蜂拥而至吧。问卷调查的结果会以电子表格的形式呈现给你。使用电子表格不仅可以追踪通过问卷确认的项目资源（如数字视频设备）、人员及其特定技能（如了解天文学等），还可以用于获取电话号码和电子邮件地址等看似毫无价值实则十分重要的信息。

考虑一下，你如何把这些智囊和财富变成更大的资源，让这些资源为学校所在的社区所用？例如，前几年的学生家长在孩子升入新的年级时，可能还愿意继续分享他们的专业知识。想象一下，对一位新教师来说，能够访问你的在线项目资源库，是一份多么珍贵的礼物和财富啊！

📶 重点关注
科学领导力学院的实践

位于美国费城的科学领导力学院，是 2006 年成立的一所属于"磁石学校"的公立高中，现在已经发展到拥有两所高中和一所初中。在这三所学校中，科学领导力学院尤其以探究和项目制学习为核心。学校具有可适应的学习空间、更长的深入调查研究时间，以及灵活的时间表，允许学生进行实习和参加当地大学的双学分课程。

科学领导力学院的发展归结于费城的学生和家长日益增长的需求。当原中心城校区只有 120 个录取名额却收到了 1,200 份申请时，科学领导力学院的执行总裁兼校长克里斯·莱曼（Chris Lehmann）知道是时候进一步发展了。

连接科学领导力学院三所学校的主线便是对探究的持续关注。每一个综合了人文、科学、科技、数学和创业能力学科内容的项目，都会遵循一套成熟的调研过程，包括设计、研究、合作、展示和复盘。学校也依托于一套通用评分准则对项目进行评判（在第 5 章有详细的描述）。

学生开展跨学科项目的态度和项目的范围在他们的项目名称中显而易见：官僚主义项目：对自愿联邦奖学金的调查（The Bureaucracy Project: Navigating FAFSA）；杰里·斯普林格：基于戏剧安提戈涅（Jerry Springer: Based on Antigone）；以及跨越界限（Crossing Boundaries）。在这个项目中，学生研究与种族、宗教、怀孕等相关的行为准则，甚至还研究过在体育场上被认为是"过度庆祝"的行为。学生最近接受了一项学校正面临的真正挑战，那就是为建造一个更大的新校区选址。选址的慎重性让学生投身于对民族志和建造学的研究中，因为他们要思考"最适合我们的社区的科学领导力学院是什么？"

加入科学领导力学院的教师经过严格的面试会报名参加不同的教学体验。他们不但致力于以学生为中心、探究为基础的教学方法，而且致力于持续的专业发展。教师在通用评分准则的指引下一起设计项目，并且与一个或多个专业学习网络的成员一起迎接学校不断提升的挑战。2018 年，专业学习网络专注的话题是调整教师的教学方法，使用探究式教学法进行教学。

科学领导力学院的办学模式赢得了诸多粉丝，也吸引了来自全世界的参访者，这在很大程度上是因为中心城校区每年都敞开大门，欢迎教育工作者们参加名为 EduCon 的教学大会。整个大会由几场教育愿景家们共同参与的全体会议组成，除此之外，EduCon 大会实际是一个"我们举办，为了我们"的大会，大会由学生和参会者共同策划，目的是为了分享创新的教学实践。

那些对未来的学校不断进行重新思考的教育工作者，经常会联系科学领导力学院寻求建议。正是由于大家持续不断的兴趣，非营利组织探究学校（Inquiry Schools）应运而生。探究学校从各个阶段对新兴的新概念学校给予支持，从行政规划到教师发展再到教学法，以及从零开始指导建立学校文化。

为什么我们的学习很重要？这是一个关键问题，它推动了创建或改造学校的努力方向。执行总监戴安娜·罗芬伯格（Diana Laufenberg）是最早参与设计科学领导力学院的教师之一，她说："学校要想真正的成功，必须首先建立一种文化，这种文化要重视学生天生好奇的本性。学校需要有一套框架和课程，能允许学生去探索跟他们相关的东西，同时掌握在学术环境中和学术环境之外所需要的各种技能。"在发展的过程中，探究学校的辅导员常常会问教育工作者们一些发人深省的问题，例如，"在你的课堂上，学生是在遵循指令还是自己做决定？""比较一下，你对孩子做了什么和你为孩子做了什么？以及孩子们自己做了什么和与你一起做了什么？这有不同之处吗？"

时至今日，探究学校已经帮助建立或重新设计了 50 所学校。

小试牛刀
设计你的项目

在上一章中，你确立了对你和你的学生都很重要的学习目标。现在，不管你是决定重新改造一个你喜欢的项目，还是从头开始设计一个项目，都要计划如何通过以下设计流程，将你的想法付诸实践。最后，你要撰写一个简短的项目概述，与他人分享，以获得重要的反馈。

建议： 回到你上次建立在维基上的个人或团队项目空间。请回忆一下你在第 3 章末尾建立的概念框架。随着项目计划的深入，你要再把这些想法提出来。在你的维基空间中建一个名为"项目概述"的新页面。在遵循这些关键设计步骤时记好笔记，然后编写项目概述来与他人分享。

1. 重新回顾一下你根据第 3 章末尾"小试牛刀"部分建立的概念框架。
   - 为核心科目和相关学科制定学习目标的最终列表。把关注点放在核心重点和权威标准的知识内容部分。
   - 确定你想要突出的具体技能。这有助于确立学生在项目中所需要承担的角色。比如，学生可能会承担与知识内容部分相关的学科角色，如历史学家、工程师或艺术家；或者学生也许会担当 ISTE 学生标准中描述的一个或者多个开放式的角色，如主动学习者、数字化公民、知识构建者、创新设计者、有计算思维的人、有创造力的沟通者或者全球合作者。对于每种角色，你都要确定完成项目任务所需的技能。

- 思考你要如何培养学生的项目管理技能，比如有效的团队合作和时间管理。
- 确定你想要培养的学习素养，比如坚持或自我反省的能力。

2. 确定学生已经理解的证据。学生应该知道什么或会做什么来证明他们已经学会了呢？请记住，学生对通过项目制作的作品有所投入，在这个阶段，你要考虑的是这些项目的产物反映了哪些学习成果，而不是产物本身是什么。

3. 对项目载体进行规划。想一想学生会探究什么，做什么，创造什么？努力实现"最佳的不明确"，也就是说，项目规划既要有周密的安排，又要有足够的灵活性，以满足项目的需求。到目前为止，你已看过的许多个项目示例，想象一下它们与真实生活的联系，想象一下历史学家、经济学家、商业人士、数学家、剧作家、消费倡导者、工程师、医生和其他的业界人士，他们会如何与你所确定的主题进行互动，然后为学生设计可以与这些角色相结合的项目。

4. 对项目的导入进行规划。你会先说些什么来吸引学生的注意力，并激发他们的学习热情呢？什么能吸引你的学生？为了激发学生去探究，你在第一天会怎么做呢？此时此刻，你的项目逐渐成形，但它的结构可能仍然有些模糊，并缺少细节。这样很好！因为如果你现在把项目的最后一个环节也设计好了，那么这个项目可能就太死板了，学生也会受到局限。思考以下有关项目规划的比喻：

> 规划一个以学生为中心的项目，就像规划一次跨越未知海域的航行。你脑海里有一个目的地，但你不知道航线。你和学生要建造一艘值得信赖的船，并用你们所有的航海技能扬帆起航。清楚地了解你的目的地会大有裨益，这样当你看到目的地时一眼就能认出来！

如果规划得过于详细，你可能会被事先计划好的想法所束缚，让规划成为一个不断重复和协作的过程。你可以从同事那里获取一些反馈，多次修改并重新制订你的计划。项目会因你的努力变得更好。

你可能已经迫不及待地在想接下来的步骤了，包括设计学习任务、做好准备工作、指导学习和评估。这些我们将在下一章中讨论。现在，把到目前为止做的规划总结成一个项目概述。

书写项目概述

我们先暂停一下，来编写一份项目概述，即项目的简要说明。项目概述是一种少量且快速的论述，而不是捕捉每个细节的绘画。项目概述是迄今为止你所考虑的所有内容的综合。用一段话来描述整个项目就好。如果给项目加一个标题能让你有所启发，也不妨试一试。然后可以从另一个角度再写一遍。

你的概述只要恰如其分，就可以与同行分享，并获得重要的反馈。确保最重要的学习成果在项目概况中是显而易见的。

这里有一个项目概述的范例，希望可以让你有所启发：

微生物吃了我的车道
学科：科学、数学
驱动性问题：减少学校停车场废油的最佳生物修复策略是什么？

学生已经初步了解了机油对环境的危害。他们接下来会学习微生物、生物污染和其他生物修复方法，并计划开展调查研究，从而获得在机油流入下水系统之前，消除路面机油的建议。

与你的同事分享项目概述，一起提出一些问题，并提出改进每个项目的方法。想一想项目该如何变得更加全面或真实。想办法捕捉学生的兴趣，并让其他教师、专家或社区专业人士参与其中。例如，可以与教别的年级的同事分享你的项目概述；也可以咨询学校里其他方面的专家，他们也许可以给你提供一些想法，让你把艺术、体育或音乐融到项目中去；可以与特殊教育和英语语言专家会谈一下，聊聊如何把有助于各类学习者取得成功的辅助方法规划进去。

在项目设计阶段，还可以与教育领域之外的专家进行交流，以确保你的项目可以朝着真实的方向开展。例如，学生打算为位于海地的一个非营利组织设计太阳能炊具，那么科学老师就可以在项目设计阶段向工程师们进行咨询。工程师们以一种真实世界里的方式，帮助这位科学老师确定设计规范，并且节约了成本和材料。事实上，工程师们对这个项目非常感兴趣，他们答应还会再来，并对学生的产品设计给予反馈。

项目小组会把项目变成自己的学习过程，所以可以设想一下各个小组可能会经历的探究学习路径。给你的项目起个名字，或者让学生参与进来一起给项目命名。一个吸引人的名字将会奠定项目的品牌影响力，有助于引起反响。

第 5 章 找到评估标准

本章将指引你：

- 了解项目制学习中的形成性评估和总结性评估的重要性；

- 在项目周期的不同阶段，思考各种评估策略和评估工具；

- 规划项目时间轴，设立重要的里程标，以保持正常的学习进度。

项目制学习是个性化的学习。如果它确实是开放式的，那么每个学生或小组都会以独特的方式对待这种学习体验。在项目开展的过程中，学生会经历一系列逐步发展的活动：提出问题、进行调查研究、理解他们发现的事物、提出更多的问题，然后做更多的研究，直到获得新认知。认知的结果或认知的表达方式应该是原创的，是由学生或项目小组来制作、演示、证明或主张的一种新颖的解决方案。考虑到项目制学习中涉及的种种流程和五花八门的成果，就很容易理解为什么评估会比用判断题或者选择题来评分更加复杂。

不要气馁，评估学生的进步和成绩不是一件不着边际的事。你可以在项目设计中为学生的学习活动制定参量。这些参量对学习起着指导和聚焦的作用，使评估成为一个自然而然的过程，有助于开展学习并对学习成果做出汇报。因此，你选用的评估方法确实需要经过深思熟虑。

项目制学习中的真实性评估

厨师品尝汤的味道，这是形成性评估。

客人品尝汤的味道，这是总结性评估。

——罗伯特·斯塔克（Robert Stake）

20 多年前，琳达·达林 - 哈蒙德（Linda Darling-Hammond）为真实性评估提供了充分的理由：

　　我们取得强大的教学和学习能力，不是通过全国性的考试，而是通过评估。这种评估是由当地社区联合教师、家长和参与其中的社区成员一起制定的，这样能让学生朝着更具挑战性的标准努力，让教师学会以不同的方式看待学生，更好地支持学生的学习，以及用不同的方式思考各种标准。

　　真实性评估终于成为现实，这是教师和所有学校社区有意地向项目制学习转变的结果。家长、教育工作者和学生自己，都提到了学习质量的变化：学生不仅达到了高水准的学术预期，而且往往超出了这些预期。当然，这不是自动发生的，而是因为高质量项目制学习中的综合评估为优异的成果奠定了基础。

　　鲍勃·伦兹（Bob Lenz）现为巴克教育学院的执行董事，曾任展望学习网络（Envision Learning Network）的创始人兼首席执行官，他花了 10 多年时间与学校合作，为项目制学习研发了一个全面的评估系统。通过对表现性评价、学生学习档案和评分标准达成共识，教师和学生在定义学习质量时能形成一致的想法。"这是给孩子们的礼物，"伦兹在采访中说道，"如果你们有共同的评分标准，学生不需要去区分 6 个老师各自不同的标准。"他发现，学生能够使用评估工具来反思自己的进步并设定学习目标。这就形成了一个围绕着两个基本问题来进行设计的评估系统：我们希望学生知道什么和能够做到什么，以及我们如何知道他们达成了学习目标。

　　将评估方法和我们重视的高水准学习相匹配，并将评估作为一种手段来辅助学生学习，而不只是在他们学习之后才进行评估，这样才有意义。让我们看看项目制学习中的这两种评估方法。

形成性评估

与在结束时进行评估相比，在整个项目周期中利用评估机会，可以帮助学生学到更多的东西。在过程中的评估，即形成性评估，可以让尔深入了解学生的思维，这样你就可以调整项目、消除误解，或者引导学生朝新的方向努力。

敬业且有见识的教师从介绍项目的那一刻起，就在不停地评估，直到进入下一个项目。随着项目的进行，他们会使用各种方法，从讨论流程规范到课堂结束时的小测试，再到简单的观察和交谈，以了解学生的学习体验，并及时做出调整。

总结性评估

在项目结束时，教师的评估主要有两个目的：以总结的方式衡量学生的学习情况，并评价项目的质量，这样下一个项目才会做得更好。为了在项目结束时评估学生的学习情况，即总结性评估，教师可能会根据一个评分标准来打分，或让学生做一个执行性任务并进行测验，或者请其他教师或学科专家来帮助他们评估学生的学习情况。他们也会对项目本身进行评估，确定项目在多大程度上帮助孩子获得预期的学习成果。

因为在项目规划时，你心中就已经有了目标，所以让我们先考虑总结性评估。之后，我们再深入探讨形成性评估的策略。

筹划总结性评估

项目设计的第一步是确定学生会通过项目学到什么，所以下一步确定用什么来证明学生真的学到了就在情理之中。学生如何证明他们理解了新的概念？如何证明他们在阅读、写作或研究这些技能方面是否有提升？你又如何知道他们在学习素养方面有所收获，比如面对挑战时是否能坚持不懈？清楚地了解哪些是可行的证据，有助于你引导学生向理想的目标靠近。

一旦心中有了目标，你就可以回到项目规划上，并且想一想学生在项目的整个过程中需要从事哪些活动来获得这些新概念、技能和学习素养。通过循环迭代的方式（图 5-1），逐步确定项目呼应的学习目标、证据和活动，你最终会制订一个结构严谨的项目计划。

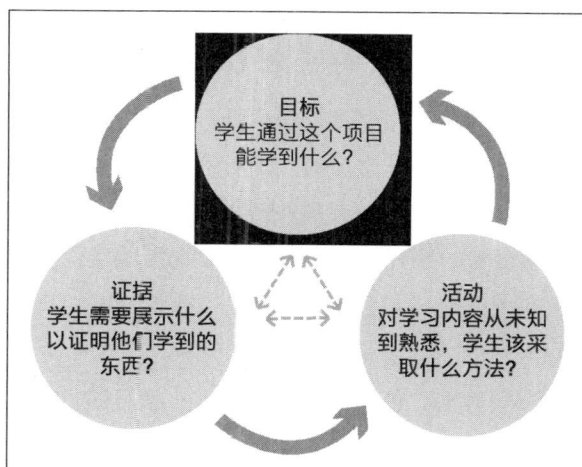

图 5-1　规划是一个循环迭代的过程

下面介绍 3 个项目，分别为：物理学和消费者安全（physics and Consumer Safty）、街道社区的健康问题（Health in the Hood）、工具时间（Tool Time），这 3 个项目很好地说明了目标、证据和活动是如何在项目中共同起作用的。

物理学和消费者安全

9 年级的学生在物理课上会学习电磁波谱的知识。他们的老师决定用执行性任务的方式，让学生在最后展示学习成果。她将对开展这一执行性任务的项目小组进行评分，但作为最后的挑战，她计划让每个人对自己所学的知识进行概括和应用。具体来说，学生能确定宇航员在国际空间站生活和太空行走时，需要什么样的保护才能在银河系宇宙射线中幸存下来？她想知道，学生会做哪些项目来为这场挑战做准备。

她决定采用互补教学模式。在讨论完驱动性问题"我们如何才能安全地利用电磁波谱中的能量"后，项目小组便开始研究电磁波谱上波幅在日常情况下的应用。他们要为相关的产品和工序编写消费者手册。项目示例包括：防止紫外线辐射的油漆和护肤用品、伽马刀在放射外科中的功能和安全使用，以及手机发射塔的微波传输。在研究过程中，学生可以咨询"消费者安全委员会"。这是一个由主题专家组成的小组，以帮助学生进行研究和改进他们的任务作品，从而使其作品对作为"消费者"的其他同学来说是具有启发作用的。学生的项目是根据一个评分标准来评判的。"消费者"学习了彼此的手册后，会进行一次测验，由老师打分，以确保他们掌握了电磁波谱的基本知识。最后，每个学生都要完成关于太空生活的个人表演任务，其得分会被计入期末成绩。

有了这份总结性评估方案，该项目变得连贯了。学习的目标、活动和评估方法之间自然地契合。

街道社区中的健康问题

10 年级的学生在社会学课上研究下面这个问题：就健康而言，是你的邮政编码（所处的环境）更重要，还是遗传编码（自身的机能）更重要？他们老师决定，学生将通过公开听证会的形式，展示他们对影响健康的各种因素的理解。学生以知情公民的身份，为街道社区公开做证，这些社区的居民希望食品卫生和医疗保健状况能得到改善，且他们能负担得起相关成本。在开始之前，学生仔细审阅并讨论教师准备的评分准则，包括研究、取证、分析、逻辑论证和演示几个方面。他们的思路是将所在城市按邮政编码进行划分，然后仔细研究公共卫生、人口普查和城市服务数据，得出关于不同人群健康和福利的结论。他们使用的是图瓦实验室（Tuva Labs）的数据分析平台，该平台精选了开源数据集供学生使用。然后，学生向政府官员介绍他们的发现和结论，并倡导可能产生最大影响的解决方案。就这个案例来说，没有第二个展示性任务，学生做的最终展示是他们所学知识的积累，教师会根据评分准则来进行评判。

工具时间

2 年级的课程要求学生学习力和运动，期望他们能够通过简单的机械组件来对工具进行分类，并确定工具是用来连接、撬开或移动物体的。他们的老师决定制作一份清单，以便在测试学生对概念的认知和词汇时使用。在项目开展期间，学生在创客空间内对不同的工具进行探索研究，并且把它们拆分或者组装成各种物件。他们研究学校保管员、秘书和厨师使用的工具，并根据自己定义的功能来分类。接下来，他们挑选了诸如外科医生、电工、水管工和木匠这样的职业，研究了这些职业会用到的工具。作为最后一项任务，教师让每个学生仔细查看一份工具目录，区分不同功能的工具。教师则在清单上记录了学生的理解和词汇发展情况。

总结性评估强调实现学习目标，关注学生在展示或应用他们所学知识的方面做得如何。为了确定学生的实际掌握情况，你可能要利用各种符合学生发展水平的评估策略。你可以使用传统的形式，如写论文或做测试，或者就像电磁波谱的物理项目那样，提出新颖的展示性任务，要求学生将他们所学到东西应用到新的场合中。

全校性统一评分准则和项目特定的评分准则

实施项目制学习的教师经常会给学生最终的学习成果打分，比如学生在社会研究案例中的公开证词，或他们学习成果的其他表现形式，比如模拟辩护、消费者手册或富有创意的戏剧表演。教师根据评分准则来评估这些学习成果，以及项目中的几个重要节点。这一评分准则也反映了项目在开展期间所强调的某些技能和学习素养。

　　评分准则是传达学习预期的评分工具，涉及学生学习的概念知识，以及他们技能水平的提升情况。通常以从差到优，或者从"新手级"到"专家级"这样的表述来判别。有些教师以全校性统一评分准则为指导，围绕学校的核心预期来开展工作。他们可以把全校统一性评分标准进行个性化定制，来反映特定项目突出的内容和技能，或匹配特定年级段的学习目标。也有一些教师会创建项目特定的评分准则。我们会对这两种评分准则逐一进行介绍。

全校性统一评分准则

　　科学领导力学院采用了全校性统一评分准则来反映其对项目制学习的关注，以及探索、研究、协作、展示和复盘这 5 个核心价值。科学领导力学院所有的 3 所学校的教师根据每个项目所设定的目标和预期，对全校性统一评分准则的基础表格进行个性化的定制。对于学生来说，统一评分准则的好处是，不同班级的评估语言和预期是一致的。

　　下面的课程计划是根据英语教师米努·拉米（Meenoo Fami）布置的一项作业制定的，该作业是一个大型项目的一部分。评分准则的类别反映了科学领导力学院的核心价值观。

教案
短篇科幻小说任务

科目：英语

教师：拉米女士

级别：Q2

故事中有故事，在夜晚的静谧中低语，在白天的喧嚣中呐喊，在恋人、敌人、陌生人和朋友之间展开。但是，所有这些都是脆弱的东西，仅仅是 26 个字母的排列组合……

——尼尔·盖曼（Neil Gaiman）

对于这项作业，你的任务是写一篇短篇科幻小说。你应该以科学的理念作为作品的核心；它必须在冲突和最终解决冲突的方案中发挥关键作用。一个发生在太空飞船上、没有科幻小说元素的爱情故事是不符合要求的。

你的故事应该包含许多公认的优秀故事所具备的共同元素：

• 努力实现自己的目标和追求的可信的人物；

• 故事情节中，人物与比他们更强大的力量抗争；

• 强烈而清晰的冲突；

• 对故事有一定影响的场景；

• 以对人性、人类处境和你对世界的信念的评论为主题。

以下是一些可供思考的线索：

• 通过你的话语展示情感、特征和行动；

• 使用行为动词；

• 适时使用对话；

• 独立阅读作品，让自己在叙事语态和风格方面获得一些启发。

作业长度和提交说明

你的故事应该在 2 ～ 3 页。

请你在 1 月 13 日晚上 8 点前通过谷歌文档来提交作业。请你在这段时间内规划好自己的工作量，并根据需要随时寻求帮助。

科学领导力学院关于短篇科幻小说写作的评分准则					
	评分项目分值				
评分标准	设计 20分	知识 20分	应用 20分	呈现 20分	过程 20分
超过预期 20～19分	设计巧妙，书写得体的故事，具有优秀故事作品的许多元素	学生对于科幻小说体裁及其形式的认知深刻。在创作中运用相关科学概念来对作品进行支撑	学生在作品中展现出应用科幻小说叙事特点的高级能力	学生能创作超出该项任务预期的故事	学生能很好地管理课堂内外的时间以完成这项任务
达到预期 18～15分	展示出情节和故事结构的连贯性	学生对于科幻小说体裁及其形式的认知良好。作品中至少结合了一个准确和有效的科学概念	学生在作品中展现出应用科幻小说叙事特点的良好能力	学生能创作出达到该项任务预期的故事	学生能适当地管理好课堂内外的时间以完成这项任务
接近预期 14～13分	勉强展示出情节和故事结构的连贯性	学生对于科幻小说体裁及其形式的认知一般。作品中包含了一个科学概念	学生在作品中展现出应用科幻小说叙事特点的能力一般	学生能创作出勉强达到该项任务预期的故事	学生勉强能管理好课堂内外的时间以完成这项任务
未达预期 12～0分	没有展示出情节和故事结构的连贯性	学生对于科幻小说体裁及其形式的认知匮乏。作品中没有科学概念或科学概念运用不准确	学生在作品中展现出应用科幻小说叙事特点的能力较差	学生创作出的故事无法达到该项任务的预期	学生无法管理好课堂内外的时间以完成这项任务

项目特定的评分准则

如果你任教的学校尚未制定通用评分准则，那么你很可能要从头开始制作自己的项目评分准则。评估准则要包含 3 大类别：知识、技能、进程或素养。每个类别可能有 3～5 个判断标准，根据 3～5 个级别的完成度或增长水平进行评估。项目完成水平可以被加权以计入成绩。内容知识通常比技能和过程更重要。

构建项目评分准则的过程，能让教师仔细去思考学习目标和完成标准。一旦完成，它便成了一个有用的工具，可以把项目期望分享给学生、家长、同事，或许还有可以对学生的表现提供真实反馈的校外专家。

表 5-1 所示的范例，是按照之前提到的"物理学和消费者安全"项目来制定的。这份评分准则符合教师的需求，但对学生来说可能有点儿难懂。在项目开始时，教师可以对评分准则的评估类别和完成标准进行表述，并且让学生用自己的话重述这些标准，这会很有帮助。

如果评估标准对于学生来说是一种新的形式，那么教师可能一次只能介绍一行内容。为了帮助学生了解如何把评分标准当作一种学习工具来使用，教师可以让学生用这个评估工具对上一个班级所制造的学习成果进行评估。

一旦项目开始，教师和学生可以使用评分准则来追踪进展以达成学习目标。例如，在检查的时候，老师可能会说："你的技术性写作现在已经很熟练了，但是如果你使用更精确的词汇，可能会更优秀。"学生个人或项目小组也可以通过使用同一评分准则来进行自我评估，并记录他们达成学习目标进展的日志。

表 5-1 物理学和消费者安全项目评分准则

物理学和消费者安全项目的驱动性问题和项目概述：
我们如何安全地利用电磁波谱中的能量？物理科学专业的学生通过剖析使电磁波起作用的消费品，来研究电磁波谱和用于传输能量的各种波之间的区别。他们制作了交互式的消费者手册，解释产品的功能，并就其安全使用和处置提供意见。为了吸引消费者，消费者权益倡导者们需要利用有效的媒体，以令人信服的方式，来展示有力的信息和最近的新闻，以抓住消费者的兴趣。要研究的产品、制作流程和设备包括：X 射线、磁共振成像和其他造影技术；放射疗法；便携式荧光灯、白炽灯和 LED 灯泡；太阳能电池板；激光；紫外线防护产品，如油漆和防晒霜；数字、等离子和液晶电视；Wi-Fi、无线电、微波、卫星通信和卫星天线、中继器和电信天线；外科手术伽马刀和盖革计数器；红外线和射频遥控器，如汽车钥匙、车库门开启器、电视遥控器和蓝牙设备；以及产生电磁脉冲的爆炸物

范畴：概念	精通（8分）	熟练（6分）	熟悉（4分）	了解（2分）
电磁波谱概念，包括起源、频率测量、波长、振幅等概念与能量输出的关系	在作品中展示了对基本概念以及一些高等概念的理解	在作品中展示了对基本概念的理解	在作品中展示了对基本概念的部分理解	在作品中展示了对基本概念很有限的理解

续表

范畴：概念	精通（8分）	熟练（6）	熟悉（4分）	了解（2分）
与电磁波谱带有关的概念和术语	文本、图表和插图表达了对一个电磁波谱带的全面理解。能完全进行实际应用和处理相关的危害，及如何减轻其危害	文本、图表和插图表达了对一个电磁波谱带的准确与基本的理解。能充分进行实际应用和处理相关的危害，及如何减轻其危害	文本、图表和插图表达了对一个电磁波谱带有一定了解。能部分进行实际应用和处理相关的危害，及如何减轻其危害	文本、图表和插图表达了对一个电磁波谱带的有限理解。无法足够的进行实际应用和处理相关的危害，及如何减轻其危害
电磁波谱创新、系统和改变	作品全面、深入和准确地理解了发明／创新是如何产生的；是如何运作的；如何随着时间的推移而得以改进；以及下一个创新的方向	作品准确地展示了发明／创新是如何产生的；是如何运作的；如何随着时间的推移而得以改进；以及下一个创新的方向	作品体现了以下一些基本部分：发明／创新是如何产生的；是如何运作的；如何随着时间的推移而得以改进；以及下一个创新的方向	作品不准确或有限地体现了以下基本部分：发明／创新是如何产生的；是如何运作的；如何随着时间的推移而得以改进；以及下一个创新的方向
范畴：技能	精通（4分）	熟练（3分）	熟悉（2分）	了解（1分）
探究和调研	团队能提出独特、具有研究性的问题，查寻或收集、分析和综合来自多个来源的准确和全面的信息，并得出有效的结论	团队能提出一个研究问题，查寻并汇报来自几个来源的准确信息，并得出合理的结论	凭借帮助，团队能提出一个研究问题，查寻并汇报来自一个主要来源的准确信息	凭借帮助，团队能研究一个问题，查寻并汇报最少的信息
批判性思维	作品应用到批判性思维的许多方面： • 比较／对比 • 剖析／解释因果关系 • 辨认模式或趋势 • 剖析／解释部分与整体或系统的联系 • 探索多种角度或不同的观点 • 做一个有支撑性的决定；知情决策或预测 • 推断创造新事物	作品应用到批判性思维的一些方面： • 比较／对比 • 剖析／解释因果关系 • 辨认模式或趋势 • 剖析／解释部分与整体或系统的联系 • 探索多种角度或不同的观点 • 做一个有支撑性的决定；知情决策或预测 • 推断创造新事物	作品应用到了初级的批判性思维： • 比较／对比 • 剖析／解释因果关系 • 辨认模式或趋势 • 剖析／解释部分与整体或系统的联系 • 探索多种角度或不同的观点 • 做一个有支撑性的决定；知情决策或预测 • 推断创造新事物	作品无法体现出批判性思维的应用
技术写作	完整而又准确地展示科学概念及术语，消费者受众容易理解。写作思路清晰，结构完整，拼写、语法、标点极少或没有错误	完整而又准确地展示科学概念，消费者受众容易理解。写作思路和结构基本清晰完整，拼写、语法、标点的错误不影响理解	展示了部分科学概念，但可能不准确或不完整。书写、结构、手写、语法、标点的错误对成品理解有所影响	科学概念的展示有限，写作的问题影响到对成品的理解

范畴：技能	精通（4分）	熟练（3分）	熟悉（2分）	了解（1分）
创造性表达	布局、故事表述、插图（示意图，统计图表，模型，动画）有助于消费者的理解和增加吸引力	插图（示意图，统计图表，模型，动画）有助于消费者对概念的理解，并有可能增加吸引力	插图（示意图，统计图表，模型，动画）对消费者的理解有少许帮助	插图（示意图，统计图表，模型，动画）对消费者的理解并无帮助

范畴：过程	精通（4分）	熟练（3分）	熟悉（2分）	了解（1分）
起草和审阅的周期	基于下列几项的修改： ・同伴评议 ・专家评议 ・消费者焦点小组测试 结果是显而易见的，能产生一个用于教授重点概念的典范作品	基于下列一项或两项的修改： ・同伴评议 ・专家评议 ・消费者焦点小组测试 作品能产生较大的改进	基于下列一项或两项的修改： ・同伴评议 ・专家评议 ・消费者焦点小组测试 作品能产生很有限或较少的改进	基于下列几项的修改： ・同伴评议 ・专家评议 ・消费者焦点小组测试 作品能产生的改进不足或不明显
协同合作	团队能独立开展工作。有效进行交流、一起决策、管理工作、合理分工、整合思路、组员互相支持彼此的创新和学术贡献	团队并非能完全独立开展工作，但努力尝试进行有效的交流、一起决策、管理工作、合理分工、整合思路、组员互相支持彼此的创新和学术贡献	团队需要在帮助和监管下进行交流、一起决策、管理工作、合理分工、整合思路、组员互相支持彼此的创新和学术贡献	沟通和团队合作的问题严重，对任务产生影响
项目管理	团队能制订项目计划；管理时间、材料和科技手段；与教师和其他团队进行沟通；实现所有主要的阶段性目标；经历改进周期；复盘并改善项目流程	团队能制订项目计划，大致管理时间、材料和科技手段；与教师和其他团队进行沟通；实现大部分主要的阶段性目标；经历改进周期；复盘并改善项目流程	团队在帮助下，能制订项目计划；大致管理时间、材料和科技手段；与教师和其他团队进行沟通；实现大部分主要的阶段性目标；经历改进周期；复盘并改善项目流程	即便在帮助下，项目管理也失败了，任务不能按时完成或不够完整

选择项目任务和展示性任务

评分准则描述的是通过各种学习活动展示出来的完成水平。但是，相关的学习活动，如项目任务、展示性任务，应该是什么样的？当你阅读这些经验丰富的项目制学习教师为学生设计的任务和评估准则时，可以考虑这些要素：任务要以什么方式反映你所使用的学习标准？又如何能更好地与重要的学习目标保持一致？

杰尔姆·伯格（Jerome Burg）是美国加利福尼亚州的一名高中教师，也是谷歌文学之旅（Google Lit Trips）的创建者。在研究约翰·斯坦贝克的小说《人鼠之间》的一个项目中，他让他的学生创作了一本经典的插图式漫画书。伯格喜欢让学生自我掌控小说的元素，就像他们用物体来掌握数学概念一样。在这种情况下，学生必须选择关键词和视觉符号来推进故事。"当他们对这个故事了如指掌时，才是真正进行文学分析的时候。"伯格解释道。

学生的漫画书向伯格展示了学生对关键内容的掌握程度。为了证实评估结果，他决定用传统的测试来跟踪这一非传统的文学项目。

他收集了一些典型的测试，这些测试都发表在随书附带的教学指南上。他承认："我很失望，因为很多问题都是选择题或匹配题，只能测试孩子是否读过这本书，没有对分析或理解这本书的评估。"

他根据这些传统评估工具对学生进行了测试。"我在以非常传统的方式教过这本书之后，进行了测试，最低分数是89，那还是一个不常来上课的孩子的成绩。"学生的杰出表现进一步印证了他的感觉，那就是通过这个项目，学生"掌握了"。他说："我的学生像导演和制片人一样讲述了每一个场景。他们对这个故事已经了如指掌。"

当伯格向他的学生展示这部小说的电影处理方法时，学生理解的另一个衡量标准变得显而易见。他们的回答再次强调了他们对内容的掌握程度。他解释道："他们对电影偏离原著感到愤怒。他们对作者的意图、角色的动机等都有深刻的见解。他们对书中的角色了如指掌。他们真的理解了。"

创造新东西

在项目结束时，你可以选择让学生用所学的知识创造一些新东西。这项新颖的任务给了你寻找知识迁移的机会。学生能在项目中学到知识，并把它应用到新的环境中吗？

现已退休的教育工作者安妮·戴维斯（Anne Davis）回想起她之前是如何与小学生一起结束一个写作项目的，这些小学生都是英语语言学习者。她让学生写了一本书，并让学生使用了他们在博客上使用的语言。"这意味着他们必须综合所学的一切。"她解释道。作为收尾活动，出版自己的书也为他们提供了一个愉快的合作体验，以分享他们所学到的知识。

模拟真实性评估

许多项目要求学生运用特定学科专业人员的技能，如历史学家、记者、科学家、工程师。因此，用这些学科的标准来评价学生的工作是有意义的。

教授数字媒体的卡梅尔·克兰有一群在图形和视频游戏领域工作的朋友。她邀请这些专家来帮助她评价学生的工作，从而带给学生真实的体验。"我邀请专家小组来评判学生的学习成果，这对学生来说是鼓舞人心的。"克兰说，"专家小组成员谈论了他们自己的职业生涯，然后对学生的作品集进行了反馈。"她解释说，学生会很认真地倾听这种反馈。"他们中的许多人想继续在这些领域进行实习。这是对他们很重要的反馈。"

迈克·赖利的学生在佐治亚州格温内特县拉尼尔高中设计和技术中心为美国公共电视网（PBS）纪录片《黑森林，黑眼睛》（*Dark Forest，Black Fly*）制作了一部 3D 动画，该纪录片讲述了乌干达的河盲症。他与一家电影制作公司合作，且必须符合严格的专业标准和技术规范，才能使作品出现在纪录片中。从积极的一面来看，学生在高中毕业前就获得了一份专业的成绩。

参加竞赛或提交出版物

一些教师将以学科评估为基础的教学理念进一步发扬光大，他们鼓励学生在竞赛中提交他们最好的作品或者将其出版。这些机会可以激励那些准备好接受真实世界评估挑战，并希望达到卓越的学生。例如，科学研究竞赛可以由应用严格标准的科学家来评判。在评判过程中，学生通常被要求为他们的研究辩护或解释他们所研究的实际应用。写作比赛也会给年轻的作家提供一些成熟作家的反馈意见。

问问学生学到了什么

作为整体评估的一部分，你应该考虑如何鼓励自我评估和同伴评估。

一些推行项目制学习的教师会在项目尾声询问学生，其他小组成员对项目做出了何种贡献。这些信息可以作为非正式项目的复盘部分来进行分享，也可以作为关于团队合作方面的总结性评估的一部分。

筹划形成性评估

我们已经讨论了项目的大体规划及相应的大纲，现在我们来探讨怎样在项目进行过程中对学生表现做出评估。通过形成性评估，老师能指导学生达成目标，以及在学习过程中做出必要的调整，以获得理想的结果。

保罗·布莱克（Paul Black）和迪伦·威廉（Dylan Wiliam）曾合作进行一项意义重大的跨国研究，他们认为形成性评估是高效教学的核心特征。两位学者指出形成性评估囊括了多种具体的评估方式，如考试、面试和书面总结，还强调了形成性评估能有力地推动教学改革，满足学生需要。虽然他们并没有专门针对项目制学习撰写文章，但是两位学者的发现非常适用于项目制学习中的主动学习。

当资深教师朱兰娜·博伊德转向项目制学习时，她很快意识到增加形成性评估的好处："你一直在和孩子一起评估，这并不像传统教学那样正式，但你知道的东西更有深度。因为你总是在跟孩子们交谈，倾听他们的谈话，你可以马上提出要复盘的问题。所以，项目制学习的形成性评估更有意义。"

项目时间轴

项目开始前，设计者可以做出预测，创造学生学习和教学评估的机会。随着项目逐步推进，相关评估机会将渐渐明晰。在当前阶段，教师需要根据项目设计一条时间轴。项目中的一些关键环节能反映出学生在知识、技能、处理方式方面的进步情况。你设计的这条时间轴需注明关键阶段分派给学生的任务、小检查和复盘。

设定关键节点

一个项目通常会持续数天或数周，每天的安排也都不同。如果整个项目没有设置关键节点，那么对于设计者和学生来说，完成项目都会很困难。这里所说的节点是指项目进行过程中分配给学生的任务或是小检查，这些任务把项目分成了许多不同的阶段，这样项目的各个部分就更好掌控，学生也能有条不紊地完成学习目标。此外，教师能更容易地判断哪些阶段要花更多的时间。总的来说，这些关键节点是检验学习成果、做出改进、调整方向，以及复习和整理所学知识的绝佳机会。

如果不设置这些节点会怎么样呢？举个简单的例子，教师让学生写一篇报告，一周后交。作业的质量肯定参差不齐，这也表明了每个学生的学习效果不同，有的学得好，有的学得差，甚至还会有个别学生不能按时上交作业。

如果教师把写报告这个任务分阶段布置呢？情况会不会不一样？比如，收到任务的第二天，学生提交大纲，老师给出指导意见。第四天，学生完成初稿并互相批改，互相提意见。这样操作后，定稿的质量会更高，而学生学到的也更多。

在项目时间轴上设定关键节点时，教师可以倒着来做。可以先选定一个合理的项目结束时间，再开始往里面填任务。项目的成果是要让学生做演讲呈现，还是完成展示性任务？按照评分准则，你在时间轴上标记出最终评估的时间，然后考虑在这之前还要检查什么。是演讲呈现的初稿，或是某种形式的演练？把这作为一个重要节点放在项目日历上。再往前推，学生是在对研究进行总结还是提出论据？你可以对此设定一个重要节点和时间周期，此段时间可以让学生遵循某个提出（或辩护）论据的规程，来进行"拼图"小组会议，即学生在不同的临时小组间流动，与不同的临时小组组员进行交流，提出论据或进行辩护。

有些教师会对重要节点的任务作业评分，评分最终会计入最终成绩；也有些教师只是简单记录重要节点的任务是否按时完成，并且把重要节点的进度作为一个指标，来看哪些学生需要得到支持或者需要帮助他们进行时间管理。你更倾向于哪种方式？这两种都可以，但是要清楚地让学生了解到，你是如何处理每个重要节点的成果的。

在数字时间轴或共享日历上发布项目的重要节点，以便大家使用，包括参加项目的志愿者和家长。同时在教室里也做一个明显的时间轴。我们见过张贴在磁性白板上的时间轴，上面带有重要节点和截止日期。所有项目小组可以将金属瓶盖设计成小组的"徽标"，吸附在白板上，根据项目进展在重要节点间移动"徽标"。这种视觉化提醒可以帮助所有人掌握项目进展的节奏，并让所有人在逐渐完成项目的过程中获得成就感。

计划常规检查

确定重要节点后，再整体查看一下时间轴，并且对项目小组或个人计划进行一系列的常规检查。检查的形式可以是简短的会议，也可以是书面的情况更新，以讨论学习、技能和流程。在项目早期，你可能会需要多关注研究方法，或者各项目小组如何以团队的形式进行合作。教师也可以根据实际需要临时进行检查。必要的时候，也可以快速地做一下检查。

学习过程中的一些环节表面上无关紧要，但对学生来说非常关键，教师可以通过检查来紧密地关注这些环节。

与其他教学方法相比，项目制学习有助于培养学生必不可少的技能，例如团队合作。若想让学生成为更好的合作者，仅仅让他们根据评分准则"共同完成任务"，并给他们提供进行合作的机会，是不够的。你需要提供更多的"元语言"，与他们共同探讨好的合作具备哪些特征，然后让学生讲讲各自的经历，讨论在什么情况下合作进行得很顺利，或者在什么情况下合作失败了。与学生一起剖析他们讲的例子，探讨在未来的团队合作中怎样趋利避害。此外，在项目开展的过程中，当你在班上巡查时，若学生展现出了想要努力提高的学习行为或过程，你要特别留意，及时给予他们认可和鼓励。

在时间轴上标记一系列的检查，有助于你有目的性地了解所有的团队情况。在项目结束时检查记下的笔记会很有用处，因为当你思考学生在知识、技能、和学习素养的方面取得了多大的进步时，就可以拿来参考。

寻找其他的进步标志

时刻留意可以对学习进行开发和指导的方法。有些方法始终都有用，但是有些方法只适用于项目的不同阶段。要意识到过多地使用同一种类型的评估会产生递减的效果。如果你每天都让学生上交课后小结，回答类似于"你今天学到了什么？"的问题，他们就会显露出疲态。思考各种不同的方式，让学生把你所需要的信息提供给你。例如，不是让学生写一篇关于复盘的内容，而是让他们采访彼此或者进行口头复盘；或者让学生使用谷歌表单、Padlet 或录制真人秀风格的视频来代替每天写在纸上的课后小结。

对复盘的一点建议

在整个项目过程中，你可以规划融入学生自我复盘的活动，来鼓励他们练习自我评估。自我评估有助于学生认清自己的优点和缺点，也能确保他们理解你们共同努力想要达到的学习目标。通过形成这种自我评估的习惯，学生会逐渐明白自己的理解力可以不断改进和提高。例如，有一位教师就经常让学生思考，他们要如何才能超越评分准则的要求，并证明他们有创新能力。

评估选项

表 5-2 列举了一系列评估选项，适用于项目周期的不同阶段，也反映了勤学好问的教师可能会提出的问题。表格的最后一列是教师根据所了解的内容可以采取的应对策略。

注意：这些项目活动和评估不是完全连续的，很多是贯穿于不同环节或是重复的。有些评估方式只适用于某些项目，而有些则不适合。没有一个项目会包括以下所有的评估内容。表格后还附有对这些评估选项更深入的讨论，比如头脑风暴。

表 5-2 评估选项

教师活动	要考虑的问题	评估方式 （如何选择）	教师应对策略
项目规划和准备阶段			
将学生视为问题的发现者和问题的解决者。在规划项目之前，请充分考虑学生的兴趣和他们关心的问题	孩子对什么感兴趣他们在意什么	兴趣量表；需求评估；听取意见：怎样把学生对流行文化的关注、娱乐活动、兴趣融入项目中	把学生的兴趣和关注结合到项目中，让他们理解项目，且项目对他们也有意义
将学生视为发展中的、反思型学习者。要帮助学生个人成长的同时引导他们成为终生学习者	对于自身的学习技能和学习素养，学生了解多少	自我评估；对新技能和学习素养进行设定目标的操练	就技能和学习素养作出你的评价，并与学生自评对比 随着项目推进，给予相应指导：指出学生的长处，鼓励他们朝着目标努力
启动项目阶段			
介绍将来的学习 展示： • 抓住学生兴趣的导入活动 • 集中注意力的驱动性问题 鼓励小组讨论 督促学生课后继续进行讨论，并"考虑一晚上"	对于导入活动和驱动性问题，学生反应如何是否抱有学习热情他们是否感兴趣	倾听学生的对话和讨论	记录任何做得很棒或者需要担忧的情况 激励学生，展示出热情和好奇心
初期准备课程环节			
跟学生就项目来进行讨论，讨论他们感兴趣的、期待学习的内容	学生在意什么	个人复盘 问卷调查 K-W-L 练习 "完美"的头脑风暴	调整项目指标，在计划中结合学生的兴趣联系那些反应犹豫不决的人
确认学生掌握了什么	学生已经知道的是什么	个人思维导图 画图，可用于项目前或项目后 论文，可用于项目前或项目后 判断题、选择题、问答题和其他不做评分的摸底考试	通过预备课程或活动，让学生有相同的起点对学生成长记录档案进行归档
讨论驱动性问题和评分准则	学生理解需要达到的目标吗 用调研方式开展项目之前，学生需要了解什么	个人一分钟作文 小组对评分准则进行讨论，标记和发表意见	根据需要，重新审视驱动性问题和评分准则

续表

教师活动	要考虑的问题	评估方式 （如何选择）	教师应对策略
根据需要，提供课程和活动来发展项目所需的背景知识	学生知道的够多了吗 学生准备好了吗	观察 测试 作业	根据需要展开教学，或用不同的教学方式，回顾旧的内容 考虑分组会造成的影响
组成团队，进行团建活动，为团队活动制定规范，让团队制定团队协议	学生准备好进行互相合作了吗	观察小组动态 检查审核团队协议	对团队协议进行审批 记录各个团队所需的特别帮助
如果项目是为了进行某种干预，做出项目前后数据收集方法的计划	学生如何知道他们的项目产生了影响	讨论：你如何知道你的项目产生了影响？我们可以用什么衡量	帮助团队设计民意调查、数据收集方式或其他评估
关键节点1：探究计划。如讨论驱动性问题如何催生出各种可行的探究方向。打开思路，进行简短的头脑风暴，然后让各团队提出研究性问题，制订探究计划	学生有研究性问题吗 他们有探究计划吗	询问并审阅、定义/优化行动计划	审核团队探究计划，如果计划没什么问题，指导学生完成 在线上记分册上做好记录

项目工作的"混乱中期"

教师活动	要考虑的问题	评估方式（如何选择）	教师应对策略
辅助促进小组学习	每个人都知道自己应该做什么吗 团队成员沟通顺畅吗 合作顺利吗	询问并检查笔记、计划大纲；课后小结：让学生描述那天他们为团队做了什么贡献。向个人询问小组工作的进展	辅助团队合作流程 留心课后小结中是否有极端化倾向，在学生个人博客页上写评论 关注需要帮助的学生或小组 重新审视团队协议
促进个人成长	作为学习者，学生在哪些方面取得了进步	对技能和学习素养进行自我评估 复盘 提问：你学到了什么作为学习者，你觉得你有哪些改变	记录学生突出的见解 记录并处理问题
关注项目进度	团队高效吗 团队目标完成情况如何 他们在对研究进行管理，并引用文献来源了吗	团队资料集 检查表，项目记录，重要节点检查 用在线社交书签来跟进研究	回复学生日志；聊聊给予差异化支持的话题 把项目总状况告知全班 与学生一起重新审视评分准则 对于学有余力的小组，可以布置一些有意义的石展任务

续表

教师活动	要考虑的问题	评估方式 （如何选择）	教师应对策略
帮助学生区分专家、利益相关方和受众	各小组是否超越了学校,向他人学习,与他人合作,并为他人服务	提问:哪些人关心我们的项目?或我们的项目会对哪些人产生影响?你怎样让他们参与进来	帮助学生认识和接触校外人士,并且调动他们参与项目
关键节点 2:团队计划,如学生上交调查计划	团队项目要求批判性思维了吗 项目能否带来真实的体验	询问并审阅计划、大纲、初稿或表明这个阶段已结束并已经准备好进入下一阶段的其他材料	帮助小组"提升"项目计划,鼓励批判性思维,增加项目真实性 决定评估团队是否可以进入下一阶段并给予相应指导 在线上记分册上做好记录
鼓励学生开展与他人的共同学习和向他人学习	学生已经准备好与学科方面的专家或其他专家会面了吗	提交预备性评论和问题	帮学生做好与他人会面的准备
鼓励批判性思维,如比较/对比、预测、理解因果关系、确定整体与部分关系、识别模式/趋势、审视思考角度/不同观点、作出理由充足的判断/明智的决定、思考并创造新事物	项目引导学生进行深层次思考,并激发了新型的思维吗	观察和讨论 提问:你的团队以何种方式来思考	寻求专门探讨"思考"这一主题的机会 记录任何优秀的或者让你担忧的事情 纠正错误、鼓励学生;举行茶话会,引导学生向重点知识的目标进行努力
回应学生遇到的难题,帮助他们渡过难关	发生了什么困难 我们要如何克服障碍	让学生向一位体恤他人的"读者"写一封"信",解释自己碰到的问题	如果问题是社会性的,大声朗读一些匿名的文字片段并进行讨论 纠正错误,鼓励学生
关键节点 3:计划学习、成果展示 如讲演专家证词或戏剧化改编的写作/表演的计划提案	各团队会以怎样真实/吸引人的方式呈现学习成果呢 他们有展示成果所必需的技能和工具吗	询问并讨论计划方案学生策划;让学生在观众面前彩排或录制彩排视频,听取意见并作出必要的改进	审核计划,如果计划没什么问题,则指导学生完成,在线上电子记分册上做好记录;培养学生技能、拓宽学生获取资源的渠道
在项目周期内,留出时间进行小组评估,与学科领域专家、焦点小组、其他学生或成人进行项目演练或评审	学生有不断增强和改进他们的学习成果吗	各项目小组对照评分准则进行自评 学科领域专家、焦点小组、其他学生或成人对照评分准则进行评估并提出意见,或审阅作为项目指南的流程规范	鼓励学生根据他人的反馈意见采取行动

续表

教师活动	要考虑的问题	评估方式 （如何选择）	教师应对策略
在阶段末期提供反馈	学习成果怎样才能取得最佳效果	查看团队项目进展，根据评分准则评估项目成果	给出明确的反馈意见提供改进或提高的时间
		项目成果展示阶段	
关键节点 4：学习成果展示	项目能给这个世界带来什么影响吗 项目会让参与人或受众从某种程度上带来一些改变吗	通过对观众或参与人进行问卷调查，来测评项目带来的影响 让学生同伴或内容知识专家参照评分准则进行评分	把这些反馈都在最终评价中进行考虑
结论 在项目结束之际，以下一些做法中的一项或几项，可适用于一个单一项目			
评估方式 1：对照评分准则，给概念和技能进行评分	学生学到了什么 他们的技能得到了何种提高	召集一组教师，若条件允许，还包括学科领域专家，对照评分准则或其他评分指南，对学生成长记录档案和最终作品或表演进行评审	依照评分准则进行评分，在最终成绩中结合这部分评估结果
评估方式 2：对照评分准则，评估学习素养	作为学习者，学生产生了哪些变化	举行与学生的个人面谈来评审其学习目标、项目过程中的复盘，以及取得的进步	在最终成绩中结合这部分评估结果
评估方式 3：布置表现性任务	学生能对其所学进行应用吗	对照评分标准设计一个任务，这个任务要求学生进行知识应用或在新的情景中进行拓展学习	依照评分准则进行评分，在最终成绩中结合这部分评估结果
评估方式 4：评估论文和/或对结论的口头答辩	学生掌握了关键概念吗	依据驱动性问题和评分准则中的重点知识设计评估 如果你在引入阶段已经做了诊断性测试，那么在这个阶段，要做结束考核	在最终成绩中结合这部分评估结果

续表

教师活动	要考虑的问题	评估方式 （如何选择）	教师应对策略
巩固学习成果	学生会记住些什么 对他们来说，这些学习 成果在将来有什么意义	让学生给未来的学弟 学妹写一封信，向他们 描述即将发生的是怎么 回事 让学生给未来的自己写 一封信，阐述这次所学 的重要性，以及与未来 生活的持续相关性	复盘：就项目的意义和 质量而言，学生写的这 些信向我传达了什么信 息？下一次做项目时， 我确定要做哪些事
设想项目的螺旋式升级	这个项目可能会引导学 生往哪个方向发展	班级讨论：这个项目如 何能成为下一个项目的 垫脚石	让学生参与设计下一个 项目

评估工具

下面列出了多种评估工具。

1. 头脑风暴： 利用头脑风暴找出学生已掌握的知识，以及了解他们所关心的是什么，还能产生创造性的想法和探究方向。如果头脑风暴的三个步骤都到位的话，就能发挥最大的效果。第一，团队在进行头脑风暴环节之前，让每个参与者先独自思考，或是两人一组先讨论。这种"思考时间"可以防止一些脑子动得快或是更善于表现的学生全程主导讨论，而限制了其他学生的参与。第二，如果头脑风暴陷入僵局，鼓励学生提出更多的想法。最好的、最有创造性的想法往往是在表达完了比较容易想到的主意之后才产生的。教师可以这样说："现在我们已经提了 25 个有趣的想法了，但是大家试试能不能再想 25 个？目标 50！"第三，做讨论纪录时，不要只是简单地罗列学生提出的想法，而是应该把想法归类记录。如果你在做记录的话，应该问学生提出的这些想法是不是互相之间有关联，是什么关联。寻找这些想法间的联系，能催生更多的想法，也能产生深度思考和新的想法。

可使用工具： 白板、电子白板、思维导图软件。

2.检查表: 检查表能清楚地展示关键节点和作品完成截止时间,能帮助学生紧跟进度,并更快地查看进度。

　　相关工具: 谷歌表单、印象笔记。

3.咖啡会谈: 咖啡会谈也叫微型课程或工作坊,这是一种由教师召开的非正式小组会议,会议的目的是对项目中各种不同的事项提供差异化的关注。教师可以考虑用咖啡会谈的形式来指导学生开展研究,帮助学生更有条理地进行学习,为独立的附属项目提供支持,处理小组动态,另外也可以帮助促进项目流程。

4.思维导图: 使用思维导图可以展示想法,也可以展示想法间的联系。可以让学生在头脑风暴、制订计划或解释系统和因果关系时运用思维导图。

　　相关工具: Lucid Chart(可以用作便捷的浏览器插件)、Prezi、Mindomo、bubbl.us、Mind42。

5.课后小结: 在课堂末尾使用课后小结,从而使学生消化、复盘和汇报学习内容。课后小结能让教师了解学生是如何进步的,并且让学生在过渡到下一堂课或回家前,能有机会做一次复盘。好的课后小结应该是学习过程的综合回顾或评估,而不是简单的回忆,这样可以让学习"更有黏性"。有的教师会在课程一开始就给出课后小结问题,这样学生可以在上课的过程中进行思考;也有的教师在离课程结束还有一分钟时给出问题。无论何种方式,要确保问题经常变换,避免没有什么见地的回答,并且让学生有充足的时间去回答。留心学生在小结中提出的普遍性的担忧或问题;针对这些问题,规划工作坊或微型课程。

　　相关工具: Paper、Padlet、谷歌表单、Twitter、Poll Everywhere。

6.兴趣量表: 当学生学习自己感兴趣的内容时,学习效果最好。使用兴趣量表来发掘学生兴趣和关注点,并融入项目设计中。你可以用谷歌表单中的问卷功能,以单视图模式来收集学生的兴趣,这样能一目了然。可以设置"我想学什么""我在意的事情""我喜欢做的事情"这样的问题。事先告诉学生在合理范围内可以填任何内容，并且举例说明。比如，一个人对汽车很感兴趣，那这种兴趣就可能成为他去学习交通、设计或力学和动能等的动力。要在给出兴趣量表的前一天通知学生，这样他们才有时间思考自己的兴趣和关心的问题。在项目规划期间，对这些兴趣量表进行思考。学生共有的、独特而神秘的那些兴趣，都可以给项目带来影响。项目启动时，可以跟学生一同分享这些兴趣量表。他们可能会找出你自己从未想到的联系。

相关工具： 谷歌表单、Poll Everywhere 或其他问卷调查应用。

7.**成长记录档案：** 数字成长记录档案可以包括课程计划、大纲、日志复盘、工作初稿、图片、录音和与他人的通信记录。思考一下团队和个人两种成长记录档案之间的关系，两者各自要达到什么目的。

相关工具： 如果你所在的学校使用学习管理系统的话，可以直接拿来使用，因为大多数系统都包含成长记录档案的功能。教育魔豆也是一个很好的平台，Seesaw 平台对于低龄的学生来说非常适用。

8.**项目记录：** 项目记录可以为学生指引方向，并反应项目进展。可以用一张简单的表格来记录，让学生用此跟踪任务，包括每个项目由谁负责、完成截止日期和任务完成情况（见巴克教育学院的项目管理记录）。记录也可包含其他元素，例如，如包含项目具体关键节点的时间轴，可以让个人或团队进行标记；日常工作日志，用以汇报个人和团队的完成情况；评审规程（见下文）；或者是复盘或评估空间，这个空间可以让团队回答，教师给出的类似"课后小结"的问题。

相关工具： 可以考虑根据需求制作一套带有记录功能组件的维基页面，然后给每个小组都复制一套。

9.**评审规程：** 可以使用评审规程来安排对学生作品的检查。美国国家学校改革委员会制定了强调学生作品基本特征的规程，以便为学生提供重要且有用的反馈。

相关工具：详见美国国家学校改革委员会网站上的"Tuning"和"Examining Student Work"规程部分。

重点关注
即时反馈

埃丝特·沃西基（Esther Wojcicki）在加利福尼亚州帕洛阿尔托高中教授新闻学课程，她要求学生在一个线上学习空间分享他们的习作，然后她用谷歌文档给学生即时反馈。"有时候我会注意到学生在开头就跑题了，或者遗漏了关键的信息。如果有这种情况，我可以在文本中做一个注释。这可以让学生马上回到正题上来，不会错得越来越离谱。"她解释说。

沃西基表示，线上合作工具为形成性评估创造了很多新的机遇，从而改变了她的教学方式。她说："换成以前，我无法即时给学生反馈，因为课堂上总会有各种混乱的情况。学生一直会请求'帮我做一下这个''那个我要怎么做'。我根本没时间仔细去看他们到底写了什么，所以我会等他们写好了初稿再批改，给他们反馈。现在不一样了，我能在这个过程的早期就给他们帮助。他们也能马上修改，再接着写。"

沃西基把她目前使用的教学方法和更为传统的英语课做了个对比，在传统英语课上"学生会写作文，但要等三个星期后我改完了才能拿回去。那时要再修改就太晚了。"她解释说，"那很容易让人产生挫败感，并且按照这种模式，学生就无法进行一个反复修改自己文章的过程，而这恰恰是为了成为一个作家而提高的过程。"

由于谷歌共享空间是只要有电脑连上互联网就能接入，所以沃西基能随时跟进学生的进度。她说："有一次，我请假几天去参加一个会议，由一个代课老师代班，指导我的一名高一学生写一段介绍。学生在写作的过程中，我都能实时看到他们在做什么。"

沃西基教的高年级学生学着互相批改文章。通过线上合作，他们给彼此提出批判性反馈意见，即使是在业余时间。"有几次，我还听到学生一起工作到半夜。一个人写的时候，另一个能即时看到文章内容。"她解释说，"这对学生进行互动的方式产生了深刻的影响。他们变得非常擅长提供反馈，而且如果建议是来自自己的同伴，他们会更认真地对待。"在学生写的初稿上，沃西基能看到很多评论和他们的同伴给出的修改意见。

帕洛阿尔托高中的学生制作的报纸和杂志赢得了许多奖项，这正是学生能够写出高水平作品的证明。沃西基这位资深顾问说："同伴互批是提高写作水平最有效的方法。这些学生都是为真正的读者写作，所以他们更有动力。这些反馈是实时的、在线的、快速的，并且都来自他们的同伴。学生学得也快。"

科技聚焦
在线记分册

保罗·柯蒂斯开始开发他的第一个在线记分册时，还是一名教师。他想要一种评估工具，可以给一个班的学生提供多种反馈。他解释说："在传统的课堂上，如果学生的论文交晚了，老师可能会根据晚交的天数扣分。但这样做有一个问题，如果这篇论文的水平原本是 B+，但是最终记录在记分册的成绩因为扣分变成了 C−，那么你就错失了关于那位学生的技能和能力的所有有意义的数据。他的长处是什么？他需要集中精力做哪些改进？这些信息你都无从得知。"

柯蒂斯如今是新科技学校网络的首席学术官，新科技学校网络在它下属的所有学校中共享了它的在线记分册。这个电子记分册是由柯蒂斯当年为他自己班级开发的电子记分册发展而来，用来衡量学生学习的进度。"这已经成了我们最重要的一个工具，重塑了教师对评估观念的看法。"柯蒂斯说。教师可以根据情况设定多方面的评估指标，如教学内容、书面沟通、批判性思维、学生主动性。学生、家长和教师都能看到评估数据，这也为大家就学生表现展开良性对话提供了机会。

沟通是在线记分册的一个关键特征。因为大家都能看到评估数据，这让评估变得更加透明。在线记分册也展示了项目的"关键节点"，有利于大家重视这些关键环节的评估。在线记分册会不断给学生、教师和家长提供反馈。

例如，许多使用"小型学校"模式的高中，希望确保学校的教师知道他们的学生在不同学科上的表现，而不只是一门学科。在线记分册就可以提供这样的信息，这为所有跟学生相关的人员打开了一扇门，让他们对学生所取得的进步有了更全面的了解。

各种各样的学习管理系统和网页工具可以让教师在线上追踪学生的成绩。诸如 Moodle 这样的学习管理系统和教育魔豆这样的平台都有评分模块。如果你不使用学习管理系统，那么可以考虑免费、独立的线上记分册，如 Engrade 和 iGradePlus。Fresh Grade 结合了为教师提供的免费工具和供学校采购的额外功能。

小试牛刀
检阅作品样本

你可以与其他同事一同检查学生的作品样本。这能给你提供与同事面对面或在网上讨论的机会，你们可以由此讨论与教学和评估密切相关的事宜。在项目制学习中，高质量的学生作品应该是怎样的？学生作品的样本是否能表明，有些学生正在努力掌握项目成功所需的知识内容和技能？怎样教学能帮助学生创造高质量的作品？注意，这并不只是小组评分的过程，而是借学生的学习成果复盘项目设计，同时复盘学生在制作项目作品过程中与你互动的情况。

作为一个团队，大家要提前确定你们想要关注哪些方面。由 WeTeachNYC 发布的一系列审阅学生作品的协议，为构建合作讨论提供了几种选择。

在一场讨论中，你可能会通过看学生写的几次草稿来检查他们写作提高的程度，并讨论改进写作流程的方法。在另一场讨论中，你可能会思考，学习成果最终的表现是否囊括了你对学生预期的学习目标和改进项目的方法。从最近的项目中选几个样板，准备好对应的评分标准以供参考，比如评分准则，或其他描述掌握程度的工具，然后与同事共同检阅样本，互相提出反馈意见，以提高你的教学实践水平。

第6章 学习项目管理策略

本章将指引你：

- 思考项目所需的工具和资源，以及获取它们的策略；

- 把学生和专家联系起来，面对面或者通过网络进行深度学习；

- 帮助学生管理时间以及有效地进行团队合作。

管理一个项目需要掌握多种综合技能。在商业世界中，一名优秀的项目经理同时具备娴熟的沟通能力、高效的时间管理能力，既能细心严密地进行预算，也能不厌其烦地解决问题。这些技能同样可以运用于教学领域。一旦能成功管理好智能时代的项目，你就可以利用一系列技能去协助学生的学习了。此外，你的学生会视你为榜样，向你学习。之后，他们会开始制订策略来管理自己的时间，与团队成员合作，评估自己的进步，并让学习体验最大化。

在阅读前面的章节时，你已开始思考项目规划的流程。到目前为止，你已经思考了让学生探索什么核心课题，找出了与之匹配的各类标准，并开始设想如何开展这个项目。你也概述了评估方案，并且已经在项目日历上标记了几个重要节点。你已经为即将展开的旅程做了许多计划，但是你无法预料所有事情。因此，当你思考该如何充分利用未来的学习机会时，你可以在你的项目维基页上记录下来。

不管你所规划的项目有多复杂或者持续多长时间，周密的准备对于你和学生而言都是有好处的。你或许会从一个小的项目着手，或许会加入一个已有的项目，或许会筹划一个更复杂的项目，哪怕开展这个项目要花上几周的时间。无论是哪类项目，你都要充分利用你的时间，并最大限度地为你的学生提供学习机会。

本章会帮助你了解如何在项目设计的前期环节，即让学生参与项目之前，合理地分配自己的时间。本章的第一部分会启发你思考需要哪些资源，引导你规划策略以达成有效的时间管理和团队合作。在启动项目之前考虑好这些重要问题，这样项目一旦开始，你就确保自己充分利用教学时间。在本章的末尾，我们会把重心转向你和你的学生如何运用科技手段管理项目，以及你该如何最大限度地激发学生的学习潜能。

辅助资源
如何获得项目所需的资源

你的课堂预算可能会很有限，所以节约项目开支想必是一件你会真正关心的事情。学校所在的社区是你能最便利地找到项目物料的地方。比如，你的学校有一个创客空间，而你需要一些二手纸板用于模型制造，那么你就可以发布一个征集二手纸板的需求，并且指定一个地点让社区中的家庭和教职员工放置闲置的空纸盒。如果你希望得到一些更具体的物料，可以做一个愿望清单，给社区中的家庭发送项目概述，让他们知道愿望清单上有些什么，或者你也可以在班级网站上发布一个项目物料愿望清单。

利用好网络工具去获取你所需要的资源，这样也能为学生树立榜样。在一些网络社群中，信息交流中心能帮助教师获取他们所需的免费物料。比如，美国俄勒冈州的波特兰市就是废料私用数字化交易所 SCRAP PDX 的发源地，那是一个"创新型再利用"中心。这个非营利组织把成千上万吨的可再利用的材料从垃圾堆里转到教师和业余爱好者们的手中。其拓展服务包括开展各种工作坊，指导大家如何把可再利用的物料应用到环境和艺术项目中，以及其他可用之处。

你可以试着使用克雷格列表网站（Craigslist）或者其他发表免费分类广告的线上社群，在上面浏览你所需要的材料或服务，或者发布一则征求广告。你也可以试试全球捐赠网 Freecycle，这是一个草根组织，致力于让可重复利用的材料远离垃圾填埋场。你还可以在你的社区搜索已经加入全球捐赠网的小组，就近获取免费的材料。

有些项目所需的材料和资源要通过筹款来获取。这时，你需要借助群众外包的力量。美国著名公益众筹组织 DonorsChoose 是专门面向教学活动的。教师使用这个平台来为具体的项目发布筹资的请求。例如，来自美国"Title I"学校的一位老师认为，家境贫寒不应该成为学生学习编程的阻碍。有些教师让学生参与进来，一起精心准备具说服力的提案以说服潜在的捐赠者。比如，某小学的班级设计了关于字母"C"的活动方案。他们的愿望清单便是用于购买毛毛虫、黑板和图表①的资金。

收集项目所需的资源

在第 4 章中，我曾建议你调查获悉你所在的学校和延伸的学习社群中有哪些资源和专家。或许你已经用了诸如谷歌表单这样的网络工具，把你和学生可获取的技能、工具、专家，以及其他社区资源都列在了清单上，并且把这些信息存储到了数据库中。

既然你准备启动一个具体的项目，那么是时候收集你需要的资源了。浏览一下你列好的清单，然后考虑一下这些资源能为你的项目提供哪些支持。如果这些资源有些差强人意，你可以利用班级网站、Twitter 账户或者电子邮件给家长发一个所需资源的愿望清单。不要忽视社区所能提供给你的资源，比如当地的回收中心就有可能提供非常好的材料给你。

你的项目是否会使用一些你和你的学生都陌生的技术？回顾一下第 3 章的内容，想想你需要通过技术来实现的学习目标，然后选择可以帮助学生达到学习目标的工具（更多建议请参见附录 A）。做好安排，把学生不熟悉的工具介绍给他们（参见第 7 章所提到诸多方法）。

---

① 这三个词的英文单词都是字母 C 打头的，即 Caterpillars、Chalkboards 和 Charts。

你需要拓宽学生接触科技的渠道吗？如果需要，那么你就要用创造性思维去思考怎样让学生更加频繁而合理地利用科技。例如，在给学生分组之前，先找出那些拥有移动通信设备以及可以在家上网的学生，然后根据这个信息给学生分组，确保每个小组至少有一个能上网的学生。如果你所在的社区中，家庭内能使用的科技工具很有限，那么可以去考察一下社区中的公共服务，如公共图书馆、社区中心或者能提供无线网络的咖啡馆。

在项目开展的过程中，你的学生是否需要联络专家来解决一些可能出现的问题？如果需要，那么你就要想出能够与专家进行面谈和远程对话的方法。比如，你可能会邀请专家进行一些与项目相关的现场示范。例如，在一个仿照当红电视剧《CSI：犯罪现场调查》（*CSI: Crime Scene Investigation*）的项目中，某小学教师就邀请了一位在法医实验室工作的学生家长来提供帮助。另一位教师在一个关于鲑鱼的综合性研究项目中，邀请了一位担任外科医生的学生家长解剖了一条鱼。

重点关注
创造机遇

琼·苔森（June Teisan）是一位经验丰富的教师，她想让底特律附近贫困社区的中学生得到更多校外学习的机会。尽管她所在的学校位于五大湖区，但她表示："我的学生根本没有机会到户外去，他们接触不到大自然，去看、去听或去感受。"几年前，她开始致力于设计那些需要到户外探索的项目。这意味着需要寻找额外的资源。

经学校行政管理层的允许，她开始申请资助。在密歇根海洋补助计划批准了一项关于 STEM 项目的提案之后，苔森和她的学生马上开始行动，更确切地说，是开始巡航。湖上巡航激发了学生对环境科学的兴趣。他们从简单的自然观察开始，很快就为实质性研究做好了准备。他们借助美国国家海洋和大气管理局（NOAA）的科学家们的设计成果，制作出了他们自己的基础探测浮标，并用这个浮标记录了实时数据，从而测量出好几个水质指标。

自此，这些学生向合作机构分享了他们的研究结果，并在其他学校里和教育者集会上做了关于湖泊管理的陈述报告。苔森和她带的实习教师亚历山德拉·比尔斯（Alexandra Beels）还共赴了布拉格，在微软学习伙伴全球论坛上分享了这个项目。

"这个项目已经改变了我的学生，"苔森说道，"他们如今都觉得自己是小科学家了。其中很多人将会成为他们家族里第一代大学生。"苔森也发现了自己足智多谋的一面。她为自己的学生募集了两万多美元，用于资助他们进行真实世界的研究项目。

专家们并不总能亲临你的课堂，但是科技能够拉近他们和学生的距离。例如，某位高中的教师让学生设计自己个性化的项目，但他从不提前干涉学生选择探究什么主题。这一年，某个学生小组可能会想要采访一位考古学家 下一年，另一个团队可能又需要向一位儿童心理学家或者社会学家提出问题。这位教师所做的就是不断扩大他的数据库里的专家队伍。一旦学生提出专业问题，他就能让乐为人师的专家们通过电子邮件或者利用诸如 Skype 和谷歌环聊一类的视频会议工具来指导学生。

虚拟实地考察可以为你的学生与专家之间建立桥梁。某位高中生理学教师利用视频会议工具，让她的学生实时观看外科手术。她的学生在预先排定的手术开始之前，就做了充分准备，这样他们不仅可以观察手术内容，还可以向医务组提问。在另一个社区，一个小学教师团队也安排了虚拟实地考察，"带领"来自农村的学生去参观艺术博物馆、天文台，以及其他他们不能即刻亲身前往的地方。

克丽丝·范诺斯戴尔（Krissy Venosdale）老师经常在课堂上使用 Twitter 和"教室里的 Skype"让小学生与学科领域的专家取得联系。她的学生知道老师拥有广泛的个人学习网络。因此，每当他们提出一个需要专家给出见解的问题时，学生就会鼓动老师把问题发到她的 Twitter 上。通常，这是一个 Skype 网络电话会议的开端。通过老师的网络拓展行为，她的学生就有机会向许多善于思考的专家学习，其中包括美国国家航空航天局（NASA）的工程师安妮塔·森古普塔（Anita Sengupta），她负责设计了供宇宙飞船着陆火星的登入系统。

还有哪些人可以对你的项目给予帮助呢？不要忽视了科技协调员、图书管理员或媒体专员，以及你所在地区的其他专业人员。他们可以传授一些具体的小技能给你的学生，诸如建立网站或是在线搜索。他们还有可能在一些更加复杂的项目活动上帮助你，比如，帮助学生制作用来记录学习成果的多媒体演示文件或视频。因此，你要尽量去认识这些专业人员。在项目规划的过程中与他们合作，利用好他们的专业技能。

如果你正在与一个教学团队合作，那么就要想想如何划分各自的责任。你们各自的强项和兴趣是什么？每个人应该负责哪些任务？应该如何安排每个人要做的事情，以及什么时间来做这些事情？想一想你们的个人技能、天赋和兴趣爱好，以此来确定你们擅长什么和喜欢什么。

重点关注
实地探索

第 2 章曾提到苏黎世国际学校 1 年级的团队建造了一个有关自然历史的快闪博物馆。该项目的某些方面需要跨学科作业，比如把语文课和科学课的内容相互关联起来。但涉及具体的技能时，如使用纸浆工艺制作模型，或者把技术应用到展品设计上，教师就会"分而治之"了。

协同规划也帮助了教学团队规划实地学习。他们仔细思考了如何利用本地的资源，并用特定的方法来强调学生的探究式学习。

在项目的早期阶段，教师带学生参观了野生动物园，让他们思考：这里展示了哪些动物？就不同物种的行为和生活环境来说，我们能注意到什么？第一次出行的目的是构建背景知识。在项目的调查研究阶段，学生已经开始考虑在自己的博物馆展览中要突出哪些动物了。接着，教师带学生去了学校附近的一个池塘，此时的重点就转移到训练学生的观察能力上。他们注意到了什么？他们想要知道什么？到了项目接近尾声的时候，他们又一次去参观了博物馆。老师鼓励学生对展览设计的批判性思考。"我们关注的重点并不只是让学生看一看展览，而是让他们真正去听讲解员说了什么。他们以什么方式给参观者讲解？讲解的信息是如何被节选出来的？他们又是如何让信息变得有意思的？这便是一个训练学生听说能力的机会。"格雷琴·史密斯老师解释说。

每一次实地学习都会经过精心安排，以帮助学生"为项目带来不同的视角"，卡蕾·霍克老师补充道。虽然教师仔细考虑了把实地参观纳入项目中的最佳时间，但是仍然留有充足的空间，让学生通过他们的问题来影响最终的结果。"在传统的户外教学中，你会对学生会看到什么东西有所预期，他们甚至可能还会有一个观察清单。"霍克说。相比之下，项目制学习中的实地调查"更多的是一起去探索。在池塘边，我的学生观察到了一条'有脚的蛇'，那其实是条蝾螈，而这就开启了一个全新的研究思路。"史密斯说，如果教师能很自然地问"在这个特定的日子里，这样的环境会把我们带到哪里"时，那么，一些最棒的学习体验就会由此展开。

设置项目重要节点和截止日期

教育学生成为时间的有效管理者，应该是任何项目的首要的目标。这项技能将支持学生在整个求学生涯乃至之后的生活中的发展。项目无论大小，都会提供机会让你去指导和增强学生的时间管理能力。

在第 5 章里，我曾建议你制订项目日历，并设置好整个项目过程中的几个重要时间节点。如果你把项目日历分享给学生，使截止日期可视化，那么他们会更加注重时间的把控。不论线上还是线下，一份好的项目日历会帮助学生注意到那些重要节点的截止日期，这样他们就会提前做计划，调整自己的进度，排除潜在的困难以防止自己落后。

你也可以把项目日历分享给家长。把项目日历发布在班级网站、项目博客或是项目周报电子邮件里，这样可以清楚地向家长传达项目截止日期和几个重要的节点。

经验丰富的项目制学习老手经常会在教室里设置一面"项目墙"或是很显眼的公告栏，把所有重要的计划资源和注意事项都放在一个可见的地方。学习管理系统为师生们提供了另一种在在线环境中组织项目所有组件的方法。

制定形成性评估策略

为了让澳大利亚的同事也对项目制学习产生兴趣，教育博主比安卡·休斯（Bianca Hewes）组织了一场项目制学习交流会。参与者谈及的挑战之一就是如何防止项目中的形成性评估变成例行公事。作为活动的后续活动，休斯呼吁她的读者在她标题为"妙不可言的形成性评估构想'的博文列表里继续进行补充。

她在列表中加入了一些自己的构想，然后等着评论者充满创意的回复。他们没让她失望，给出了各种各样的建议，有的说可以使用迷你白板，还有的说让学生用RSA 动画风格作画，以捕捉他们的所有想法。

跟同事们一起尝试同样的方法，看看你们可以创造出多少妙不可言的形成性评估策略。

尝试不同的团队组合模式

要如何给学生组建团队呢？一位运用项目制学习多年的教师认为，学生会倾向于跟最合拍的同伴组队。她承认良好的默契十分重要，但是她仍会着手干预，定期地重新划分团队。她一贯的做法是把特征互补的学生组合在一个团队里，比如，让组织能力较强的学生和更擅长运用科技手段的学生组队。通过将团队成员从一个项目混合到下一个项目的方式，学生能获得与拥有不同技能组合的队员共同进行团队合作的体验。

作为项目负责人，你要牢记，学生在不同的时间会做不同的事情。有时候，他们会独立完成一个团队任务中的各个部分；有时候，所有成员会合作完成任务或作为团队共同参加整个班级的活动。身为项目负责人，你要帮助那些在一个项目中参与进行好几项活动的学生。

这种组队的方法要求你重置自己的期望值，并尝试不同的团队组合模式。学生有时候会独立开展任务，有时候会以两人结对或小组形式开展任务，偶尔也需要全班一起合作。在这种多变的模式下，你该如何确保每个学生都得到了锻炼呢？如何满足特殊的学习需要？怎样确保学生为了团队的胜利，严肃看待自己的职责呢？

在某些情况下，你可能希望具有一定技能、能力或者兴趣上相同的学生组成团队。有些时候，你可能又想要把几个优势互补的学生集合在一起。对学生的爱好和课外兴趣进行问卷调查会帮助你发现他们隐藏的才能。另一种利用个人优势的策略就是让学生制作个人简历，然后在项目组中申请特定的角色。

刚刚接触项目制学习的教师会自己给学生进行编队，以确保各个团队间的平衡。你要告诉学生你是用什么策略来编排出色的团队的。因为你的见解会帮助学生，让他们在具有更多选择权的时候做出更好的决定。

在一个新项目选择队友的阶段，朱兰娜·博伊德老师无意间听到了两个 5 年级学生之间的对话。其中一个学生对另一个学生说："我觉得跟你一起合作挺难的，因为你很专横。"另外一个学生就说："没错，我确实如此。但我想我能控制住自己。"对教师来说，这段坦诚的谈话是学生在项目制学习中发展人际交往能力的一个标志。博伊德表示，"学生在整个项目中积极参与、辩论和挑战彼此想法的意愿"，是组建高效团队的开始。

为了培养学生对团队成员的责任感，可以在项目开始时，先让学生制定出一份团队合约，承诺履行合约上所规定的团队成员职责，以及承担危害团队利益的后果。

想一想你在上个章节开始汇编的评估计划。你会评估学生的个人和团队的表现吗？请确保学生和家长明确地知道你的评分方案。例如，你可能要根据几个重要节点，比如写作任务或传统测试，来获知学生个人对主要知识内容的掌握情况。在同一个项目中，对团队的评估可能侧重于合作技能或团队的最终演示的成果。

如果学生刚接触团队合作，他们可能不知道如何进行有效的合作，那么你就得安排时间，有意识地给他们传授一些行之有效的合作技巧。你要帮助学生认识到，无论是在校内还是校外，有效的团队合作产生的成绩一定会胜过个人努力的结果。

设立补给工作区

如果项目实施过程中出现了知识或技能脱节的情况，你就需要规划可用的补给或"保障性"教学活动了，甚至让学生来对此进行规划。在一个海洋学与巡航项目中，教师设立了一个学习如何打水手结的工作区；在一个机器人项目中，学生可以进行在线编程，可以使用 CodeHS、Code Academy 和 Scratch 这些网站来拓展他们的编程经验。你的补给工作区会有什么呢？

重点关注
使结果最大化的团队

在俄克拉荷马州的豪镇高中（Howe High School），一个全校性的项目提高了师生的团队合作能力。由全体教员设计的这个项目名叫"狂狮之傲"（Lion Pride），原本是一个以全体教职工进行团队合作为目的项目，最终全体学生都参与了进来。这个项目始于一个驱动性问题：如何才能让我们的学校变得更好？以此促使学生进行批判性和创造性思考。

学生团队知道他们将有望借此次提案赢得 1,000 美元的奖金。团队分配人员有意将不同年级和不同能力的学生混合分组。这意味着在项目开始时，学生要先花时间跟队友熟悉。初期的团建活动可以打造一种畅所欲言的氛围，例如，给队伍命名或是制

143

作宣传横幅。前期这些活动都是在为后面做铺垫，有助于队员们进行头脑风暴，最终一致通过某个具体的提案。一个意外的收获就是，学生重新了解了彼此的优势所在。"同学们学会了如何进行合作之后，整个学校的氛围就发生了转变。"学区科技导师兼高中新闻学教师塔米·帕克斯（Tammy Parks）说道。即使是那些从前有行为问题的学生，"现在也看到了团队合作的巨大价值，他们意识到自己在学习中也能有话语权。"在最后的推介环节，评委们被学生的表现所打动，他们决定把奖金翻倍，以资助两个项目的开展。

就跟其他领域一样，在教学中，有效的项目管理需要将风险最小化，但同时也要将机遇最大化。

科技聚焦
用科技手段管理项目

管理复杂的项目是场硬仗。学生需要项目管理技能和技术支持，以应对错综复杂的情况。教师作为团队协调员、授权顾问以及评估者，也需要一些让他们的工作和沟通更易于管理的系统。数字工具可以支持教师进行高水平的项目编排，并帮助学生通过项目的开展，开展复杂但有意义的学习。

教师的项目管理需求

教师所需的项目管理工具和管理策略包括：

1. 与学生及他人沟通项目相关内容的工具；
2. 项目有变化时用于通知学生，以及公开项目重要节点和活动的工具；
3. 向学生提供资源的方法；
4. 管理学习成果的系统；
5. 能支持高效学习环境的结构，以让团队和个人同时执行各种各样的学习任务；
6. 评估工具与评估策略，包括：
   - 衡量学生是否有效地工作并完成项目目标的方法；
   - 评估团队内部任务分配均衡度的方法，防止个别学生做太多或太少；

- 在项目进程中及时给学生提供工作反馈的方法，而不仅仅是在项目完成的时候。

学生的项目管理需求

学生所需的项目管理工具和策略包括：

1. 帮助学生管理时间和工作流程的系统和工具；
2. 帮助学生管理物料和工作草案的系统；
3. 协同合作的工具；
4. 寻求协助的方法；
5. 获取和使用工作反馈的方法，譬如自我反省、团队投入，以及教师建议；
6. 循环的工作方式，以及理解各个部分如何构成整体的方法。

你可以通过许多方式来满足这些复杂的需求。最佳的项目解决方案，取决于你所拥有的现成的资源和技术支持，以及你对使用科技进行创新的舒适度，这些技术创新往往需要"自己动手"设置。

从可获取的工具着手

最基础的项目管理工具可能就是校园或者区域的网络服务器，教师可以在其中建立项目文件夹，供学生诸存和管理工作文档。在学校，学生可以通过任何一台联网的电脑进行工作。这是一种管理文档的简单方式，但是由于许多学校都会禁止外部的访问，学生就不能与远程参与者共司合作完成项目产品，也不能使用他们放在校外的材料。为了帮助学生创建和管理他们的学习任务，你应该将区域服务器和其他工具"混搭"使用。

如果学校里配备了学习管理系统，那么该校师生就可以利用它的许多功能来管理项目。学习管理系统是一个软件包，拥有许多课堂管理的功能，包括给学生传送学习内容和资源、评分册、小测验和调查模块、日历、作业分配框、电子邮件集成、讨论区，以及学生博客和作品集。只要安装了学习管理系统，学生通常在校外也可以工作。这样的学习管理系统有：Moodle，以及诸如 Blackboard 和 Desire2Learn 这类系统的商业版本。

如果你对学校的学习管理系统满意的话，这就给你管理项目提供了一个明确的选择。但是，如果学校或学区没有大批量采用，也没有强大的技术支持，那么许多老师会发现，要让学习管理系统为自己所用充满了挑战，费时又费力。此外，对于在学习管理系统上研制的项目产品，校外的合作者要想参与其中的话，可能也会有些困难，这取决于具体的软件包。

如今，新兴的学习管理系统种类涌现，它们灵活便捷，而且可以免费使用。如教育魔豆、Schoolology 和 Goolge Classroom 都可以供单个班级或是整个社区使用。这些平台融合了许多云应用程序，如谷歌教育应用程序，这意味着学生可以在校外利用智能手机、iPad 或 Kindle Fire 一类的平板电脑来进行项目工作。每个平台对单个班级免费，对学区则有着各种不同的收费方案。

在单个项目下，最简便的管理系统之一要数维基了。在开始一个项目之前，你可以再阅读一下第 3 章的科技聚焦：创建维基网站。

筛选网络项目空间

想一想，如何从一系列基于网络的应用程序和服务项目中，筛选出适合项目需求的项目工作区。有好几种方式可供你选择。你可以在维基上面把一系列工具链接在一起，也可以用一个博客把它们联系起来，还可以使用基于网络的桌面应用程序。

1.**维基网站**。维基是一种便于文字编辑的网页，用户仅需使用浏览器就能创建网页进行内容共享。他们可以从任何地方获取材料，然后使用基本的文本编辑来对所写的内容进行格式编排，添加网络链接，嵌入媒体文件或是创建新的页面。项目同伴可以随时随地一起撰写和编辑文字。你可以选择完全公开维基网站，或者设置密码来限制访问。维基会保留历史版本，这样一来，哪怕后续出现差错，用户也可以调回原来的版本。此外，教师也可以通过检查历史记录来衡量项目的活动进展与合作情况。许多合作者会使用同一维基网页一起编写内容，再把所有内容从维基中导出，以另一种形式发布。维基十分适用于整合拥有多种来源的信息。PBWorks 和谷歌协作平台是教育界流行的两种维基网站。

2.博客。博客是另一种简便的文字编辑网页，但在结构和流量上，它偏向于单人对多人的交流体系，掌控内容的是博主。读者可以在作者发布的内容下面评论，但是博客上的互动并不像维基那样对任何人都开放。博客适合于传达项目进展和重要节点，发布项目动态。此外，你还可以让学生创建独立的博客，用于发表他们各自的内容，并把他们的博客与你的博客链接起来。这样学生在自己的博客上撰写内容，你可以把发布内容的控制权掌握在自己手里，并帮助学生决定他们的作品何时可以首次发布在网站上。作为同伴互评的一种反馈方式，学生也可以在彼此的博客上发表评论。Edublogs 和 Weebly 都是深受师生喜爱的用于写博客的网站。

3.专有网络空间。WordPress 和 Drupal 是更为复杂的网络空间，它们结合了内容管理框架和博客引擎。专有网络空间高度结构化，拥有诸如论坛和调查文具功能的插件，这些开放资源体系赋予了网络合作更多的功能。

想了解网络空间的更多可能性，可以考虑研究一下 5 年级教师莉萨·帕里希为学生的项目合作而使用的维基网站。（你将在第 9 章了解更多关于帕里希的项目。）

帕里希的维基功能丰富，包括以下内容：

（1）支撑项目的资源页面，包括资源清单、演示课程以及拓展阅读材料；
（2）团队页面成了学生个人博客和嵌入式多媒体的主页，嵌入式多媒体包括：
- 使用 VoiceThread 录制的讲述原始图表的旁白；
- 每个班级学生做讲演时录制的视频；
- 使用 Skype 与专家、其他班级进行网络电话时采集的视频；
- 观看共享媒体文件时，通过 CoverItLive 进行实时评论的存档文件；

- 使用虎嗅网 Bitstrips 做连环画，来解释一些概念；
- 使用 Glogster 做的互动海报。

帕里希的学生还使用了以下的工具，用这些工具做的成品链接到项目维基上：

（1）用于标记地理位置的谷歌地球；
（2）用于视频采集的 Animoto ；
（3）用于文字共享的谷歌文档。

帕里希把维基看作是项目"基地"。她说："因为学生可以在维基上自由地使用多种工具来进行项目合作和创作，所以维基是托管所有项目组成部分的最佳场所。基于维基的合作性，我们可以轻松地与世界各地的班级联系，分享我们的信息，并在探究性项目上合作。"

小试牛刀
创建一个项目空间

想象一下，接下来需要学生做些什么。然后，根据本章的示例创建一个项目空间。

请考虑以下内容：

- 建立一个维基，并配置好学生在自主学习时需要用到的基本部件。
- 建立一个由你撰写的博客，用于与学生和家长分享项目消息、阶段性成果以及资源，并与学生的博客建立链接。
- 在教育魔豆上创立一个群组，你可以在那里分享项目资源、发布信息或签到、进行项目任务的布置和评级，还能促进在线讨论等。

第三部分

项目制学习实践

REINVENTING
PROJECT-BASED
LEARNING

YOUR FIELD GUIDE TO
REAL-WORLD PROJECTS
IN THE DIGITAL AGE

第三部分重点介绍项目从方案转变为行动的重要阶段。从项目启动一直到实施阶段，通过有效地运用课堂讨论、评估和科技工具，能最大限度地发挥学习潜力。

第7章 启动项目，激发好奇心

本章将指引你：

- 为项目策划一个引人入胜的启动环节，以激发学生的好奇心并提高他们的参与度；

- 在项目开展过程中，为学生能使用科技手段解决真实的问题做好准备；

- 在理解学术知识的同时，培养学生的信息素养和媒体素养。

项目启动是一个深入并周密的学习周期的开始。请花些时间去激发学生的兴趣，了解学生已经掌握的内容和关注的事物，教授学生必要的概念或技能。在项目的开始阶段，应该让学生对接下来的学习充满信心和好奇心。

自我评估，成为更有能力的学习者

在项目进行的过程中，学生会探究、学习、规划、评估、比较、合作、管理、创造和展示。他们会尝试使用新工具，并帮助别人使用他们熟悉的工具。他们会安排自己的工作，通过改造将成品做得更加精致。他们会互相给出建设性的评价，并对他人的评价作出回应。他们有时会独立完成工作，有时会进行团队合作。他们会提出问题，也会展示他们所知道的东西。他们会感到沮丧，也能体会到成就感。他们会评估努力的成果，改变努力的方向，然后坚持克服一切困难。在完成整个项目获得相关认知后，他们会变得更有经验，最终成为更有能力的学习者。

在项目进行前和结束后，你可以让学生做一下自我评估。你可能会让他们关注学习素养，比如开放的心态，或是从失败中吸取教训，这些学习素养在项目实施的整个过程中都十分重要。你也可以让学生制定他们想达成的个人目标，比如更好地管理时间或处理好与队友的冲突。自我评估和制定目标，能让学生思考他们自身的能力，以及如何掌控自己的学习。在项目进行的整个过程中，当你要求学生考虑他们的思维方式和实施过程时，他们就会更加注意并更加了解自己的元认知策略。在项目快结束时，当学生再次复盘自己的能力时，他们会知道哪些特定经历和活动促进了他们的成长。他们会有一种应得的成就感，也会对下一个具有挑战性的项目做好充分的准备。或许，他们会给下一个项目制定一系列的新目标。

学生在项目制学习中获取经验的同时，教师应帮助学生制定出卓越的标准。教师可以考虑通过跟学生共同制定评分准则，来形成项目的操作指南。学生由此有机会了解到有修养的学者所需的技能和态度。要鼓励学生在项目开展的过程中使用这些评估工具，以衡量学习成果，找出还需要改进的地方。

科技工具能助益学生复盘，并帮助他们评估自己的优势。例如：

1. 博客为学生提供了空间，让他们随时记录和复盘自己所学的内容。

2. Padlet 是一种快速收集信息的工具。由于学生可以把个人评论发布到小组页面上，所以很容易得到全班同学的快照资料。

3. 诸如 Survey Monkey 和谷歌表单这样的工具可以用于设置线上调查问卷。你可以用这些结果来追踪趋势，并帮助学生了解他们的自我评估与较大群体的差异。

4. 思考一下"游戏化"是如何构建项目的。"Kahoot！"是一个基于游戏的学习平台，会使形成性评估更具吸引力。如果能通过完成任务获得徽章或升级，学生是否会更有动力去努力学习和提升技能呢？详情见马特·法伯（Matt Farber）发布在教育乌托邦上的博文。

场景导入，让学生处于期盼状态

优秀的项目首先要利用学生已有的知识。许多教师会用 K-W-L 活动（已知—想知道—学会了）来介绍项目。我们将在本章后面详细地介绍这个活动。对于使用它或类似活动的人来说，我们的建议是，先用其他方式让学生对项目产生兴趣和热情。

许多优秀的项目都是从学生提出的想法开始的。如果该项目起源于你的想法，你就要特别注意如何让学生热衷于这个项目，并把这个项目交到学生手中。不管项目的灵感是什么，现在我们应该先吸引学生的注意力，点燃他们的好奇心。多给学生一些时间，让想法在他们的脑海中成形，即使先让学生回家想想，然后再来深入探究项目任务也没关系。一位高中老师在 Twitter 上发布了有关即将开展的项目的诱人线索，以此作为引导学生做好准备。鼓励学生去探索和思考项目主题，并鼓励他们与朋友和家人一起讨论。这段时期很美妙，大家都对即将开展的学习抱有乐观态度：没有任何团队遭遇过挫折，也没有人错过任何重要节点。在项目启动的阶段，一切皆有可能。

某位初中科学老师准备启动一个名为"殖民星球"的生物和物理项目，在项目开始前的一个星期，她给学生展示了一幅 20 世纪 70 年代的海报，海报描绘了在火星上定居的奇思妙想。她告诉学生："长久以来，人们都设想其他星球上有生命存在，现在我们将要研究开拓其他星球到底需要做些什么。你们会学到许多生物学和物理学的基本知识。下周我们将会迎来一位神秘嘉宾。在此之前，请大家关注一直以来人们对在其他星球上生活的想象。我们将会对此进行讨论。"

这位老师每天会花几分钟时间给学生重复这个话题。学生对项目的热情度慢慢地建立了起来，他们会谈论电影、科幻小说以及自己对什么产生了兴趣，从人造重力发生器到外星环境地球化（这两个概念对教师来说都是全新的！）无所不包。一名学生在易趣网上找到了很多花哨的海报。他用这些图片制作了一个幻灯片，接着学生开始讨论哪些海报看起来是合理的、哪些是荒谬的。在那一周快结束时，神秘嘉宾"现身"网络研讨会。这位神秘嘉宾是美国国家航空航天局天文生物学研究所的科学家，她讲述了自己对宇宙可居住性方面的研究工作，回答了学生的问题，也鼓励学生像科学家一样去探究。她还建议学生起草一份具有可操作性的可居住性报告，并告诉他们如何设计研究性问题。这位天文生物学家的建议激发了学生的兴趣。

学生与这位天文生物学家的交谈揭开了项目的帷幕。此前的一系列活动几乎不需要学生花时间或做准备，只是简单地让学生处于一种期盼的状态。项目正式启动时，学生变得迫不及待，已经开始自己思考，并且为这场丰富和有意义的探索做好了准备。

激发好奇心的两种方式

我们要重组学生原有的知识框架，动摇他们对"已知"知识的看法。教师可以采用差异性事件和角色扮演预测这两种方式来激发学生的好奇心，并让他们对接下来的学习进行思考。

差异性事件是指引人注目、发人深省的事件，教师故意用这些事件来挑战学生固有的观念。差异性事件可以激发学生的好奇心，促使他们更深入地看待问题。打个比方，某位 5 年级教师知道她的学生对密度和浮力略知一二。她想促使学生进一步调查学习，为此，设计了以下的差异性事件来激发学生的兴趣。这位教师在课堂上展示了两个看起来一模一样的玻璃杯，里面都装着看上去像是水的液体。她准备向第一个确实装着水的杯子里扔一些冰块。她问学生："这些冰块被扔下去后会怎么样？"学生预测冰块会浮起。于是，她将冰块扔了进去，它们的确浮起来了。这位教师对学生说："好，让我们再确认一下。"她将冰块拿到另一个杯子上，又问了一次，"这些冰块被扔下去后会怎样？"学生自信满满地说冰块会浮起来。这位教师松开手，但冰块沉到了杯底。这下问题来了：杯子里装的是什么？这些真的是冰块吗？什么东西会在第二个杯子里浮起来呢？学生设计了微型调查，并现场进行了调研。第二天，教师引导学生开展一个深入的学习项目，要求学生研究和制作由不同材料制成的笛卡尔浮沉子，以在不同液体不同深度中运作。

罗伯特·马尔扎诺（Robert Marzano）和他的同事们提出了另一个拓展思维的练习，用来挑战学生的认知：角色扮演预测。让刚开始进行项目的学生在特定的场景中扮演其他角色，即兴发挥，学生会根据自己对项目话题的初步理解进行预测，并通过表演将他们的理解展现出来。将学生的表演录制下来并进行回放，然后让学生注意观察自己开始脱离角色的时候引导他们思考如何才能使表演更加流畅和精准。帮助学生了解他们已掌握的知识和不知道的内容是一个伟大的开端，这是开展 K-W-L 活动的一种非常好的导入方式。

科技也能让项目的导入变得很有吸引力。下面是两个能引人思考的点子。

- **丝绸之路**。某位 5 年级教师在准备一个结合了地理、历史和贸易知识的名为"丝绸之路"的项目时，在谷歌地球社群里发现了一位葡萄牙建筑系学生发布的一系列丝绸之路的地理标记和注释。为了向学生介绍这个项目，她让学生沿着丝绸之路从一个地方"飞到"另一个地方。他们通过电子邮件的方式，跟这位正在研究丝绸之路沿线地标性历史建筑修复的大学生进行交流。学生不仅结交了新朋友和专家，对这些地标性建筑的命运也越来越感兴趣，这意味着他们已经为项目做好了准备。

- **鞋盒立体模型**。一位图书馆媒体专家正在帮助一名小学教师重新思考反映北极圈生活的鞋盒透视图项目。她在社交图片共享网站 Flickr 上偶然发现，一个学生将灵长类动物学家简·古道尔（Jane Goodall）的营地用立体模型重建了出来。这位媒体专家想知道 Flickr 上还有没有其他学生的模型作品，于是搜索了"立体模型"，找到了 2 万多张图片。有些图片并不是她想要的，且她相信有一些图片一定会给鞋盒透视图项目带去崭新的视角。她鼓励学生去看一组成功的图片，然后给这些图片写评论。她向学生承诺，如果他们的作品达到了质量和创新的标准，她就把他们的作品传到 Flickr 上去。一个意外收获是：学生在 Flickr 上看到了喜欢做立体模型的成年人发布的图片，以及美国自然历史博物馆发布的全尺寸模型图片。之后，学生提出想把模型做得大一点。老师邀请一位博物馆的讲解员通过电子邮件回答学生的问题。学生懂得了如何按比例绘制模型，但同时，他们也提出了需要解决的新问题——该在哪里建造立体模型？如果想要让公众观赏，那么作品该放在哪里展示？如何设计作品才能让大家从中了解到更多的东西？

先传授基础知识

在启动一个项目之前，教师应该先考虑教授学生必备的知识或技能，这样学生在开展项目时就能相对独立地进行调查研究。通过全班活动来构建背景知识，你可以确保所有学生在团队深入到特定的主题之前，先对知识内容有共同的理解。

一位高中科学老师为 9 年级的学生计划了一个停车场废油生物修复项目。她知道学生需要预先了解微生物这种生命形态，并且了解它们的生态环境，这样学生才能研究微生物对机油的作用。她先给学生上了一系列关于微生物的课程，之后提出了一个问题："减少学校停车场废油的最佳生物修复方法是什么？"学生已经对微生物有了基本的了解，随即进行了各种调查研究，最终给出了各种各样的建议，以便机油在流入下水系统之前就被清除掉。

当然，她本可以采用一种不那么传统的教学方法，去帮助学生了解微生物的基础知识。但她很务实，也仔细斟酌过如何利用课堂时间。她希望学生能在不跳过核心知识内容的前提下，快速进入探究式学习的环节。因为学生先学习了基础知识，她很清楚学生会朝着正确的方向展开项目。现在，她的学生已经准备好进入更有趣的阶段，也会有更多的自主权，能像科学家一样进行调研。

资深教育工作者维基·戴维斯把涉及全球合作的项目制学习比作开车："首先，你学着绕着一个街区开；然后开始绕着小镇开；接着可以开去邻近的地区；最后，就可以准备好开往市中心了。你不会让一个新手直接开车上高速公路。他们需要循序渐进，这样才能做好准备。"同理，学生首先要学习成为有安全意识和责任感的数字公民，然后才可以慢慢地开始进行大范围的合作。

为独立探究奠定基础

旅行者在计划旅游时需要知道出发地，也要对目的地有所了解。学习也是一样。当学生了解了他们所知的和未知的内容后，就能确立出发点和目标。K-W-L活动能让学生重温他们已有的知识，并帮助他们设想接下去的学习将走向何方。

在K-W-L活动流程中，学生会由一个主题来生发他们知道的和想知道的内容。这有助于引发他们思考想要学什么。如果学生已经受到了启发，也有足够的时间去思考和探索，那么K-W-L将会促成高效的学习成果，引导学生进行有价值的调查探索。但如果操之过急，学生就只能学到一些事实性知识，继而也只会去了解一些同类型的知识，这种探索就缺少了启发性。不仅如此，学生常常不清楚他们不知道什么，也不明白为什么要在意这些。

在"已知"环节，稍稍挑战一下学生，让他们意识到事实并非一成不变，还有更多东西需要学习。你可以在学生陈述完某个知识后追问"你为什么这么说"，从而让学生进入"已知"环节。比如，一个学生说"火星上曾经有水"，你接着问"你为什么这么说"，就能引导学生对这个论断的来源和可靠性进行讨论。有位教师让学生把自己的陈述记录在确定性区间中的某个区域，来表示他们对自己的陈述有几成把握，这样做能让学生觉得就算猜错也没什么风险，并且暴露出自己对所知的"模糊状态"，为之后进行探究提供了丰富的线索。

当学生有了想知道的东西，就可以鼓励他们进行更深入的提问。给学生建议时，将各种事实性问题转变成"为什么""应不应该""怎样"开头的问题，这样学生才能进行更为复杂和有趣的调查研究。所以，不要满足于学生能问"地球距离月球多远"这样的问题，我们要引导学生把问题变成类似于"人们最开始是怎么得出月球与地球间的距离的"这样的问题，或者让学生从问"人的手臂里有多少块骨头和肌肉"转为问"从解剖学和功能学的角度看，哺乳动物的前肢有什么差别"。

刚开始进行项目制学习时，学生经常在"想知道"环节讨论一些常规问题。比如，最后的项目成品什么时候交？会不会有测试？项目在我们的最终成绩里占多少比重？不要认为这些问题不重要。毕竟，这些问题确实反映了学生真正关心的内容。但是，你要通过示范并促使学生提出更为开放式的问题，去鼓励他们进行更深入地探索。把他们"需要知道的东西"列出来放置在一个显眼的位置，并时时更新。随着项目的开展，你可以把学生的问题拿来用作形成性检查，你可以问问学生："准备好把什么划掉了吗？你现在知道什么了？"你也可以通过邀请学生不断地在"想知道"的列表上做补充的方式，来鼓励学生持续探索。

分享评估准则

在你介绍了这个项目，学生也都受到激励想要全力以赴地开展项目之后，就要确保学生理解了主要的学习目标和高质量项目制学习的标准。你可以与学生一起讨论你设计的项目评估准则（见第 5 章），甚至可以与学生一起制定评估准则。评分准则是你通往巨大成功的路线图，在开展项目时，你和你的学生也常常会用到。要与学生讨论评估他们表现的不同维度，如主要学习任务和潜在技能，以及在各个维度上对他们的表现进行评分的价值尺度。好的评估准则会通过对每种等级定性的描述，让学生了解他们表现如何。你甚至可以让学生练习给之前的项目成品打分，确保他们能够区分优秀和平庸的作品。好的评估准则甚至能给班级带来意想不到的收获。有些教师会在评分表上留一个空白栏，取名叫"给我惊喜"，学生可以在这个空白栏里提供证据，来表明他们的能力是如何超出预期的。

为应用科技手段做准备

应用科技不是完成项目的目的，而是完成项目的手段。随着项目准备工作的不断推进，教师要规划高效的方法，让学生为使用科技来进行学习做好准备。有时这需要提前计划，有时，直接现场操作或学生间互助学习就能有序地进行。

我们回顾一下第 4 章所说的项目所需资源问卷调查，想想学生可以利用哪些现有的资源。要明确科技手段会起到很多作用，比如，把人都聚集起来，用第一手资料或数据进行深度学习复盘。可以考虑这几个问题：哪些工具最适合完成这个项目？设想学生已经有了这些工具，那么他们知道该如何操作吗？他们已经在使用哪些工具了？他们还需要知道些什么？你可以与同事、媒体专员或教学导师等讨论初选出的工具，并和他们谈谈你构想的学习活动，以帮助学生达成你预期的项目效果。各种方法组合一下可能就变得合适了。

设立科技园地

观察年轻人是如何使用对他来说陌生的设备的，比如，他朋友的智能手机或者游戏控制器。他会怎么做呢？他会先找到"开"这个按钮，然后继续研究怎么操作。在教学生如何使用科技手段之前，你应该思考如何为学生自主学习和互助学习提供机会。学生为完成项目而学习使用一种科技手段或应用程序，这本身就是一种解决问题的体验。你可以建立一个可供学生探索的科技园地，并鼓励学生互助学习。你要注意观察学生，看他们什么时候需要你的帮助，或者让一位懂行的学生从旁协助。此外，要适时给学生做个简单的示范，或者给他们准备更多技术相关的课程。

美国北卡罗来纳州的廷伯路小学（Timber Drive Elementary School）里，教师开发了一个宝藏项目，让学生通过 GPS 定位系统、计步器和其他工具来了解当地公园里隐藏的"历史遗物"和地形地貌。在学生开始行动前，他们会参加校内的寻宝游戏来学习使用科技工具。此外，教师还会为家长举办一场晚间活动，让家长也能学习。协助户外教学的家长不仅仅是监护人，同样也是指导老师。出乎意料的是，越来越多的家长开始积极参与学校活动了。过去，许多家长在参加科技培训之前从未到过学校，而如今有些家长甚至把地理寻宝当成新的业余爱好了。

开发利用学生的专业能力

你可以让擅长技术的学生教其他同学。可以设立几个学习站，每个学习站侧重一种学生在项目中要用到的工具或手机软件，比如一个学习站是关于网上数据库的，另一个学习站是关于笔记应用软件或 GPS 定位系统的。在学生开展项目之前，教师要与学生讨论每种工具的用途，并为其设定期望值。教师要让负责培训的学生先预演一下，这样确保他们能把工具的重要功能教授给其他同学；还要帮这些学生找一些他们可能会用到的教程和演示材料。当所有人都准备就绪时，将学生分成多个小组，让他们轮流去各个学习站，由负责培训的学生给他们讲解操作方法。确保每个学习站可以开设一两天的时间，这样学生可以进行探索和实践。

亚当·基纳瑞（Adam Kinory）是一位高中人文课教师，他经常在课堂上使用多媒体应用程序。他的学生对校外的技术非常熟悉，如果对课堂上使用的某个具体工具或应用程序有疑问，学生就会向彼此请教。"我的大部分学生都有博客，也是许多社交网站的成员。这些工具看起来复杂，使用起来却很容易。"他说道。基纳瑞认为学生与许多成人不同，成人会犹豫自己要不要去尝试探索某个工具，或者他们要先确认某个应用程序的价值后才会去尝试，但学生会直接就去做。"因为学生被科技包围着，"基纳瑞指出，"他们对不同的服务器和软件的运行方式都很了解。对于教师的挑战就是，如何在此基础上促进学生的发展。如果一名学生不知道怎么使用某个应用，这反而有点反常，但其他学生会非常乐意帮忙。"

引入项目管理工具

项目日志是另一种工具，可用于帮助学生追踪他们的进展。项目日志可以是简单的项目任务列表，让学生追踪自己完成了哪些任务。项目日志还可以给学生提供复盘的平台。

通过鼓励学生写下他们取得的进展，你就能对学生可能在什么地方，以及为什么感到困惑会有所了解。这既给学生提供了及时的评估，也能促使你检验一下是否需要对课程进行调整。学生通过实践，将获得解决故障延迟或其他阻碍的新技能。为了实现这一重要的学习功能，要确保学生学会使用项目日志，并在每次学习结束时花几分钟进行书面反思。

教师、科技专家或技术娴熟的学生总是要演示如何使用新工具。如果有人会录屏，创建一个可以让学生反复观看的视频，那就能产生更高效、更持久的影响。

科技聚焦
录屏

录屏指的是一种在电脑屏幕上进行叙述、加文字说明和记录材料的方式，录制的视频可以与他人分享。录屏对以下几种情况可能会很有用：给幻灯片附加旁白、制作教程向他人展示如何完成技术性任务或录制翻转课程。

选择录屏的 4 个理由

1. 辅助教程

教师反复教授技术很浪费时间，所以不妨做一个可以反复使用的辅助教程，如果能让学生来做的话会更好。有了录屏，学生可以在任何地方重复观看教程。TechSmith 公司提供了关于如何使用 Jing 软件制作辅助课程或其他视频录像。

2. 给幻灯片配置旁白

可以考虑让学生把数字幻灯片变成配有旁白或者背景音乐的屏幕录像。你只需要通过普通幻灯片软件如 Keynote 和 Powerpoint 就可以做到，或者也可以让学生使用接下来介绍的任意一款录屏软件。把学生修改好的幻灯片共享到网上。如果学生知道他们的成果将会公开展示的话，作品质量会有所提升。

3. 翻转课堂

翻转课堂的模式，是教师准备材料让学生在家学习，然后在课堂上用这些材料与他们进行互动。这类课的核心就是教师用网络摄像头录制讲解幻灯片或使用网络应用。这些过程都可以进行录屏，让学生反复观看。

4. 反馈学生的学习成果

威尔·理查森（Will Richardson）是《博客、维基、播客和其他强大的课堂网络工具》（*Blogs, Wikis, Podcasts, and Other Powerful Web Tools for Classrooms*）的作者。当还在一线教学的时候，理查森就用录屏的方式对学生的写作提供反馈。在屏幕录播时，理查森会讲评屏幕上显示的文章，并用数字笔在"页面"上写下有用的建议。让教师和学生通过录屏给出批判性且"令人堪难"的反馈，或许可以避免尴尬。

录屏软件

下面介绍 4 款常用的录屏软件。请注意这些软件是否提供了适用于你的电脑的视频输出类型，录制的视频是否易于发布以供查看。

- Jing：这是一款可以停驻在电脑屏幕一侧的小型工具，用它录屏十分方便。Jing 录制的视频是以 Flash SWF 格式保存在电脑上的，你也可以将它上传进行分享。
- Screencast-o-Matic：这款抓屏软件录制的视频可以保存为 MP4、AVI 或 Flash SWF 格式。你可以将视频保存在电脑上，也可上传到 Screencast-o-Matic 的服务器、谷歌云盘或是 YouTube 上。这款软件也很适合与录制谷歌环聊搭配使用。

- CamStudio：这种开放源代码的软件可以录制 AVI、SWF 或 Flash SWF 格式的视频。它支持给视频加字幕以及加亮显示文字，这在制作录屏教程的时候很有用。
- Camtasia：这款软件能轻松录制电脑屏幕上的活动，也能导入高清摄像机拍摄的视频，定制和编辑视频内容，并且几乎在任何设备上都能对视频进行分享。Windows 系统用户查找软件 Camtasia Studio，苹果电脑用户可查找软件 Camtasia 来下载使用。

录屏步骤

1．计划

先要制作出内容和讲解的脚本。通过将每章节自然分段给材料排序。观看一些优秀的录屏视频并进行模仿。注意以下几点质量要求：

- 效率：信息量和幻灯片的数量要合理；
- 交互性：要使用解释性的动作，如缩放，用光标或数字笔指出要点等；
- 流畅和音量适中的讲解；
- 清晰：没有杂音干扰，没有卡屏。

2. 练习

试着在有麦克风和没有麦克风的情况下进行练习，要保持动作和讲稿的一致。可以考虑先录制屏幕运动轨迹，再录制音轨。

3. 录制

跟着韦斯·弗莱尔（Wes Fryer）的"带讲解的幻灯片和录屏"教程来试试。

4. 编辑

保留最好和最重要的信息。视频越短越好，通常 3 ～ 5 分钟就足够了。

5. 发布

每种录屏工具的网页都会给你录屏建议。通常来说，如果你将录屏用 Flash 发布，多数人就都能看到了；如果你主要想展示截屏，那就用 SWF 格式发布；如果录屏中含有视频，就用 FLV 格式发布。为了使文件尽量小些，我们要将视频设定为每秒传输 10 帧，声音设置为 11.025kHz 单声道。

6. 推广

你可以把录屏发到班级网站或博客上，这样大家都能看到。你也可以更进一步，将视频发到 TeacherTube 上，这样会有更多受众。

依靠技术专家

与你们学校的技术专家、媒体专家或教学导师们合作，将学习目标和有助于学生达成这些目标的科技手段相匹配。可以让专家先指导你，这样你就能准备好去帮助学生，甚至可以邀请专家跟你一起授课。有些学校会让学生与技术专家一起上计算机课，这样学生可以学到很多新技能。如果教师提前做好规划，那么在项目需要大量使用某些特定科技工具期间，技术专家就能在这些关键时刻给予学生帮助。

某初中社会科学教师希望她的学生制作一个带注释的虚拟步行导览，介绍民权运动期间社区内非常重要的地标性建筑。当这位教师跟学校的媒体专家讨论这个想法时，专家就推荐了一款叫 ThingLink 的应用软件，这款软件可以用来制作数字故事。这位专家还提出在图书馆里教授一堂微型课程，讲解如何使用该软件上传图片和其他媒体资料，然后使用信息文本来进行整理。这种技术支持让教师可以把精力放在学习目标上。

谁需要哪种技能

问问自己：每个人都需要熟练运用科技手段吗？如果科技手段对于终身学习非常有用，那么回答很可能是肯定的。想象一下，学生为了评估地球不同区域产生海啸的风险情况。在网上数据库寻找有关地震活动的海量信息。从数据库里查找、处理和分析数据是一项有用的技能，而该项目对于每个学生来说都是一个绝佳的学习机会。

设想一个使用团队博客的班级。每个学生是否都需要学习建立博客和管理博客呢？也许他们只需要了解如何使用博客浏览信息，以及如何参与到博客的讨论中就可以了。如果学生在制作纪录片或其他数字内容，那么考虑一下是否每个人都需要学习使用视频编辑软件，以及需要掌握到什么程度。如果不要求精通某项技能，但有些学生对此感兴趣，教师就要尽可能为他们提供学习的机会。这既是你对他们的尊重，也为你自己培养了未来的技术支持帮手。

思考一下技术性技能对项目本身和在项目之外有何用途，这样会帮助你决定学生需要学什么，以及要学到何种程度。

提出驱动性问题，促进深度学习

在学生选择问题、计划调研和开始付诸行动时，教师要对其进行指导。比如，三位教师教的是同一批 6 年级学生，他们组成了一个小组，一同规划了一个关于金钱主题的跨学科项目。他们一起集思广益，想办法把社会科学与科学、数学、文学和艺术组合起来。最终得出了学生都应该掌握的学习要点：

- 需求和机会、稀有和富足之间存在某种联系；
- 在不同历史阶段和不同的文明中，钱币、以物易物和其他货币交换方式一直存在，交易方式也在不断地改变；
- 现代的货币作为交换媒介具有象征价值；
- 经济、健康和幸福是相互关联的；
- 对不同人来说，钱意味着不同的东西；

- 人类是互相依存的。

在项目开始时，老师让学生花了整整一星期的时间来思考一个课堂展览：展品是一堆看起来毫无关联的物品，包括琥珀、鸡蛋、锣、翡翠、水壶、皮革、草皮垫、钉子、玩具公牛、米、盐、顶针、贝壳和纱线。老师告诉学生，这些东西是有共同点的。那共同点是什么呢？学生整个星期都在不断提问，十分好奇。老师问他们：如何找出共同点呢？学生已经开始讨论并搜索相关内容了。他们很快就了解到，这些物品都曾充当过货币。这引发了新的问题：一个知道比特币的学生，想知道未来会不会有新的货币类型出现。

老师可以提出驱动性问题，并引导学生为他们的探究途径做规划。比如，对于一个叫"从美元到比特币"的项目，你就可能会问：我们如何分辨货币的真正价值？

一旦项目开始启动，学生将参与由教师设计的各种合作活动。在某个活动中，每个小组根据他们所阅读的内容，创建自己的货币，比如古代货币、易货交易，甚至诸如移动货币和替代货币等新币种。全班会将货币与一系列物品和服务挂钩，比如一个面包、一小时的保姆服务、一辆自行车和一张电影票。他们在自己的货币体系中给这些物品和服务赋予价值，之后各个小组就开始互相买卖商品和服务，这也意味着他们要确定货币间的汇率。

学生学到的东西越多，这个复杂又有趣的项目发展方向越多。教师致力于把学生的兴趣转变为真正的探究，引导学生超越肤浅的、事实性的研究，走向更有意义的研究。比如，有两位学生想研究"钱是用什么制造的"这个课题，但是他们的老师知道这样的探究有局限性，所以引导学生像科学家那样思考，想出了一个更有挑战性的问题，这个问题包含的第一个小问题是：通过分析硬币，来了解它们是用什么制造的。然后下一个探讨的小问题就是：我们如何才能查明呢？

思考一下表 7-1 左侧一栏的局限性问题。右侧一栏是教师指导学生对问题进行的改良。

表 7-1　改良问题

学生可能问的问题	改良后的深入探究性的问题
钱是用什么制造的	你如何分析硬币是用什么制造的呢 制造硬币和纸币的工序是否都是一样的
钱币上的雕刻是什么	雕刻艺术和科学的发展历程
人们是怎么造假币的	各国的财政部门采用什么方法来阻止假币
现在还有国家使用金币吗	任何硬币都等于它自己的面值吗 为什么纸币 1 美元值 1 美元呢
每年会造多少钱	哪些因素会影响每年的货币生产量
世界上最古老的钱币是什么	为什么会出现钱币 如果没有钱，我们该怎么办
纸币和硬币上有哪些人的头像	我们能从钱币的图像上了解到哪些文化
1 美元在其他国家能买到什么	什么因素影响美元的价值 世界上有一半的人每天的生活费不到 2 美元，这可能吗
其他国家的儿童能有多少零用钱	全世界儿童的"消费能力"是怎样的

教师可以想象一下相关从业者或专家可能会问什么问题，从而引导学生有技巧地提问。艺术家会想知道什么？经济学家呢？历史学家呢？科学家呢？

教师可以参考以下问题引导词来指导学生探索，这些是由教师兼图书馆图书管理员、智能时代素养专家乔伊斯·瓦伦扎（Joyce Valenza）提供的：

- "哪一个"类型的问题能让学生收集信息，并做出明智的决定。与其让学生"做一个有关费城的报告"，还不如让学生来决定宾夕法尼亚州中哪一个城市最宜居；与其让学生"做一个关于艾滋病的报告"，还不如问学生哪一种严重疾病最应该得到研究经费的支持。

- "如何"类型的问题会促使学生去理解问题，权衡选择，然后提出解决方案。与其让学生去做一个关于污染的报告，还不如让他们对如何解决小区内的环境问题提出解决方案。教师还可以问问学生会如何用意外之财进行投资。

- "如果……会怎样"类型的问题，又叫假设性问题，能让学生用他们现有的知识提出一个假设，并考虑不同的选择。教师可以问：如果罗马没有入侵不列颠群岛会怎样？或是如果阿姆斯特丹的汽油价格和美国的相同会怎么样？

- "是否应该"类型的问题让学生基于证据做出道德伦理方面的决定。教师可以问问学生：我们是否应该克隆人类？或者我们是否应该结束与某国的贸易战？

- "为什么"类型的问题让学生云理解原因与后果。"为什么"类型的问题帮助我们理解事物之间的联系，也能帮助我们了解问题的本质。教师可以问学生：为什么人们会虐待儿童？为什么一个发展中国家的死亡率比另一个发展中国家的要高呢？

少看多想，培养信息素养

当今的学生能够接触到的信息远比他们所能使用的多，而且他们找到的信息的可信度和实用性也千差万别，所以说，智能时代我们能教给学生的两个最重要的技能便是，有效获取信息和评估信息的价值。

在互联网 1.0 时代，网站发布信息，教师用常规的网站作为信息源。在互联网 2.0 时代，博客、维基、社交媒体和用户间可共享的内容比比皆是，网络更加复杂化了。如今更具交互性的网络，要求我们不仅要讨论获取信息的可信度，而且还要思考观点和事实的出入。由于学生变成了网络信息的发布者，同时也能够评价别人的成果，他们开始扮演起新角色，承担起新责任。如今，这些网络活动为我们培养学生的信息素养和媒体素养创造了新的机遇。

对年幼的孩子来说，学会从可靠的电子资源中学习是一项重要的基本技能；对于年纪大一点的学生来说，可以将他们的信息源限制在几个精选的网站上。你可以给学生一系列网址，或是建立一个网络专题调查（WebQuest），把学生的注意力限制在可靠的来源上。你或许还没有教学生如何查询和检索数字信息，但你仍然会想告诉他们，挑选资源时要进行批判性思考，并主动决策。

随着学生年龄的增长，你可以教他们在丰富的资源站点和数据库中浏览和搜索信息。如果想要一站式地获取全球数据，可以尝试计算机搜索引擎 Wolfram Alpha。如果想要美国的数据及资料，可以查询美国记忆项目（American Memories Project）、美国地质勘探局（U.S. Geological Survey）。你也可以在联合国全球教室（The UN Global Classrooms）找到全球数据。EBSCO 数据库和其他订阅服务都能给不同年龄段的学生提供适龄的信息来源。你可以先与同事一起研究一下这些网站，研究一下组织机构，检查一下索引页面，并讨论一下搜索参数和阅读等级，再确定哪些网站最适合你的学生。

在下一个阶段，要让学生使用引擎搜索切实可用的信息。以下是一些安全高效的搜索引擎：

- **谷歌：** 用高级搜索并选择"阅读水平"，就可以使用安全搜索过滤器，调节信息的可读性。
- **必应校园版：** 使用校园版搜索时不会有广告，还能学习数字素养的课程。
- **Knovation：** 这个搜索引擎需要订阅。

在更高级的阶段，即你想让学生进行独立搜索、检索、评估、提炼要点时，你可以考虑教授 Big6，它提供了完整的信息素养问题解决方案。Big6 是迈克·艾森伯格（Mike Eisenberg）和鲍勃·伯克维茨（Bob Berkowitz）开发的，是一种教授智能时代如何解决信息问题的信息和科技素养模型。Big6 网站包括众多资源，如演示文稿、课程构思、博客和相关阅读材料。从本质上看，Big6 给学习者提供了学习策略，帮助他们寻找、组织和评估信息。通过应用 Big6 的技能，他们能成为更好的研究者：①任务定义；②信息搜索策略；③定位和获取；④运用信息；⑤综合；⑥评价。这些技能是基于对人们如何寻找和处理信息的研究。

科技聚焦
争议性话题

有些项目会有"来自新闻头条"的感觉，这往往更能引起学生的注意和兴趣。在项目启动阶段引入热点话题和流行的主题标签，可以成为提高项目参与度和深度探究的催化剂。然而，许多教师会绕开一些争议性话题，因为他们不确定如何为公平公正地开展辩论创造一个安全的空间。在《教育周刊》（*Education Week*）的一项调查中，有一半以上参与调查的教师表示，他们所受的培训没有指出该如何处理会引起争议的课堂讨论。

与其回避争议性话题，还不如利用它们来有意识地培养学生的媒体素养和批判性思维。项目制学习为学生提供了一个理想的框架，让他们不仅能分享和评估信息，还能让他们自己成为负责任的媒体制造者。

这里有一些线上资源，能激发学生对时事热点的深入思考和研究：

- **Project Look Sharp** 是纽约伊萨卡学院（Ithaica College）的一个媒体素养项目。在线资源包括一个巨大的原始资料（包括印刷品和视频）收藏库，提供了各种话题的不同视角，诸如气候变化和种族问题等。教师可以指导学生通过进行信息解码的远程来判断：信息是什么？信息是如何传递的？谁是信息幕后的操手？

- **ProCon** 是一个一视同仁的平台，为有争议性的问题提供双方观点，例如探讨被称为"梦想者"的年轻移民的未来。

- **Newseum** 是位于华盛顿特区的一个博物馆，专门研究美国宪法《第一修正案》和新闻自由。博物馆提供了来自美国和世界各地新闻报纸头版的线上收藏资源。比较来自不同区域的新闻标题，可以引发全球教育的讨论。

小试牛刀
讲述你的故事

你将如何与家长、学校同事，甚至更大的群体分享你的项目故事呢？

在项目快启动前，你要确定哪种媒体最符合你的需求。你想让哪些受众了解并参与进来？想想如何利用班级网站、项目博客、Twitter、线上文档、视频，以及在项目进行的过程中，捕获项目亮点，并用录屏制作的"导览"？科技手段能帮你管理项目中每个任务的时间节点吗？你需不需要与相距很远的同行们合作呢？要让家长了解项目的进展吗？要鼓励大家复盘吗？什么功能最能满足你的需求呢？

如果时间紧张，或者对科技手段不够熟悉，不能让其发挥理想效果，你可以考虑与学校的科技专家，或有科技技能的家长（甚至是学生）一起合作。他们能帮助你设计和管理项目空间，以更好地满足你的需求。你至少要有一台便携数码相机，这样就能记录下学生的学习活动，追踪项目进度。这些图片之后会派上用场，可以作为学生进行复盘的原始材料，也可以让我们用来庆祝学生取得的进步和成就，并便于我们与他人讲述这个项目。

第 8 章

持续推进，发挥教学艺术

本章将指引你：

- 利用有效的提问策略吸引学生进行更深层次的讨论；

- 优化科技手段的使用方式，确保所有学习者能公平地使用；

- 应对项目实施过程中的困难与挑战，包括课堂冲突，使学习走上正轨。

有两位老师正在进行一个跨数学和科学的项目，该项目涉及速度和不同的出行方式。他们通过设问引入，期望这个问题能引导学生开始进行探究：青少年的平均步行速度是多少？老师们在学校停车场设立了一个学习站，里面有秒表、粉笔、卷尺和计算器。他们期望学生能自己设计实验来找到答案。

不过，学生很快就大声说出步行速度了。保罗·柯蒂斯以前也是项目制学习的老师，如今在新科技学校网络就职，他碰巧观察到了这一切。他回忆说："这所学校的孩子都可以使用电脑，会直接在网上搜索。一搜，答案就出来了。学生认为没有必要通过做实验来找答案。"

这不是老师们期望的结果，但他们很快就改变了方法。柯蒂斯继续说："老师又提出了一些问题。数据可靠吗？它们源自哪里？数据又是如何得出的？这个步行速度是否与特定的青少年有关？"学生发现了不止一个答案。老师接着开始问下面几个重要的问题：你怎么能确定哪种测量方法最可靠？哪些数据有效？在对数据的可信度进行了几分钟的热烈讨论之后，学生就激动地去了停车场，开始根据自己理解的速度进行实验，并继续开展项目。

想让项目不断推进，就需要教师在学生的学习过程中给予支持。这并不总会像预期的那样进行，所以需要教学艺术来发挥作用。当出现意想不到的情况时，或当学生朝着意料之外的方向偏离时，你需要迅速地思考和反应。为促进学生学习，让他们朝着重要的学习目标迈进，你需要对学生正在理解和掌握的内容抱有好奇心和观察力，注意他们在哪些方面遇到了困难。通过保持灵活变通，你就可以根据学生的需要调整你的教学内容。保持开放的心态，你可能会对学生做的项目感到惊叹。

在项目实施过程中，你可能会感到自己同时关注了好几个方向。当你在推进数字化的项目时，专注于教师的角色可能会很有帮助。当你从信息分发者转变为学生自我驱动学习的真正推动者时，你就需要在课堂上使用新的互动方式了。学生也在转换角色，他们会需要帮助，来承担更多的学习责任。本章提供了一些教学策略，帮助你充分利用这一阶段的项目经验。我们特别关注对项目成功至关重要的领域：课堂讨论、科技手段的应用、故障排除和冲突管理。

提出好问题，让课堂讨论更有成效

在你的课堂上，学生通常都会提什么样的问题？提问的是谁？

本章开头的案例揭示了提出好问题的重要性。好问题并非那些一看就知道答案或者很容易找到答案的问题，而是更复杂的问题，这些问题可能会产生好几个正确答案。好问题是有效的课堂讨论中的重要组成部分。

课堂讨论的层次

在项目实施过程中，课堂讨论分为几个层次：

1. **教师 — 教师**。教师在项目规划中的共同努力，会一直延续到实施阶段。你会如何利用共同合作的机会呢？教师间的讨论可能会涉及各个方面，从程序性的讨论，如"我们明天的游戏计划是什么？谁负责这项活动？"到对形成性评估的讨论，如"我今天无意中听到，有些学生仍然对这个关键概念感到困惑。规划一个微型课如何？"或者"看看学生团队的初稿。我非常喜欢他们项目的进展方向。你怎么看？"。如果你没有时间开展面对面的合作，或者你与共同开展项目的同事离得比较远，那就要确保自己会用项目博客、维基或其他合作工具，来保持与其他教师之间的对话。

2.**学生 — 学生**。随着项目的开展，学生应该谈论自己的学习体验。他们不仅要在各自的团队内部进行谈论，而且要跨团队相互交流。教师应该提醒学生，良好的沟通技巧是有效开展团队合作的一部分，有助于维持团队的管理和正确的方向。另外，学生通过解释自己的思路，也给彼此提供了相互学习和挑战的机会。作为辅助员，你会花大量时间倾听学生的对话。加入正在开展学习的小组，扮演好奇的旁观者。如果你觉得有必要，就加入他们的讨论，但要注意不要主导谈话。你可以示范如何给出有效的反馈，然后给学生机会，让他们和自己的同伴们去练习这个重要的技能。你可以介绍鼓励学生间讨论的课堂规范。例如，苏格拉底式研讨，旨在培养学生的批判性思维和强力对话的能力，研讨的内容往往是共享阅读、视频片段或其他源材料。学生在讨论中担当指挥者、计时员和记录员，参与者遵循小组规范，即便有分歧，也会保证对话是尊重每个人并且切合主题的。

3.**教师 — 学生**。在传统课堂中，师生间主要以讲授为主。但这在项目制学习的课堂中发生了改变。你仍然有机会与全班同学交谈，比如你需要告诉所有人一个公告时。但如果你在使用项目管理工具，比如项目网站或博客，用于跟踪项目重要节点的在线项目日历，或在线项目工作区，那你可能会发现自己不需要花费很多时间在日常事务上。有时，你可能决定给全体学生上一次课，来引入一个新的概念，或是演示一个所有学生都需要掌握的技能，以推动他们的项目前进。你也可能决定使用全班讨论的形式，来检查学生的理解情况，或是用课堂复盘来对项目某个阶段进行总结。然而，在这个阶段的大多数情况下，你更应该在学生间走动、观察，并与小部分学生进行交谈，这是训练你的倾听和提问技巧的好机会。要学会倾听学生的讨论，并对他们提出探索性的问题，从而推动学生运用高阶思维。

高阶问题

研究人员通过观察课堂讨论和对不同类型的问题进行评估，发现教师提出的问题中约 60% 是低阶问题，这些问题只要求学生重述或背诵事实。另外 20% 是高阶问题，会要求学生进行评估或分析，剩下的 20% 则只是程序性问题。

在项目制学习的课堂上，高阶问题需要成为学习体验的一个常规部分，无论你是在和个别学生、小团体进行交流，还是和全班进行交流。通过巧妙的提问，你就能要求学生进行分析、比较、评价和阐述："你是怎么知道的？你注意到什么了？多告诉我一点……"好问题自然而然地就会引发后续的问题，从而进一步探索更深层次的理解："你说那是什么意思？你接下来想做什么？你觉得为什么会这样？多告诉我一点……"这样的问题需要你细心倾听，因为这是另一种你需要为学生示范的技能。无论你是和学生进行单独交谈还是小组交谈，一旦开始对好问题进行讨论，就要给学生时间去思考，然后再让他们做出回答。在提出问题后，教师允许学生做出回答的平均等待时间是 1 秒甚至更少。然而，研究证明，教师愿意等待答案的时间越长，学生的参与度和表现就越好。

当然，教师不应该成为主要的问题来源。在高效率的项目中，教师并不会垄断信息。精心设计的项目应让学生担任研究者和调查者。学生的问题也会给你机会，示范如果没有答案该怎样做。你或许可以回答："我不知道，那我们可以问谁呢？"

在第 6 章中提到过克丽丝·范诺斯戴尔在教学中对 Skype 的使用，她一直学着领会倾听学生提问的价值。"孩子们习惯了那种探索的感觉。他们想知道，他们想提问，他们在思考。"她说，"我小心翼翼地退到学生后面，听听他们要说什么。这听起来很简单，"她补充道，"但真正做到这一点却不是那么容易。"

有时候，当学生陷入困境时，教师所能采取的最佳措施就是问学生更多的问题。资深的项目制学习教师迈克尔·麦克道尔如今是管理人员，他回忆说："在某个阶段，学生可能会遭遇撞墙期，他们不知道该做什么。他们必须度过这个时期。有时候他们可能在自己的团队中解决这个问题，但有时他们会来问老师。那么你就要想好在哪儿给他们提出更多的问题，从而协助他们对项目有进一步理解。"

探究式问题

智能时代的项目制学习常常要求学生扮演专家的角色。团队成员可能会扮演科学家、史学家、政治家、人文学家或新闻工作者的角色。探究是许多学科的核心。教师要帮助学生回答各种问题。如果学生刚刚开始接触项目制学习，那么他们可能不熟悉探究策略。教师要帮助学生学会如何提出好问题。例如，在采访校外专家之前，教师可以与学生一起列出可以提出的好问题。

一位名叫戴维·法格（David Fagg）的澳大利亚教师很早就发现，在他启动了一个名为"澳大利亚 iHistory 播客"的历史项目时，他的学生"对如何提问有疑问"。他要求学生进行实地调查，研究本迪戈镇的重要地标，然后编写和录制出可以让其他人了解当地历史的播客。学生知道，他们不仅有责任让在澳大利亚的同学们了解，而且还将与美国一个初中班级交换播客。在关于该项目的博客中，法格解释道："我的学生总想每个答案都来问我一下。这表明他们对这类调查没有信心……学生不习惯开展独立的调研性任务。"他花了比自己预期更多的时间，来指导学生该如何利用自己的好奇心以开展调研。

在某些项目中，学生将扮演科学家的角色。他们需要有信心来提出那种科学家们会问的问题，即使这会有失败的风险。科学史上有众多关于科学家在某个问题上奋斗数年，才获得突破性发现的故事。你可以用爱迪生的名言来提醒学生："我没有失败。我只是找到了一万种行不通的方法。"鼓励他们看到今天的技术创新者仍然抱着"快速失败"的心态，而且失败被重塑为迈向成功的一步。Facebook 以其非官方的座右铭"快速突破，打破常规"（Move Fast，Break Stuff）著称。你肯定希望你的学生也能够培养出同样的韧性，坚持探索，即使第一次努力的结果不尽如人意。如果学生不能证明他们的第一个假设，那就帮他们理解数据的价值，来看看有哪些数据没起什么作用。你的追问可以帮他们从结果中学习，重新调整他们探索的重点，并计划接下来要提出什么问题。

离密歇根州底特律市不远的伯明翰卡温顿学校（Birmingham Covington School），正是因为教师密切关注学生所提出的问题，才在一个项目上得到了意想不到的收获。波琳·罗伯茨（Pauline Roberts）和里克·约瑟夫（Rick Joseph），合作教授 5 年级和 6 年级的学生，他们运用了一个名为"sciracy"的方法来提高科学素养。

在一个扩展项目中，学生对环境进行了调研，并发起了一项运动，希望呼吁各个企业能采取更为可持续性的做法。学生用所学的知识制作了教育手册，然后戴着鲜绿色的"生态小丑"假发，主动联系地方企业，强烈建议他们采取可持续性发展措施。"学生必须能清楚地阐述自己的观点。"罗伯茨说。这意味着要运用沟通技巧和科学的见解。学生还设计了一个网络光荣榜，把当地企业的绿色实践率放在一起排名，促使他们赶超其他企业。

在整个获奖的项目中，教师鼓励学生带头学习。每个项目小组都组织了自己的小型实地考察，开展企业调查，并收集关于具体行业的数据，如体育、旅游或艺术等。学生还必须掌握团队合作技能，比如如何达成共识。罗伯茨解释说："他们必须找到一个能让团队中的每个人都接受的点。"她和她的教学同伴鼓励诸如积极倾听之类的技能，以促进高效的团队合作，并且让学生参与到项目评估的设计中来。"在项目的每个阶段，我们都会问学生'你下一步的方向是什么？'。"

这些学生以自己提出的问题为动力，成了绿色商业实践方面的专家。后来，某商学院同样在追寻类似活动的学生联系他们，希望向伯明翰卡温顿学校学习。

有时候，学生的问题确实会导致项目偏离轨道。教师应该帮助学生记住那些他想要了解的疯狂想法，即使在这个项目甚至在这个学年中，他们都用不上这些想法。好奇心是值得被鼓励的。例如，一位7年级的数学老师在白板上保留了个位置，专门留给"等待答案的好问题"，这些问题包括学生提出的尚未解答的问题，以及著名科学家和数学家仍在研究的问题。

用来进行常规检查的问题

在项目进行的过程中，不同的学生团队可能会以不同的速度在不同方向上展开学习。这是正常的。但这也意味着你需要同时关注许多学生的学习活动。那么，你应该把重点放在哪里？考虑一下哪些问题可以帮你检查学生的进步，并有助于对项目计划进行必要的调整。根据你想发现的信息来设计问题，并使用正确的工具来保证项目进展。根据所需信息的类型，你可能会提出下列不同种类的问题：

1. **程序性问题**。我们是否在按计划的时间进行？我们有现成的材料吗？安排户外教学、专家到访或其他活动的最佳时间是什么时候？为了追踪重要节点和截止日期的进度，你要提醒学生关注项目日历，以及监督学生的项目日志和检查清单。

2. **团队合作性问题**。团队成员相处得如何？一个学生是否为整个团队承担了太多的工作任务？学生自己是否能处理好冲突，或者他们会需要我的帮助吗？多在团队间观察走动并向他们提问，可以帮你评估团队的动态。如果你让学生写项目博客或项目日志，那可以请他们写一篇专门讲述团队进展的文章。如果他们团队中有困难，要给他们一个"安全"空间，让他们提出他们的担忧或寻求帮助。例如，你可以考虑使用在线问卷工具或设立一个关于团队动态的"每日投票调查"。如果你使用的是项目维基，就要注意谁对项目维基空间做了什么贡献。如果你观察到有些学生的贡献比别的学生少，那么可以就此讨论如何高效合作。

3.**理解性问题**。花些时间观察开展项目的团队，听听学生的谈话内容，并提出一些探索性的问题。查看在线项目空间，你可以在其中看到学生的项目进展。如果你看到学生偏离了任务，或根据错误的信息做出了决定，你可以向他们提问或给他们提供一些建议和资源，来引导他们改变方向。同样，如果你看到学生有机会超越你对他们的预期，那就鼓励他们再接再厉。

4.**自我评价性问题**。为了了解学生对项目的看法，你可以问一些鼓励自我评价和复盘的问题。项目日志或博客为学生提供了一个空间，可以让他们描述他们所遇到的挑战或挫折，或者问一些他们在课堂上觉得不太好问的问题，或是分享项目中令他们兴奋的事情。

通过提问，你可能会发现一些自己没有预料到的信息。例如，澳大利亚 iHistory 播客项目帮助戴维·法格看到了听觉式学习的价值。当法格问学生喜欢这个项目的哪个部分时，他们反复强调，相比传统的讲座和阅读，听学生播客为他们提供了更好的学习历史的方式。他指出："即使是具有熟练阅读技能的读者，都对此表示赞同。"他带着更多的问题进行了调查：当老师和学生交谈时，他们是不是也在听呢？为什么他们认为这种倾听方式是有好处的？学生提出了一些令人信服的理由，这些理由包括减少被其他学生干扰，以及在必要时能有机会多次重温播客。

根据他的观察和提问的结果，法格断定学生的参与度是很高的："他们以十分认真的态度完成工作，并且每个人都为小组做出了同等的贡献。"他还观察到，学生会自然而然地根据自己的学习偏好匹配相应的活动，他说："比如，我的学生杰克逊总会重新调整团队的注意力，经常会问'所以，问题是什么？'这样的问题；大卫则会非常认真地把答案都写下来；克莱会听大部分的播客，回答了大部分可以根据播客的内容来回答的问题。他们往往专注于自己可以应付自如的学习模式：克莱熟悉听觉式学习，大卫熟悉书面式学习，而杰克逊则对两种模式都得心应手。"

重点关注
远征教育的实践

远征教育（之前称为探险式学习 Expeditionary Learning）教学模式强调高水准学术能力、高阶思维能力和积极的公民意识。这在实践中看起来像什么？思考一下远征教育学校最近的几个项目，这些学校都在用项目制学习贯穿整个课程：

- 在纽约的罗彻斯特市，初中生对城市运河历史的调查直接促使市中心一度被毁的地区得以恢复生机。
- 在新墨西哥州有一所圣达菲艺术与科学学校（Santa Fe School for Arts and Sciences），那里的学生得知他们所在州的青年识字率在全美排名倒数第二后，纷纷行动起来。他们开发了一个以游戏为基础的暑期项目，使那些阅读困难的学生通过这个项目提高了阅读水平。
- 在缅因州的波特兰市，学生通过记录并歌颂来自他们社区的那些几乎被遗忘的民权活动人士的故事，扮演起了历史学家的角色。

这些只是几个深入的、具有拓展性的探究项目，这样的项目常常出现在远征教育系统的下属学校中。如今，远征教育已有 20 多年的历史，在美国的 30 个州建立了 160 多所学校，为城市、农村和郊区的 45,000 名 K-12 基础教育阶段的学生提供服务。所有的学校均以项目制学习为核心。

远征教育借鉴了在全日制项目制学习背景下所总结的经验，来为远征教育系统外的学校开发符合共同课程核心标准的读写素养课程，这吸引了成千上万的教师和学生。

远征教育 K-8 阶段的读写素养课程由教师创建，也为教师所用，借鉴了该组织 25 年来让教师和学生参与复杂、冒险和有意义的学习方面的经验。该课程是开放式的教育资源，其下载量已经超过 800 万次。

远征教育的主席兼首席执行官斯科特·哈特尔（Scott Hartl）表示，这项新的尝试"正在以一种我们整个学校永远无法达到的规模进行。它让我们进入了这样一个时刻：全美各州都在实施新的、更严格的大学和职业准备标准，以此鼓励人们对实践进行深入思考。我们一直在问，如果在以切实地为大学和就业做准备，我们的课程会是什么样子呢？这就与项目制学习最好的部分建立了相关性。我们想说的是，这就是它的样子，这就是你如何衡量它的。'

历史来源

探险式学习是从户外拓展体验教学项目中发展而来的。最初是哈佛大学教育研究生院和全美新学校计划的一个项目。那时，哈特尔就已经参与其中。

"从一开始，探险式学习的建立就是一种象征。"哈特尔说，他在 2009 年出任公司首席执行官，"探险式学习一直被视为一种纽带，把未来极具吸引力且高水准的公立学校教育和户外实地体验式非课堂教育结合了起来。我们从未打算让它成为一种补充课程。这就意味着从一开始它就要发掘真正高水准任务所具有的力量，激发比学生自认为已经掌握的还多的潜能。"

在远征教育模式中，学生会进行拓展探究项目，进行学习探险。学生在自己所在社区进行实地考察，同时会对那些在重要的历史事件中发挥过作用的人物进行访谈。学习探险通常以远征教育的工作人员所称的"美丽的作品"来结束，可能是一本书、一场高水准的艺术展览、一部纪录片或是与真正的公众分享的学习成果。核心实践和规范流程有助于批判性反馈、复盘和改进，以制造高质量的产品。

远征教育团队从一开始就通过提问来调整他们的教学模式，并支持教师向项目制学习过渡。哈特尔提到，这些谈话的重点是"在一个学习型社区中建立一种文化，这种文化超越了人们之间的一些正常的分歧，那会是什么样子？以领导力为导向，把性格的问题和知识学习的问题用某些方式联系起来，那又会是什么样子？那些问题每天都在反复出现，一直持续到今天。它们既复杂又有力量。"

规模化实践

在研发符合通用标准的读写素养课程中，远征教育团队不得不提出一个新问题：

在全面实施项目制学习的远征教学下属学校中，哪些教学实践可以被提取出来，重新改造后应用于更传统的学校中？

新的读写课程模块并不会引起像远征教育传统中那样全面的学习探索，但是它们确实强调以学生为中心的学习理念。这体现在对学生学习成果的评估上，体现在授课方式上，也体现在学生承担任务的真实性上。

哈特尔说，你在课程中看不到的是几个月的大型调查项目，包括对当地社区的实地调研。"那些项目仍然是我们整个学校模式的关键部分，"他说，"但是，当你在全美范围内观察各种学校时，你会发现那些项目有点太过宽泛了。"

他继续说，你会发现，在课程中老师"非常积极地重塑评估的运作方式"。远征教育风格的评估方式是以学生为中心的谈话，谈话的内容是"关于他们做得不错的有哪些，他们预期的是什么，就高质量的愿景而言他们处于什么阶段。"形成性评估在教学过程中经常发生。

你会看到"孩子们被要求做的任务具有真实性，能够跟真实世界中真正的专业人员的工作方式直接挂钩。因此，虽然我们可能不会带学生去研究人员的实验室，但是我们始终要求他们要像专家那样思考。"

面向通用标准的课程还为教师提供了更深入的课程建议，让他们能更全面地去实现项目制学习。

例如，读写模块可能会建议学生在进行写实性写作任务时参考一手资料。作为拓展，学生可以再深入发掘，通过采访重大历史事件的参与者收集一手资料。这让学生扮演了一个历史学家的角色，"写下这个人的故事，他见证了历史，但他的故事却不为人所知。学生会把正在写的故事最终归还给故事的主人。"哈特尔解释说，"因此，他们需要在意自己身为作者的身份。这种在意是由任务的真实性驱动的。"

在变化中给予教师支持

远征教育模式的另一个关键就是持续的、由教师主导的专业发展。这是整个系统的支柱，也是实施 K-8 读写素养课程的核心。哈特尔和他的公司从一开始就很清楚，新课程"不是按部就班的涂鸦课程，"他说，"如果课程最终会变成内容安排指南，那我们是不会去做这项工作的。"

相反，他认为由经验丰富的远征教育教师编写的课程都是大师实践的丰富范例。但那并不意味着教案都是"防范教师"或无须解读的。"我们想把教案交给教师，然后告诉他们，我们希望你们能深度参与这种细节非常明确的课程。"对于教师来说，使用计划好的课程就"应该要引发学习过程的反复迭代性和情景化。"这就是以学生为中心的课堂开展学习的方式。'这可以激发教师的独创性和创造力，"哈特尔坚称，"就像项目中的学生那样。"

最终的结果应该是"在课堂学习过程中，教师和学生的角色发生了根本性改变。我们正在让学生做值得做的事，并花足够的时间把它做好。"

优化科技手段的使用方式，用技术解锁教育

在项目规划阶段，你选择了要使用的科技手段。当你启动项目时，你可能已经通过一些微型课程介绍了特定的工具，或向技术协调员、媒体专家或高级学习者求助，帮你的学生提高了技术水平。现在，在项目实施的过程中，应该确保你选择的科技手段可以帮助你的学生达到学习目标。

以澳大利亚 iHistory 播客项目为列，戴维·法格选择把诸如 iPod 这样的 MP3 播放器、数字相机和项目博客与项目结合起来。当时，他并没有使用数字音乐设备的经验，但他知道这些很受学生的欢迎。事实上，他以前经常会在课堂上没收这些设备。他解释说："我想颠覆上对 MP3 播放器的使用方式。我想要把它们融入学生的学习中，而不是没完没了地去没收它们。"

在项目开展期间，法格会对学生进行检查，以确保这些技术不会继续造成干扰。他想确保技术有助于学生达到学习目标。学生向他保证，用 MP3 播放器制作自己的录音是非常容易的。另外，学生对用听播客来进行学习的体验，做出了很正面的反馈。他们特别喜欢播客内容能够进行回放，这能匹配他们的学习速度和需求，

不必让老师再重复他们第一次没有理解的信息了。学生再三提到"这是一种更好的学习方式"。

有时，你可能想让学生去选择要用的科技手段。你的学生之前可能已经有了丰富的运用科技的经验。到了高中，有的学生可能已经是熟练的程序员了。小学生可能已经是娴熟的摄影师了。相对而言，有的学生可能是科技新手，他们可能对网络搜索或更新社交网络更在行。因此，与其限制学生使用特定的技术，不如考虑让学生遵循自己的兴趣，只要他们能达到学习目标就行。

思考以下问题或许能帮你在项目开展过程中发挥科技的最大潜能：

- 科技有助于学生达到学习目标，还是会把他们带上歧途？例如，学生最终的研究结果要以演示文稿来呈现，那么在他们制作演示文稿时，是专注于重点内容的表达上，还是分心去做漂亮的装饰物？记住，要帮他们专注于学习目标。
- 科技是否有助于学生保持条理性呢？学生是否正在利用可用的工具来帮助他们进行调研呢？有助于他们进行团队合作吗？有助于他们追踪重要节点的任务吗？
- 学生是否能够通过技术来扩大视野？是否能联系校外专家或更广泛的群体？从电子邮件到在线合作工具，科技提供了众多让学生与更广泛的群体连接起来的方式。学生是否使用了恰当的工具来扩展他们的学习圈？你是否利用科技手段来让家长了解并参与学生的学习呢？你所在学校管理政策允许学生在校内使用个人电子设备吗？
- 学生是否可以公平地得到使用科技的机会？学生是否可以随时使用他们所需要的科技？例如，云平台可以让学生随时随地从任何一台联网的计算机（包括在公共图书馆）访问他们的文件。教师也一样，你可以及时回答课后出现的问题，或及时对学生的项目成果给予反馈。跟学生落实一下，以确保他们有足够的机会去使用科技工具。你可能会发现，如果学生在其他地方使用不了科技工具，那你就需要在项目关键的节点安排更多的时间，让学生能在学校使用科技工具。

如果科技手段能运用恰当，你会发现学生会受益匪浅，这样的情况可能是你在项目开始时没料到的。作为 iHistory 播客项目的延伸，这位澳大利亚教师通过网络联系到了美国密苏里州独立城的一名初中教师艾瑞克·朗霍斯特（Eric Langhorst）。他们两个班级相互交流了播客，学生互相进行批判性反馈。

结果，学生对如何与不同文化的听众交流有了新的见解。朗霍斯特把学生建设性的反馈传递给了澳大利亚的播客制作者们："我的学生很难理解其中的一些内容，因为那些澳大利亚学生语速太快了，语速一快就让人很难理解所说的内容。"此外，美国学生对他们的澳大利亚司伴提出了一些建议，比如背景音乐声太大会分散学生的注意力。这些真实的反馈受到了澳大利亚学生的欢迎。正如澳大利亚教师告诉他的美国教学同伴那样："那些制作播客的学生都同意你们的评论，尤其是当他们再次听自己制作的播客的时候。"

科技聚焦
播客

简单来说，播客就是在网上专播，并能够在移动设备或个人电脑上回放的音频程序。"视频播客 Vodcasts"是播客的视频版本。与在规定时间播放的"广播"不同，播客是由用户自行下载的，用户可以随时收听。通过新闻提醒、Rss 提要或订阅，还可以自动下载播客，医此可以定期更新内容。

播客在诸如 Apple iTunes 等站点上广受欢迎。你可以有效地利用它为学生提供新的表达形式。设想你的学生可以创建声音场景、街头采访、新闻节目、体育播报、广播剧或当地步行导览的播客。想一想，如果在一个项目中要决定用什么音乐最符合某个文学作品的主题，学生会如何应对呢？如果知道要录制与当地某位政治家的采访，或是要录制采访的对象是他们正在分析研读的某本书的作者，学生会投入多少精力呢？

在教育领域，播客和网络广播的优秀范例比比皆是，可以听一听"教师教导教师"（Teachers Teaching Teachers），这是纽约教育工作者保罗·艾利森（Paul Allison）和他的同事们所主持的每周网络广播节目。在 YouTube 视频上可以找到往期的节目。

可以了解一下纽约的教师是如何跟学生一起在项目中制作播客的，他们的项目名为"音频项目"，这是一个源于《纽约时报》的辅导课程。

在你和你的学生开始制作播客之前，先一起听听不同的播客。你们可以一起讨论哪些专栏播客节目好，哪些专栏播客节目不好，并为你们自己的播客制定标准。

建立学习者共同体，帮助学生排除故障

排除故障是高效项目管理者必备的技能。我们要帮助学生理解真实世界中的项目以及真实世界中的挑战，帮助他们从挫折中吸取教训，同时调整他们的策略，使项目重回正轨。

应对挑战是项目制学习的必要组成部分。事实上，学生往往会在项目"混乱的中间阶段"获得最大的学习收益。帮助学生去理解专业人员是如何在从设计、工程到艺术和写作的各个领域进行高质量的工作的，即通过制订草案、寻求反馈和改进来工作。例如，如今已退休的佐治亚州教育工作者安妮·戴维斯就是把博客引入小学课堂的先驱。在一个旨在提高学生写作能力的项目中，她把小学 4 年级和 5 年级的学生与另一个州的高中生进行了配对，让高中生成为小学生的导师。起初，学生似乎很开心有人会看自己写的东西。但是，当让他们把文章发布在网上时，她的学生却愣住了。

"教室里完全静止了。我看出有些不对劲。"戴维斯回忆说，"我说，把你们的屏幕都最小化，出什么事了？"通过询问，她发现学生都很惶恐。她回忆道："他们担心自己写得不够好，高中生不想看。"另外，高年级学生写的故事似乎都太长了。低年级学生不想参加比赛。戴维斯还记得她自己当时的反应："我的情绪瞬间高涨！我的学生希望能写出好东西。这是他们第一次真正在意自己的写作。"戴维斯与当时该项目的合作教师——另一个州的威尔·理查森进行交流，最终解决了这个难题。相应的，理查森和他的学生一同集思广益，探讨如何让这些小作家安心。高中生们通过网络为小学生消除焦虑，甚至还创建了一些微型课程，帮助小学生把写作项目分解成一块块的小任务，这样他们就不会那么胆怯了。这样的方式为项目的发展铺平了道路，从而能成功地往前推进。

戴维斯强调了讨论在项目制学习中的重要性。"课堂讨论必须是一个重要组成部分，"她解释说，"你不能只是告诉你的学生，'进实验室，然后开始写吧。'你必须建立学习者共同体，也必须在开展的过程中跟他们谈谈正在发生的事情。"

签署团队合同，管理团队冲突

团队合作能够成就或毁掉一个项目。在项目实施过程中，你要密切关注团队的动态。如果你发现问题，就要帮助学生学会管理自己的团队冲突。这是一项真实生活中的技能，将在未来多年都对他们有用。

许多隶属于新科技系统的学校把"团队合同"的理念结合在了团队合作中。在项目开始时，团队成员对自己的角色和职责达成一致，然后会签署一份合同，其中写明成员忽视这些职责的后果，比如被团队"解雇"。正如保罗·柯蒂斯所解释的那样，这份合同"改变了一切"。"现在，进行团队合作就有了来自团队成员的压力。团队成员的压力不会允许'懒虫'的存在，"他说，"这与传统课堂大不一样，因为传统课堂会宽容懒惰的人。他们会降低学习曲线和期望值。但是，当学生开始在团队中工作时，懒惰的人就会成为整个团队的真正麻烦。他们有压力了。"

把团队合作作为正式评估的重点，有助于学生重视这项智能时代的重要技能。例如，一些教师要求学生根据团队合作评分准则，来评价团队中的同伴。作为一个不太正式的评估形式，你或许可以让学生在项目日志中对团队合作进行复盘。在项目结束时，让学生思考一下将来如何选择队友也很有用。可以通过让学生描述自己为团队所提供的技能，来鼓励他们进行自我评估。

当项目把来自不同文化的学生联系起来时，你需要密切关注学生之间的互动。维基·戴维斯和朱莉·林赛（Julie Lindsay）这两位合著者建议通过"数字握手"的方式启动全球项目，以建立团体成员的关系。这些成员可能生活在不同的国家，说不同的语言，或拥有不同的文化习俗。数字握手可以是通过视频、电子邮件、Skype 电话或 VoiceThread 的交流，这些都可以让学生打破僵局，开启共同学习。

小试牛刀
分析课堂讨论

提问后等待答案所用的平均时长、课堂上提出的答案为"是"或"否"的问题，这些统计数字往往让教师感到惊讶。想要更多地了解自己的课堂行为，其中一个策略是把它录下来，然后分析。

可以请家长志愿者、学校的教学导师或者乐意帮忙的同事来帮你录制你想要分析的一堂课或者一个学习活动。这个记录为合作和分析提供了一个绝佳的机会。你可以邀请同事来帮助分析你的提问方式、学生间的讨论，或者你希望改进的其他任何方面。作为回报，你也可以帮助他们分析他们的视频。你可能想要进行不同类型的讨论（师生之间或学生之间的讨论）。思考一下，你该如何引导学生进行更深层次的讨论，是给学生更长的回应问题的时间，或是提出更多深入的跟进式问题，又或者给学生更多的与同伴进行讨论的时间。

如果想进一步利用你的课堂教学视频，可以考虑把它做成教学视频，供其他教师使用（当然，要确保取得了使用学生图片的权限）。同时，你可以添加介绍来解释自己的目的，然后上传到诸如 TeacherTube 等视频共享网站上。

第四部分

项目制学习复盘

REINVENTING
PROJECT-BASED
LEARNING

YOUR FIELD GUIDE TO
REAL-WORLD PROJECTS
IN THE DIGITAL AGE

随着项目接近尾声，你要开始留意拓展学习的机会了。第四部分展示了科技如何为学生创造新的甚至是全球性的联系。项目收官活动会使项目变得更有意义，因为在活动中你能引导学生进行综合理解，并复盘他们所学和所完成的事情。

　　学生可能已经完成了他们的项目任务，但你的学习还在继续。花点时间复盘一下你从这个项目中获得了什么，想办法与同事分享一下你对项目制学习的见解。充分利用你在项目制学习中所获得的经验，在下一个项目设计中把这些所有的见解和经验都结合进去。

第9章 | 建立联系，扩大
学习圈

本章将指引你：

- 以面对面或在线方式，利用专家的深入
  见解来达到特定的目的；

- 通过与世界其他地方的学习者交流，为
  学生拓宽视野创造机会；

- 通过家长、专家和社区成员参与项目最
  终的活动，让学生接触到真实的受众。

很多项目的目标是将学习经验扩展到课堂之外。利用数字工具，学生可以轻而易举地与不同的受众分享自己的成果并交流思想，包括家庭成员、同伴、当地社区成员，甚至是更广阔的世界。

对于某些项目来说，科技手段能帮助学生找到真实的受众，并产生真正的影响。知道其他人将会阅读、观看、聆听、评论，甚至可能采取行动时，学生将会备受鼓舞。这是一个强大的动力。

在美国马萨者塞州伊普斯威奇中学（Ipswich Middle School），有一个数学项目很快流传开了。凯西·西姆斯（Kathy Simms）老师设计了一个项目，以给学生提供一些在真实生活中使用分数和测量知识的体验。在这个项目中，学生需要计算用于制作批量的饼干面团混合配料所需的干料比例，并把混合配料进行罐装，同时设计一个市场促销活动来支持一项他们关心的事业。选择学生关心的事业不难：他们的一位同学患有一种罕见的神经系统疾病，这种疾病尚无治愈的方法。不过，研究人员正在研究基因疗法。由这个孩子的家庭发起的基金会设定了一个宏大的目标，要为研究筹集 100 万美元。但是，当 6 年级学生开始他们的项目时，这个目标才完成了一半。

项目的第一部分如西姆斯所希望的那样展开了。学生在这个过程中进行了大量讨论，奋起接受挑战，来解决这一涉及分数知识的开放式问题。当一位科学老师建议学生创建营养成分标签，并提供有关医学研究需求的信息时，这个项目就升级了。在项目继续向前推进的过程中，语文老师又以其他方式提供了帮助。

西姆斯并没有满足于此。有一位学生计算出，如果把所有的罐装饼干面团混合配料都卖出去的话，他们可以筹集 3,600 美元。"那简直就是杯水车薪！"西姆斯跟一位同事说，然后又补充道，"我们需要做得更大一点！"

为了让更多人知道，6 年级学生制作了一个关于筹款活动的视频，并开始通过社交媒体进行宣传。高中生们加入了进来，这个学区的其他人也使用 Facebook、Twitter 和照片墙等社交媒体帮助他们传播这个消息。西姆斯说："这才开始快速发展。"不久之后，全国新闻工作者开始着手拍摄西姆斯的课堂教学过程。项目启动一个月后，基金会完成了募集 100 万美元的捐款目标。对于学生来说，这是个难忘的成就，他们通过这个项目发现了数学和媒体的力量，把学习延展到了课堂之外。

智能时代的项目制学习除了将学生与真实受众联系起来，达到实际的影响之外，也为课堂以外的拓展提供了无穷的机遇。例如，在研究特定主题时，你的学生可能会决定向专家们咨询。你可能会设计项目，让学生与隔壁教室的同学或是半个地球外的同龄学习者沟通交流，促使他们在多元文化环境中更加娴熟地学习。有时，项目能创造出重要的成果，从而帮助社区解决问题或麻烦，这样一来你的学生也就变成了专家。

你可能有意将这些拓展和联系设计到项目中，但有时项目会朝着意想不到的方向发展。学生的学习经历将引领他们去往何处？现在你的项目正在顺利进行中，这一章会帮助你思考建立更多联系以及向新方向拓展的可能性和好处。

与专家建立联系的好策略

当项目设计中融入了探究式学习时，向专家咨询便成了学习体验的必然组成部分。

有时，教师会通过识别学习机会或是做一些介绍，将有求知欲的学生与热心的专家联系起来。一位 9 年级的生物老师听说特拉华大学（university of Delaware）的海洋科学家要进行一次深海探险，他认为这对学生有潜在的好处。这个项目欢迎世界各地的学生通过网络参与进来，跟海洋研究员一起探索深海通气口，并开展水下实验。他的学生甚至有机会在一次船岸会议电话中向研究员实时提问，而且世界各地的数千名学生都能听到这个会议。对学生来说，能向真正的科学家询问正在进行的探险，激励着他们投身到海洋学研究中去，从而为电话会议做好充分的准备。

将学生和专家联系起来可能会耗费一些精力，但是愿意指导学生进行探究的志愿者网络正在不断扩大。通过 Skype 上的客座嘉宾演讲程序 Skpye in the Classroom Guest Speaker，可以轻松地安排一次 Skype 视频会议，与会者包括公园护林员、诗人和海洋生态学家等全球专家。

不要忽视身边的教育工作同伴们，他们也是知识内容的专家。你可以通过在 Twitter 上用主题标签 #comments4kids 来招募本地和身在远方的教师，让他们对学生的博客做出回复。如果你的要求很具体，那很可能得到不错的效果。比如说，一位 6 年级老师发布了这样的反馈请求：

> 请你务必先看看这些 6 年级艺术课学生的模仿作品！太有创意、太搞笑、太有趣了！我们非常乐意看到你们的评论！

另一种与专家建立连接的好策略，就是去了解学生家长们的技能和专业领域（回顾第 4 章中你所做的课堂调查）。如果现在的家长（或前几年的家长）中没有人拥有你要寻找的专业技能，那他们也可能知道拥有该技能的人。使用班级网站或博客，把你在寻找什么样的专家的信息发布出去。

你要具体说明你对专家们的要求，期望他们投入的时间，以及你想让他们给学生带去何种反馈或建议。例如，在项目前期，专家们可以帮助学生了解背景知识，回答技术性的问题，或者从用户的角度来理解问题。在项目中期，专家们可以给予宝贵的意见，来改进解决方案或项目产品。在项目末期，专家们可以向学生提问，来了解他们学到了什么，获得了什么成就，从而使最终的评估更加真实。

继续扩展和更新你的潜在联系人列表，并使用数据库或其他工具，以便让自己更容易获取这些信息。不要忽略了周边的学院，还有那些专注于工程或设计等某些职业领域的学生俱乐部。以前的学生也可以成为相关的专家。你的学生会欣然接纳来自这些与他们有着共同爱好的同学的反馈。

塔米·帕克斯用她的 Twitter 社交网络，为先前提到过的"狂狮之傲"项目召集了世界各地的导师。该项目激励学生提出对学校进行改进的可行方案。她为每个学生团队匹配了一个熟知项目制学习的专家教育工作者。全球的导师为学生提供了额外的反馈、鼓励，以及来自他们的社区之外的各种构想。"学生对导师所说的话十分上心，"帕克斯补充道，"并且会以真实的方式运用科技与导师们联系。"学生也会向社区中的专家寻求帮助，比如乡镇委员会、当地的五金店等。对于很多学生而言，与学识渊博的大人探讨真实世界的问题是一件新鲜事。帕克斯回忆说，有一次，她看到一个男孩正仔细检查将要发送给当地一家企业主的邮件。"这是他第一次发送正式的信件。他非常在意自己的措辞和拼写，希望万无一失。"

教师要帮助学生做好与专家合作的准备。学生需要明白专家的时间有限，所以他们必须高效，所提的问题要能帮他们自己获得所需的特定信息。教师应该给学生时间来训练这项技能。例如，年幼的学生更渴望分享自己的故事，而不是提出严谨的问题。那么，帮助他们准备问题将引出所需要的信息。能够提出很好的后续问题是另一项值得开发的技能，这不仅需要仔细倾听，还需要批判性思维。如果大多数学生对访谈感到陌生，那就考虑开展一次练习课，你可以让老师或家长志愿者代替一下专家。你可以把访谈录下来并与学生一起回顾，来帮助他们提升访谈的技能。

此外，教师也要帮助学生充分利用科技手段来与专家建立关系。例如，如果学生将要通过视频会议进行互动，可以让他们在真实采访前练习使用该设备，并一起为会议设计日程，让会议可以顺利且高效地进行。同时，你可能也要替专家们准备一下，以便他们了解具体的要求，以及如何与学生更好地沟通。

当你邀请专家来帮助你的学生时，思考一下如何让双方都受益。凯西·卡西迪是加拿大的一名小学老师，她把自己 1 年级和 2 年级的学生与附近大学的师范生联系到了一起。通过博客上的评论功能，师范生给小学生提供了实时反馈。同时，师范生也提升了自己的教学实践能力。在几个月里，随着项目不断拓展，师范生也见证了年幼的学生短时间内在写作上所能取得的非凡进步。这样的经历打开了小学课堂的新话题。"一旦师范生开始评论和提问，我的学生就想要以最佳的方式去应答。"卡西迪解释道，"他们变得很兴奋，因为这些成年的师范生正在阅读并回应他们写的东西。这些孩子也明白自己在帮助这些师范生成为更好的老师。这种经历对所有人都有好处。"

利用在线合作，拓展学习空间

当学习圈不断扩大，不再局限在一间教室或一所学校内，而是包括了来自遥远国家或其他大洲的参与者时，会发生什么？让我们听一听两位老师的经历吧。

杰夫·惠普尔开展过好几个项目，通过交换视频、博客和其他形式的沟通方式，将来自加拿大新不伦瑞克的学生与远在其他地方的同龄人和成年人联系在了一起。惠普尔还在一线教学时发起了一个项目，他邀请了一位加拿大冒险作家加入到来自两个不同学校的两个班级中，并让学生通过博客来对这位作家的一本书进行讨论。"该项目的精妙之处在于作者是真实的，学生可以接触到他。"惠普尔解释道，"作家每周花 3 ～ 5 个小时回复学生的帖子，与他们进行了一些有趣的讨论。"在项目的最后一天，这位作者访问了其中一所学校，并大声朗读了书的最后一章。另一所学校坐落在相隔几个小时路程外的新不伦瑞克的一个小岛上，那里的学生通过视频会议加入其中，并提出自己的问题。

有了那次成功的经验，惠普尔在扩大学习圈方面思维更加开阔。当韩国一所国际学校的教师在他的博客上发表评论时，惠普尔抓住了机会，把相隔更远的学生连接在一起。两位教师开始探索如何用一个跨文化项目实现他们的教学目标。他们最终决定，让学生跨越距离和时区，共同创作插画作品——这是一个需要对目的和创造性进行深入交流的任务。为了给该项目增添更多乐趣，教师设想让更多学生加入进来，扮演审稿人的角色，一起来"评判"学生递交的作品。最后，来自世界各地的 40 所学校的学生都参与了进来，他们既是作者也是审稿人。

"学生开始理解他们有机会、有可能与生活在世界其他地方的人们一起合作。"惠普尔解释说，"唯一的阻碍是时间，而非空间。"在不久的将来，在他们参与到日益全球化的经济中去时，这种情况可能会成为他们工作的一部分。

如今，担任教学导师的惠普尔已经成了一名合作项目的积极倡导者，他为教师开发了一个项目入门工具包。那些把法语作为第二外语的学校渴望与新不伦瑞克的双语学生建立联系。惠普尔利用他广泛的国际网络来进行引荐，两个班级在他的帮助下建立起了联系。他们可能会使用 Skype、谷歌云盘或是维基来共同进行写作或共同制作视频。这个项目通常还包括研究公民学课程，同时还强调版权保护。"他们使用的图像必须是自己创作的，或是得到许可能再次使用的素材。这是一个教授保护知识产权并实现知识共享的机会。"惠普尔说道。

对于很多教师来说，第一个项目"是他们真正需要的，是可以让他们今后能自主开展项目的开端。"惠普尔补充道，"几个月后他们就会投身于自己设计的另一个合作项目中去了。"与学生一样，教师也能在帮助学生学习的过程中有所收获。惠普尔说："这一切都是为了让教师更上一层楼，让他们进入一个可以独立的阶段。"

莉萨·帕里希是纽约长岛登顿路小学（Denton Avenue Elementary School）5 年级教师，她与其他的教育工作者一直保持着联系。与远在其他地方的教师成为合作伙伴并紧密合作一两年后，帕里希有幸与他们会面，并把自己的课堂与专家们和来自不同国家的学生连接了起来。帕里希也为建立教师间的人际网络做出了贡献。她是 DENchat 的一位创始主持人。DENchat 是每周四晚举行的一个讨论活动，该活动把探索教育者系统（Discovery Educator Network）中的教师和其他教育工作者连接起来，共同探讨他们所关心的话题，比如语言在课堂中的作用。你可以在 Twitter 上用 #denchat 搜索加关注或加入讨论。

在帕里希的项目中，教师会组织维基上的学习活动，专家们会通过 Skype 视频会议来访问课堂，学生使用 CoverItLive 来展示科学文献记录，并且在谷歌文档中进行合作型写作。但是对于帕里希来说，项目的开展不是为了使用科技手段。不管使用什么样的工具来实现跨校合作，都能培养学生的能力，这种能力培养的方式是其他课程没法做到的。学生会逐渐意识到，他们的世界观是通过文化来塑造的。而与来自其他不同文化背景的人谈话，需要他们在各个方面都准备周全，保持谨慎，要了解用什么方式来听和说，用什么方式把所有的想法综合在一起，以及用什么方式来给出和接受反馈意见。他们必须做出承诺，并坚持下去。

教师也必须更加慎重和善于思考。帕里希描述了一个关于自然灾害的项目。这个项目是她和一位长期合作伙伴，来自伊利诺伊州的教师唐娜·罗曼（Donna Roman）共同提出的。她们对学生的能力做的一些假设是错误的，比如学生能马上开始团队合作。帕里希说："我们还以为我们可以立马开始，所以就没有花时间让学生互相熟悉。开局有点不利。"但她们克服了困难，并且就下一次用什么不同的方式开启项目进行了复盘。帕里希了解到，在教师单独工作时，并非一定要花时间进行复盘，但在团队合作中，这却是共同进行项目规划和教学的一个必然组成部分。

当罗曼和帕里希的学生开始互相关心时，自然灾害项目的合作才真正开始。正在这时，帕里希的学生所居住区域的长岛被飓风桑迪袭击，几周之后又遭到了有史以来最大的暴风雪袭击，学校也因此停课数周。"罗曼班上的学生真的很为我们担忧，实际上他们还为我们的学校进行了募捐。"帕里希说道。帕里希的学生关注着远方的朋友们，他们成了报道快速变化事件的记者。春末的时候，两边的课堂又开始合作，这一次是共享故事写作的项目。一个又一个小组通过 Skype 和谷歌文档与另一边的合作团队进行会面，而帕里希就坐在一边观察。"罗曼和我彻底被折服了。"帕里希说道，"我简直不敢柜信，他们把我们之前教授的所有关于团队合作的技能统统用上了。我很开心我们又做了第二个项目，因为若没有第二个项目的经历，我就无法了解他们究竟成长了多少。"

科技聚焦
在线合作

本书中描述的许多项目都利用了在线合作，作为拓展学习体验的预定战略。仔细研究一下这些促进你在课堂上和跨距离进行合作的工具，思考一下你要如何使用它们，来对你的项目进行拓展或者延伸。若考虑哪些工具对你的项目有用处的话，可以先想想之前分享过的例子。杰夫·惠普尔的项目利用了视频交换、博客、Skpye 视频会议、谷歌文档、共享影像和维基，当然还有其他的方式。莉萨·帕里希的项目用上了 Skpye 语音聊天、数字视频、谷歌文档、维基、VoiceThread、博客等。

为了帮助你思考各种工具如何能实现合作的目标，可以回顾一下第 3 章，并研究一下附录 A，以获得更详细的建议。

解决实际问题

在有的项目中，学生会通过研究来解决实际问题。他们利用沟通技巧来分享研究结果或发出倡议。这些真实的体验与服务式学习有很多共同的目标，比如学生在满足学术目标的同时，也对更广泛的群体做出了贡献。这样的项目经历通常始于学生的个人兴趣或关注点，这能使项目经历与学生的生活息息相关。来自巴西圣保罗贫民区的一所城市学校的教师共同合作开展了一个项目，使学生一跃成为社区的领袖。项目始于对社区实际存在的问题开展的跨学科研究。学生发现，校园边上的锡波阿巴河（Cipoaba Stream）里到处都是垃圾，流浪汉有时也会在河边露营。那条河的河水曾经是非常清澈的。他们设想，如果那条被污染的小河能重回以前的状况，那会是什么样子呢？于是，这些学生制作了多媒体演示文稿，来分享他们的研究，并把解决问题的策略传达给市政厅和当地的环卫专家。他们努力地宣传，鼓励其他人也加入净化运动中。教师、其他学校的雇员、老年公民团体和当地非营利组织，纷纷加入进来，目的是为了创建城市花园，并展示环境管理工作的成效。

在塞浦路斯的科洛西小学（Kolossi Primary School），马丽亚·洛伊索·芮欧娜（Maria Loizou Raouna）老师的学生也开始劝说社区居民养成垃圾回收的习惯。他们的研究项目原本计划只做几个星期，但是当学生成为变革促进者后，项目便延长到了几个月的时间。首先，8～9岁的孩子们运用科技工具，对他们所在社区口的垃圾处理情况进行了数据收集和分析。研究结果让他们确信，地方政府需要采取一些改进措施，来切实推行垃圾回收。学生的游说促使政府官员推出了新的蓝色垃圾回收桶。学生并不满足于此，他们继续与阿拉斯加州、科罗拉多州和哥伦比亚特区的小伙伴们一起合作，来对垃圾回收习惯进行比较，并希望在国际范围内改进人们的垃圾回收习惯。他们还与大名鼎鼎的库斯托潜水员会面，从而了解了年轻人能如何帮助减轻地中海的污染。

在项目结束时，学生有机会分享研究成果或者为某项事业辩护，这与更为传统的"做汇报"方式形成了鲜明的对比。后者看起来就像是无休止的千篇一律的演讲。在这些更为真实的项目中，学生接触到的受众可以从学生的成果中受益。同时，学生也可以自行决定用最合适的方式来分享他们的研究结果。

重点关注
地方本位教育

科顿伍德公民与科学学校（Cottonwood School of Civics and Science）是位于俄勒冈州波特兰市的一所 K-8 公立特许学校。那里的学生常常会走出教室，进入社区学习。他们对城市的树木做过详细调查，帮助市政官员解决过宠物的粪便问题，也对社区成员进行过移民权利的培训。学校强调地方本位教育（place-based education）。同样简称为 PBL 的地方本位教育，注重地方性，并强调学生的参与性。

萨拉·安德森（Sarah Anderson）是科顿伍德的实地调查和地方本位教育的协调员，也是《让学校走向生活：贯穿课程的地方本位教育》（*Bringing School to Life: Place-Based Education Across the Curriculum*）一书的作者。她的职责包括协助教师进行项目设计和与社区合作伙伴建立联系。

安德森提出了可供借鉴的几点重要教学策略：

1. **强调实地调查，而非实地考察旅行。** 实地考察旅行常常给人在项目单元结束后进行消遣的感觉，而实地调查的重点则是一种探究体验。这是一种学生通过访谈、问卷调查、观察和数据收集来回答自己的研究性问题的方式。如果你将调查的重点放在离学校不远的、步行可达的范围内，那么你的实地调查可能都不会涉及交通费用。

2. **建立关系。** 与社区组织和政府机构建立伙伴关系需要时间，但是从长远来看是值得的，可以从小事做起，慢慢培养信任并建立关系。一个成功的项目经历很可能会带来更多的机会。你可以考虑在教职员工中专门选一位协调员从事社区外联服务。安德森从事的一部分工作就是外联。其他学校也建立了项目制学习顾问委员会，或招募社区关系专员，或者家长志愿者进行项目的外联工作。

3. **利用地图的力量。** 科顿伍德的学生从幼儿园升到 8 年级时，就已经是很熟练的制图员了。地方本位的学习项目往往涉及用制作地图的方式，来分析问题和制定解决方案。学生绘制地图的技能被逐渐培养起来，达到与他们年龄相符的发展水平。在小学低年级阶段，学生可以制作相对较小区域的三维模型，比如学校的操场。到了小学高年级阶段，学生可以着眼于具体的特征，比如交通便利性，来绘制当地的公园和地区的地图了。进入初中阶段，学生就可以通过绘制地图来分析社会问题，比如经济适用房、饥荒这样的话题，并对数据进行可视化展示。

4. 设计一些限制是可以的。地方本位的学习项目通常是由教师根据一个具体的需求，跟社区合作伙伴共同来设计的。项目中会设置一些适当的限制和具体的学术标准，这些是教师想要强调或解决的部分。但项目仍然会给学生留出自由选择的空间。虽然教师设计了项目，但是学生要解决下面这些问题：我们想要调查研究哪些问题？我们要制造什么样的项目产品或提供什么样的解决方案？我在项目中可以起到什么样的作用？

更多以社区为重点的学生项目示例，可参见重点关注"EAST：以科技为动力的服务性项目"。

科技聚焦
用于培养地理素养的工具

为什么事物总是处于它们所在的地点？随着时间的推移，这些地方发生了怎样的变化？如何利用地图对未来做出更好的决策？

这些是地理学家在分析信息时会提出的问题，而这些信息与人、地点、复杂系统和随时间发生的变化相关联。通过学习使用地理学家所用的整套工具，学生将能够更好地利用数据分析问题，检测空间格局并使用证据来支撑他们的论点。通过实践，他们会养成美国国家地理学会所定义的"地理素养"，即有能力对地球系统和事物间的相互联系进行推理，以做出深远决策。

当学生研究问题和分析信息时，地图可能是项目研究阶段的重要资源。（例如冲突会导致政治边界发生何种改变？古迹如何帮助我们理解历史？或者跟当地更相关的问题，我们社区里哪些地方是自行车事故多发区域？）地图也可以是学生制作的最终项目成果，用来代表他们提出的解决方案，例如，一张为了提高社区的安全性、显示建议的自行车道地图，或者为历史遗迹规划的步行指南。

学生制作的地图包括用积木或回收材料制作的三维模型，具有艺术气息的手绘版地图，以及包含多层数据集的计算机生成地图。以下是可以用来帮助你的学生培养地理素养的一些工具：

- **地理信息系统软件（GIS Software）：** ArcGIS 在线，是一个基于云技术并具有协作性功能的地理信息系统，它允许用户使用、创建和共享地图以及应用程序。美国环境系统研究公司（Esri）的 ArcGIS for Schools 软件捆绑包，可以免费供美国 K-12 基础教育学校和学区进行教学使用。要与 ArcGIS 用户社区建立联系请访问 GeoNet。

- **故事地图（Storymaps）：** 故事地图将地理地图与叙述性文本、图像和多媒体内容结合在一起。故事地图强调的是纪实性研究，如蝴蝶迁徙的地图，或给小说作品中的关键地点进行注释。

- **谷歌文学之旅：** 谷歌文学之旅由资深文学教师杰罗姆·伯格推出，它可以在谷歌地球上标记文学名著中的人物所走过的行程。在行程沿线的地标上，会带有包含实时资源的窗口弹出，这些资源包括相关媒体、可用于讨论的启发性引子，以及补充信息的链接，这都是文学作品在真实世界中的参考信息。

- **谷歌地图（Google Maps）：** 学生可以使用谷歌地图中"我的地图"功能，创建自己的注释地图并在线发布。

重点关注
EAST：以科技为动力的服务性项目

自 1996 年以来，参加 EAST 项目的学生一直在展示将科技手段用于实际目的所带来的诸多好处，他们在自己的社区内解决问题并加以改善。他们的服务性项目结合了复杂的地理空间技术、三维立体打印机、编程、虚拟现实和其他在专业场所常见的工具，但这些工具通常在小镇或乡村学校不太能找到。EAST 计划 [①] 的总部位于阿肯色州的小石城，是一个非营利性组织，与学校一起共同开发和维护当地 EAST 课程。

EAST 的学生一边学习掌握这些工具和应用程序，一边解决他们感兴趣的社区问

[①] 即 The EAST (Education Accelerated by Service and Technology) Initiative，一个主要在美国运作的学校项目。——编者注

题，比如记录被遗忘的当地历史或展望社区经济发展的机遇。

一个由 8 年级学生组成的团队因为用三维立体打印机为受伤的鸭子设计了一只带脚蹼的假肢，登上了国内外的新闻头条。另外一个学生用计算机辅助设计（CAD）来想象如何在暴雨期间防止溪水泛滥。他的设计包含了一系列在大暴雨期间就会打开的封闭式水池。市政官员们对他的设计印象深刻，甚至申请了联邦政府的拨款来推动落实。在另一个社区，学生创建了他们学校的虚拟现实模型，急救人员和当地学校领导利用它来进行紧急情况培训。这些令人赞叹的项目，每年都在不断增加。

与此同时，EAST 的教师们，也就是 EAST 术语中的"协导员"（facilitator），接受了广泛的专业培训，学习如何通过真实的、有科技融入的项目来指导学生，而不是注入式的教学方法。EAST 为教师提供的各种工作坊，旨在让教师有时间去体验他们可能不熟悉的技术，同时也给他们树立信心，去协助和引导学生开展以学生为中心的项目。

有充分的证据表明，EAST 正发挥着巨大的作用，并得到了政府和业界的认可，EAST 在地理和战略上都得到了拓展。美国现在已有 4 个州的 250 多所学校成了 EAST 的一部分，也就是说在 K-12 基础教育阶段，已有大约 25,000 名学生参与其中。EAST 的首席执行官马特·多泽（Matt Dozier）表示，参与 EAST 课程的这些年轻人具备应对当今的挑战和开创明日企业的技术和能力。

EAST 尽管在不断地发展壮大，但始终坚持创立宗旨。从一开始，EAST 就一直提倡以科技为动力的项目制学习，着眼于真实的本地需求，提高学生的参与度。"这不会改变，"多泽说，"我们认为这是具有变革性的，对学生、教师、家长、和社区成员都是如此。"

历史简介

1996 年，EAST 创建于阿肯色州的农村地区。蒂姆·斯蒂芬森（Tim Stephensor）在执法部门工作多年后开始教书，他在格林布赖尔高中（Greenbrier High Schoo）建立了第一个 EAST 班级。"他找到了你所期望的学生——'那些孩子'没有人会对他们寄予厚望。"多泽讲述说。斯蒂芬森引入了新奇却也是常识性的方法来吸引那些在传统学习环境中失败的学习者。他从建造一座穿过排水沟的简易木桥开始（沾满泥巴的脚会让学校管理员不高兴），然后是一个温室和一个学生可以用来养鲶鱼的池塘。不久之后，斯蒂芬森便开始引入以前从未在阿肯色州的高中教育中用到的地理空间技术。他们的第一个 GPS 装置太大了，要两个学生才能拿得动。学生不仅展示了他们可以使用这些技术，而且还可以利用这些技术来改善他们社区的生活。"'那些孩子'第一次觉得去学校学习是让人兴奋的事情，"多泽说，"他们开始做一些很有意思的事情，也开始引起人们的注意。"

当关注日益增多后，一个新问题就产生了：这个项目是一位天赋异禀的教师的成果，还是一种可以被复制的模式？

可复制模式

最初，斯蒂芬森会培训教师，让一些教师来到他身边学习，然后把 EAST 的理念带回到他们的学校去。不久之后，这个模式变得更加正式化了。"我们意识到，我们必须为教师提供有效的培训和支持。他们需要理解 EAST 的教学基础，并且能应用到自己独特的情境和教学风格中去。我们的目的不是培养出更多像斯蒂芬森那样的教师，而是培养更多为成功做好准备的协导员，无论他们的背景如何。"多泽说。多泽以前是一名英语教师，他是为传播 EAST 模式而最早被招募的 6 名培训师之一。在 2001 年，EAST 变成了一个非营利性组织。如今，该机构与公立和私立学校合作，以实现它的使命。

EAST 模式建立在 4 个核心理念之上，所有这些理念都是原始设计的一部分：

1. 以学生为中心的学习：学生需要为自己的学习负责。
2. 真实的项目制学习：学生应该参与解决社区中的真实问题。
3. 以科技为工具：学生需要使用专业人员所使用的相关科技手段来解决真实的问题。
4. 协同合作：当学生通过团队合作开展真实的项目时，他们获得的成就会比任何单独去做的人所获得的成就要多；合作不限于学生团队之间，要拓展到和社区合作伙伴之间的合作，以及和项目所服务的客户之间的合作。

另一个关键是对教师的培训和支持。当教育工作者加入 EAST 时，他们都将获得一个新头衔：协导员。当他们开始在富含科技手段的 EAST 环境中与学生共同开展学习时，他们的课堂角色发生了巨大的变化。跨学科学习、团队合作、真实的项目、以学生为中心的学习、融入科技，对于很多教育工作者来说，这些都不是什么新概念，但是把这些切实地整合到课堂上却不是他们所熟悉的。他们引导学生全面地学习 ESAT 课程，该课程有的被用作学校教学日的标准部分，有的则是被用作校外活动课程。

除了大力支持敬业的 EAST 协导员们以外，机构还提供了一个专业发展模块化的方式，称之为"释放的教育"（Education Unleashed）。所有学科领域和年级段的教师都可以参加 EAST 组办的地区性工作坊，时间为半天或一天。多泽说："工作坊有一半内容跟教学法相关，比如如何管理项目、如何与社区进行合作、如何教授软技能等，另一半跟技术相关。我们给教师时间去摸索和体验科技工具，并且消除这其中的障碍和恐惧。我们可以用 EAST 的方法论，给任何地方、任何学科领域和任何年级段的教师提供宣传、培训和体验等支持。释放的教育意味着你不需要成为 EAST 的协导员，就可以得到强有力的训练。"

为了对学生的兴趣和项目给予支持，EAST 除了开设具体应用工具的在线课程之外，还针对一些特定的科技手段或技能，为学生提供了由专业人员主导的技术培训课程。

年度大会是每个学年最精彩的部分，学生会在年度大会上展示他们的项目。教育工作者和家长们也有机会亲自见证令人信服的 EAST 教学成果。多年以来，学生使用了 GIS、GPS、CAD 和其他应用来绘制国家公园的步行道地图，或定位湖床上的水下危险区。他们组织精选了本地的历史，在某些情况下，还带领了他们的社区展望新的未来。有一个团队正在进行一项规划，他们想把一个废弃的空军基地重新打造成一个综合开发区。

产生共鸣的故事

EAST 的故事正在阿肯色州以外的地方流传开来。EAST 项目在 2016 年被硅谷教育基金会授予 STEM 创新奖，被小企业管理局认定为青年创业冠军，并在 2018 年获得了阿肯色州年度最佳非营利性机构的称号。在 2016—2017 学年，仅在阿肯色州的 EAST 项目就吸引了希望与学生合作的家长们进行了多达 90,000 个小时的志愿者工作。与此同时，EAST 的学生也贡献了 225 万个小时的志愿者时间。多泽说："这产生了 5,400 万美元的经济影响，并表明学校可以成为社区的纽带。"

消息传开了。多泽补充说："EAST 是创新，也是一种经济机会。学校的合作伙伴们想要从学校获取什么呢？他们想要的是他们的学生，那些具有创新力、有创业者精神、有适应能力，并且能帮助企业和社区发展的学生。"

吸引社区参与，接触真实的受众

之前提到过的《高质量项目制学习框架》，强调了对学生项目成果进行公开分享的重要性。这样做的原因有很多。如果知道自己的学习成果会被公开展示、讨论和评论的话，学生就会为此付出最大的努力。公开展示为学生提供了锻炼和提高沟通技能的机会，还可以帮他们吸引到支持者。当学生以与专家们同样的方式来分享或发布他们的学习成果时，高质量项目制学习的又一指标，即真实性也会得以提升。公众活动也有助于家长和其他社区成员了解项目制学习的好处。

把所学公布于众是项目制学习的共同特征，但这并不意味着所有的展示都要一样。有些收官活动的形式是让学生在坐满观众的礼堂做报告，有些则可以有其他不同的形式，比如画展开幕式、科学展览或者对决策者做的听证会。除了现场的活动之外，也可以通过线上发布内容或线上播放学生做报告的视频这些形式来结束项目。

策划有效的收官活动的一种策略是，思考一下专家们是如何让大家知道他们的工作成果的。例如，如果你的学生在扮演诸如工程师、艺术家、企业家或者电影制作人的角色，就从那些专业人员那里找找线索，再来策划你的收官活动。最具真实性的活动，是像"创业赢家"那样向投资人推销学生的商业构想，还是以学生为主角办一场作家茶享会，抑或是为学生制作的电影而举办的首映式呢？

与此同时，思考一下学生是否已经准备好跟受众进行互动。如果他们刚接触项目制学习，你可以先从展览做起，因为展览的形式允许进行一对一的交流，而不是对着一大群人做正式的报告。无论活动规模的大小如何，都要确保在项目日历上留有操练的时间，这样学生才能为展示做好准备。

不要忽视了受众，你需要让他们为收官活动做好准备。想想最能有助于学生的反馈类型是什么，然后让受众做相应的准备。你可以给受众提供一些示范问题，或者根据项目评分准则给他们一个评分指南。如果项目早期有专家的参与，那可以邀请他们来体验或评论学生最后的学习成果。

当来自苏黎世国际学校 1 年级的学生准备展示他们的快闪博物馆时，老师们先带观众们做了一些预备工作，才打开门让他们进去参观这个临时展览。"我们把所有的成年人都集中起来"，迈克尔·米尔恩老师回忆道，"然后对他们说，如何做才能让这一天成为孩子们美好的一天。"成人参观者包括家长、教师、学校行政人员和其他对孩子们创造的东西感兴趣的人。"我们鼓励他们，如果发现有孩子看上去很孤单，或者父母不能参加的，就在他们身边停下来，问一些问题。"入场过程很短，米尔恩说，"但是作为观众，大家都知道该怎么做了。"

之前提到的谢尔曼小学，在设计项目最后的展示时，总会寻求社区合作伙伴的帮助。例如，5 年级有一个关注萨利希海生态系统健康的项目，最后就以在海港博物馆开展的一场公共教育活动而告终。在学年的其他时间里，学习还会举办项目制学习之夜，随着活动的开展，也给家长和其他社区成员们打开了了解项目制学习的一扇窗。学校的教职员工会用 Twitter 和其他社交媒体宣传，让这些活动引人注意，并且讲述在项目制学习中发生的故事。

让学生来主导

当教师对项目制学习越来越得心应手时，他们会发现，学生从形成他们所在意的项目构思开始，就有能力来主导自己的项目。学生发起的项目会在不同的情景下展开，包括在一些强调个性化学习的学校里，有些学校甚至会在常规课程安排中拨出时间来进行"天才一小时项目"（也叫"20% 时间项目"），或者进行对学生来说充满激情的项目。

小学教师埃莉斯·米勒通过一位患有诵读困难症的学生，确认了学生具有主导自己学习路径的潜能。米勒经常阅读教育博客，有一天碰巧读到杰夫·乌特希特（Jeff Utecht）写的一篇博文。乌特希特当时是一名国际学校的教师，同时也是一个名为思维棒（Thinking Stick）博客的作者。米勒回忆起之后发生的事情时说："他写的是自己讨厌写作，但是爱写博客。我就把这篇博文转给了我的学生莎拉。莎拉说，'他跟我有一样的感受！'"莎拉特别强调："因为有学习障碍，所以阅读和写作对我来说就像一块氪星石。"

米勒鼓励莎拉给杰夫·乌特希特的博客写个评论，之后，一场国际性的对话便就此展开了。米勒继续说："他们你来我往地分享着克服诵读困难症的策略。杰夫·乌特希特对诵读困难症的了解远远超过我。就这样，他和莎拉以一种有意义的方式联系在了一起。忽然间，整个世界都打开了合作之门。合作不一定要在一个学校或者一个社区内进行，从上海一直到贝灵汉都有可能发生。"

故事并没有就此结束。"莎拉决定要为和她一样患有诵读困难症的孩子们创造资源。她想要把自己的学习策略都分享给他们。"米勒说，"这就是莎拉在为她的项目所做的事。莎拉就这一话题创建了维基，那是她的写作项目，也是她的学习路径，她正在解决自己生命中存在的一个问题。作为教师，我不必非是那个为全班所有学生设计一个超级项目的人。我可以问问学生：你对什么充满热情？我也不必对每一个项目都进行微观管理。他们可以自己开展学习，而我则可以给他们提供支持。"

那些鼓励在项目设计方面给学生更多话语权的教师，正在一起学习如何最大限度地利用这些学习体验。比如，用 #geniushour 的标签，把对"天才一小时"这一话题感兴趣的教师联系在了一起，在 Twitter 上开展定期的讨论。

三位在全球范围内互相连接的教育工作者斯科特·霍夫曼（Scot Hoffman）、迈克·杰克逊（Mike Jackson）和萨米·史密斯（Sammi Smith）组成了一个团队，共同为另一个以学生为中心的项目构思创建资源。好奇心项目（The Curiosity Project）最初是为了让小学生可以在家进行深入探究式学习，后来该项目拓展到了各个年级段。于是，启动了这个项目的教师们用谷歌文档共享了他们的教学策略、教学模板和关于好奇心的各种视频材料。

延长项目受益期

如果你觉得项目是有"寿命"的话，你会假定一旦学习团队完成了他们的项目任务，项目就自然结束了。但有时项目会螺旋式地向一些我们未曾预期的方向发展，并且一直延续到未来，从而继续创造出效益。

蒙大拿州文化遗产项目始于 1995 年，得到了丽资·克莱本－阿特·奥滕伯格基金会（Liz Claiborne Art Ortenberg Foundation）的慈善资助。当资助金用完时，教师认为当地的历史项目太重要了，不能让它消失，于是决定让项目持续下去。通过该项目，学生"加入到了不断开发和保护人类知识的进程中"。如项目网站上写的那样，学生学着"像侦探、记者、民俗学家和历史学家那样思考"。多年以来，学生收集了用音频和视频记录的口述历史，分析了过去具有史学价值的物料来更好地理解当前的实事。在网络期刊上发表了文章，还贡献了其他的一手学术研究成果，这些研究成果有助于他们用来讲述自己社区的故事。学生的作品都被保存在蒙大拿州历史协会的档案室和当地的博物馆中，甚至是美国国会图书馆中，便于未来的历史学家们可以在此基础上继续开展工作。

如果项目有更长的生命期，他们也会给学校自身的文化带来贡献。爱达荷州的一名教师认为，学生知道他们在学校学的东西有用，因为他们经常提供关于天气和水质的数据，而这些数据会被科学家们所使用。学生项目留下的痕迹是可见的，也是可获得的，不只是在室内，还可以在网络上，从而让更广泛的团体可以从学生的学术研究中受益。

小试牛刀
下一步往哪儿走

对于学生而言，他们的学习成果能被真正的受众了解或采纳，是很有激励意义的，能高度地调动他们的积极性。这需要缜密的计划，以确保当学生准备好传达他们的研究成果时，合适的人已经到场就位了。

在项目收官活动或最终展示之前，就要问问自己，我们需要从受众那里得到什么？例如：

- 学生会从技术人员给他们的反馈中受益吗？也许学生要为一款科技工具做推销会，又或许是要分享社区新措施的提案。把学生要做的跟那些可以提出真实反馈的专家们相匹配。
- 学生是要号召大家采取行动吗？比如，项目设计是要唤醒选民意识，那么就要保证听众是已经到选举年龄的成年人，包括第一次参加投票的选民。

如果文化庆祝活动是结束一个项目比较合宜的方式，那么在计划嘉宾名单时，就要包括一些受尊重的团体。

在这个阶段需要考虑的另外一个问题是，这个项目"真实世界版本"的受众会是谁？如果这个项目发生在校外，那么谁会来参加？相应地计划一下你要邀请的人。比如，如果学生要对他们制作的纪录片进行首映，那就可以在当地的剧场策划一个放映会，还可以举行一个带有走红毯的仪式。如果学生在项目中担当的是历史学家的角色，那么可以考虑办一个博物馆风格的展览。越真实越好！

第10章 **复盘，为学习庆祝**

本章将指引你：

- 在项目开展的过程中就要鼓励学生进行复盘，而不要等到项目结束的时候；

- 树立项目制学习的传统，使更大范围的社区参与其中；

- 通过线上和线下的方式展示并分享学生的成果，从而讲述学生从项目制学习中掌握了什么知识和技能。

提前想想你会用什么方式来结束项目。项目最后的环节是对整个项目制学习的庆祝，可以让学生回忆一下这段学习旅程的所到之处和所学所获之物。我们要将项目最后的环节设计成一个对学生来说有意义的体验，并花些时间复盘、庆祝和展望未来。

准备复盘问题

学校的节奏是很快的。上一个课程体验还未完全结束　后面的就会接踵而至。花时间复盘可以使得学生有成就感，更重要的是，复盘可以使学习变得更有意义。

在建构主义理论中，复盘被认为是学习过程中十分关键的要素。当学生建构他们自己的意义时，他们会同时从多个方面去审视，因为他们准备从这段学习经历过渡到下一个学习挑战。在整个项目制学习的过程中和项目结束时，给学生留出时间进行有意识的复盘，有助于学生发现他们可能本来没有想到的东西：他们学到了什么，他们对学习感兴趣的点是什么，他们作为学习者的成长，以及他们想要在未来的项目中学到什么和如何学。一些反映项目情况的成品，如科学笔记本、视觉笔记和故事板以及项目博客，可以在项目开展的过程中留下各种复盘的内容，也可以在项目结束时给学生提供丰富的信息资源库用以复盘。

在选择学习目标的时候，你会问自己：这些目标最终会带来哪些成效？学生为什么要在意这些目标？你更关注的是项目还是能否成功的因素？在项目的尾声，你就要给学生提供机会去复盘他们学到了什么，以及项目对他们每个人而言具有何种意义。你可以问问学生："为什么这个项目对你来说很重要？"答案不一定要非常深刻。如果这段丰富的学习经历让学生更好地掌握了一些基本知识，那也是一个很好的结果。如果这段经历改变了他们的生活，那就再好不过了。

问问学生，哪些具体的学习行为会对项目产生影响。让他们复盘自己的技能水平。如果写作是项目的核心，就问问他们在写作方面发生了哪些转变。学生的项目技能也可能取得进步，所以你也可以问问他们，他们协同合作的水平是如何改进的，他们是如何更好地给予和接受批判性反馈的，以及他们是如何一直用高标准来要求自己和团队的。在项目进行期间，他们运用科技的水平是否得到了提高？他们是如何对科技手段的学习进行应用的，以及他们还想了解哪些与科技相关的内容。

项目的最终环节也是对学习素养进行思考的阶段。在项目制学习中，学生会遇到各种挑战、挫折和快乐的事。要给学生提供机会，让他们思考克服障碍或在工作艰难时坚持下去的方法。鼓励他们思考在推动项目向前发展的过程中，自己的创造力和毅力是如何发挥作用的。提醒他们要牢记，当情绪低落时，是幽默和同情心让他们渡过难关的。问问学生：作为一个学习者，你期待自己的角色怎样转变？你是怎么变得更加执着或宽容的？你是否更有自信去冒险或尝试新事物了？

最后，要帮助学生认识到，学习的过程是可以让人感到无比快乐和满足的。帮助他们回忆那些积极正面的经历，会让他们充满自信，并让他们对未来有更多的期待。问他们那些特别有趣和令人满意的部分：顿悟的时刻、学到的奇奇怪怪的小知识、出乎意料地和某人建立的联系、认识到他们非常善于某事或能够理解复杂的事物。你可以问问学生："这个项目最令你满意的是什么？哪些部分与你的学习风格十分契合？关于这个项目，你会永远记得什么？"

前面的这几段，提出了许多为了促使学生对项目经历进行复盘而问的问题。如果你要求学生必须回答所有问题，那么学生在项目结束时可能会厌恶这个项目！建议你关注最重要的几点就行，尤其是那些可以促进学习且让学生将自己视为终身学习者的问题。

在项目实施过程中，你可以思考如何让复盘活动多样化，以吸引学生的兴趣。除了书面复盘的形式之外，你还可以通过视频采访的方式来了解学生掌握的情况。或者让学生互相采访，这会让他们有机会成为优秀的听众和提问者，知道如何引出有意义的回复。

问问学生想要做什么

成功的项目是下一轮学习的跳板。当学生逐渐成为更加熟练的项目实施者时，你便可以让他们在后续项目中掌握越来越多的决策权。你的项目打开了学生的视野，可以让他们复盘并做详尽的阐述。你可以问他们："你对下一步有什么憧憬？你现在想学什么，怎么学？"

埃莉斯·米勒是一位来自华盛顿贝灵汉的教师，我们之前介绍过她。她观察到一群 5 年级的男生出于兴趣运用技能来解决现实生活中的问题：他们写了一份申请补助金的提案。这些对多媒体热情满满的男孩子们，希望学校的技术设备能够得到升级，因为他们对学校可用的技术设备不够满意。米勒说："在我上网的时候有个男生偶然经过我身旁，当时我正在看一个补助金申请。他听到我说'哇！'就走了过来，看着我的电脑屏幕说，'这看起来很酷。你打算申请吗？'我告诉他我不确定是否有时间进行申请。于是他问，'可以让我们来做吗？'我说，'当然可以！你们组成一个小组一起做吧。'"

这个小组使用维基来组织申请拨款提案的项目。他们浏览了 ISTE 学生标准和其他一些资源，并且设计了一个拍摄科学和数学视频的提案，视频的用途是帮助低年龄段的学生更好地理解数字和科学概念。米勒描述了学生在这个过程中学到的所有的东西，她说："他们的任务涉及阅读、写作和分析。他们建立了一个电子表单来跟踪设备成本。他们甚至计算了要购买这些设备需要支付多少的销售税。"此外，他们还必须练习说服性写作来表达自己的观点。米勒欣赏学生能抓住挑战的机会，并以对他们个人而言有意义的方式去运用她所教授的知识。她总结道："这么好的项目，靠我自己是想不出来的。"

当然，该项目还结合了真实性评估。学生的提案要和全州的教育工作者们提交的申请做比较，并且必须在学区、区域和州一级都获得批准。年轻的补助金申请者们取得了成功：他们为学校带来了近 10,000 美元的设备，并为"学习探险"创造了条件。"学习探险"如今是低年龄段的学生热切想要开展的项目。他们有各种各样的想法，从以制作"数学人"为特色的黏土动画，到拍摄挑战常见科学错误观念的视频。他们的提案还包括了为名为"梦想与分享"的会议提供资金，让教师有机会向其他教育工作者学习。

请一定要问问你的学生想要做什么，他们的回答也许会产生一个超出你想象的更雄心勃勃的项目。

做项目制学习的表率

许多学校的特色与他们的传统息息相关。你的学校有什么众所周知的特色吗？有些学校在体育方面很强。从季前赛到竞争日益激烈的季后赛，整个学校和社区都会围绕着这支队伍。在其他社区中，有的学校以交响乐团出名。还有些学校把学生送去参加科学竞赛，他们的学生在竞赛中年年获奖。这些学校的共同点是遵循传统、追求卓越。

思考一下，你的班级和学校该如何成为项目制学习的表率，并建立其传统。一个方法是，树立意识。当家庭、社区和一年年升入更高年级的学生弄清楚你想要干什么的时候，你就打好了基础。

年龄较小的学生将为未来项目制学习的课堂做好准备。某位离开项目制学习课堂多年的教师有一次遇到一个年轻女孩，这个女孩的几个哥哥曾经是她班上的学生。这个年轻女孩说："你离开的时候我感到非常失望！我知道哥哥们都在你的课上做了鲑鱼项目，我还参加了课堂庆祝活动……从幼儿园开始，我便迫不及待地想要等着进入你的班级，做这个项目！"想象一下，一群低年龄段的学生蓄势待发，期待有一天能成为你的班级或学校传统的一部分。

一旦社区成员开始注意到并重视学生所取得的成绩，他们就会给予你无量的支持。一段时间以后，他们会期待能参与其中。那么，就邀请他们加入吧。让你的社区参与到对学习的庆祝当中，与他们分享你们遭遇过的挑战和因努力而得到回报。让社区成员了解，你的班级取得的成绩是学生全身心投入和付出的结果。你会结交一些诤友，他们不仅期待学生会取得的非凡成就，还会年复一年地为你提供支持。

在美国艾奥瓦州的锡达拉皮兹市有一所创新的公立高中叫艾奥瓦 BIG，那里的学生通过跟非营利性组织、商业机构和政府机关的合作伙伴们一起开展跨学科项目，来学习不同学科的知识内容。例如，学生会培训志愿者种植原生树种，或针对自然灾害而设计 App 应用程序，高质量成果的记录为学校带来了很多热情洋溢的合作伙伴。其中一个商业合作伙伴在跟两个学生团队开展了项目之后，分享了他的反思："如果你在为未来感到担忧的话，那就跟这些学生共度一段时光吧。你离开他们的时候会觉得，'我们不会有事的，有这一代在呢，他们会为我们撑腰的'。"

美国加利福尼亚州圣迭戈县的美高科学校体系中的学校，也精心地组织了对项目成果的展示。这些学校的开放空间展示了从项目中涌现出来的高质量作品。在纳帕美高科学校里，学校用于非正式聚会、午餐和集会的公共区域空间增加了一倍，以展示反映项目开展的成品，也包括正在进行的项目。当学生团队将公共区域用于小组合作时，他们会看到项目驱动性问题也在这个共享空间中展示了出来。

思考一下，如何为你所在学校的模范项目制学习这一传统奠定基础。一旦建立起卓越的传统，学生就会觉得用他们的努力来捍卫学校的传统是一份荣耀。当项目接近尾声时，不妨思考一下，作为一个学习者的群体，如何借用不同的展示方式来确立你们的特色。

科技聚焦
图片共享

作为项目外在反映物，一张好的图片胜过千言万语。通过图片，你可以随时捕捉项目的亮点，并汇集成一个学习体验的视觉记录。图片能让学生复盘他们到底在项目制学习的旅途上走了多远。它们还可以帮助你向班级群体以外的人传达你的项目信息。在学生做的灵长类动物学家简·古道尔的营地立体模型图中，学生用翻转笔记注释了营地图片，描述了它的许多功能。

通过使用在线图片共享工具在网络上发布相册，可以使图片的用途更加强大。这些工具可以让你轻松上传图片，把图片整理成册，添加备注、说明文字以及标签。通过邀请其他人访问该网站，你便有了新的机会来与自己的学区或来自世界各地的受众建立联系，并与之互动。你甚至可以组成图片共享组，共享组成员可以就一个共同的主题提供各种图片。

来自图片共享网站的图片可以在博客、维基、Twitter 和其他协作空间中发布。给图片加上标签也能增加建立联系的可能性，因为标签可以吸引具有相似兴趣和观点相的群体。"公众分类法——folksonomies"（"taxonomies"这一词的变形）就是从标签中出现的模式，揭示了大众如何理解自己在互联网上的贡献和发现。

Flickr 是一个拥有许多社交功能的图片共享网站。用户可以通过电脑、智能手机和平板电脑注册免费账户，并且可以从任何地方发布图片和短视频。设想一个班级派了几名学生代表去参加某个特别的活动。前往参加活动的学生用他们的手机拍摄图片，记录下所发生的事情，然后发布并分享给他们的同学。这样没能去参加活动的同学也就可以一同参与，并了解活动的进展了。

展示学习成果，策划庆祝活动

展示学生作品、举办活动、创建博客或举办派对……无论形式如何，请为学习庆祝，并打造学校的形象，使学生能够进行项目制学习。不要让距离成为分享这个特殊时刻的障碍。挪威的学生庆祝他们电子书出版的方式，是通过 Twitter 跟世界各地对他们的书感兴趣的读者聊天。在别的一些项目中，学生使用过谷歌环聊或 Skype 与其他地方的伙伴们一起庆祝。

课堂展示是与他人分享项目的一种常用方法。还有什么更好的方式，可以让学生对自己的学习成果感到自豪呢？博物馆规格的实景模型、注释图，彻底改造过的教室或者在公共图书馆做的课堂展览，都是用来展示学习成果的方式。想一想在本地进行的展示如何能通过网络传播给他人一同欣赏。

回顾一下你在过去一整年做过的项目。也许用不着是一年来的所有项目，而是几个项目。在学年即将结束之际，可以举办一次"年度回顾"活动。向学生展示一下日历，提醒他们每个月所完成的项目。鼓励学生回忆他们的项目经历，然后让学生完成一个任务：每个人都分享一个想法，无论大小，只要能够对一整年的经历举例说明就可以。它可以是捕捉了项目中一个疯狂时刻的有趣场景，可以是抑扬顿挫地朗读一封来自远程合作伙伴的电子邮件，可以是一件艺术品，也可以是来自校长的嘉奖，等等。你可能做了一整年的项目记录，拍摄了照片，收集了项目创作物件等。那么，请确实让学生也可以用上这些东西。用这种方式庆祝你们一年的美好时光。它比传统的班级派对更有意义、更让人快乐。这也是在学生心中留下记忆的最后机会。你也将在这种庆祝方式中了解到学生会记得什么，会珍视什么，这对你来年的规划大有裨益。

小试牛刀
策划一场庆祝活动

庆祝活动可大可小，你可能会将其与项目的规模、持续时间和水准相匹配。但是，让我们再想远一点：设想你的班级取得了非凡的成就，你们举行了一场很隆重的庆典。其实庆祝活动本身其实也是一个项目，你可以让学生来负责整个活动。你可能要对庆祝的规模做点儿限定（不要太大），除此之外，让学生去策划主题、制定嘉宾列表、发放邀请、准备装饰品、颁发奖项、开展游戏，以及诸如食品之类额外收费的东西，当然，要做好活动预算。

确保任何大小的庆祝活动都要包括以下内容：

• 有机会再次回顾整个项目；
• 承认学生的勤奋和投入是项目取得成功和学校打造卓越文化的关键；
• 感谢那些帮助过这个项目的人；
• 对学习的展示，包括学生的创作和演示；
• 深入了解学习者，让他们有机会谈论自己的学习过程和成长经历；
• 有机会向更大范围的学习社区中的同事、管理员、家长和其他人展示项目。

请不要忘了，庆祝活动不都是严肃。为了确保每个人都玩得开心，你可以让学生创建奖项类别和制作奖章——做得越荒唐、越有趣越好。或者试一试主题派对，比如恰巧你们刚刚完成了一个关于古代文明的研究，那么就按照那个时代的穿着、装饰、饮食来进行派对。你可以让学生创作一个诗歌大会，或进行一个像"脑力激荡"这样的比赛。让学生与家长对决与项目相关的比赛，家长一方必定会输。你还可以邀请一位"神秘嘉宾"，就算是由你伪装的也不错。

第 11 章

迭代，建构未来的项目

本章将指引你：

- 思考在与学生一起设计和管理项目的过程中学到了什么；

- 与同事一起复盘，以获得能用来建构未来项目的见解；

- 发布你的项目计划，或在社交媒体上对你的项目经历进行复盘，并将这些变成资源，提供给对项目制学习感兴趣的人。

成功的项目就像所有美好的旅程一样，会给你留下生动的回忆。这个项目也会为你的下一次学习探险奠定基础。

好项目不会走入死胡同，相反，它们会为你打开新的大门，并且构建起你未来的项目可以使用的各种联系。项目的尾声是学生为下一段学习经历设定目标的最佳时机。当刚完成的项目仍历历在目时，你就得让他们思考，是否可以在团队合作、故障排除或时间管理方面做得更好。如果可以继续进行这个项目的话，他们接下来想做什么？

作为项目设计师，你也应该拿这些问题来好问问自己。前面提到的澳大利亚教师比安卡·休斯在每个新项目中都会通过博客进行分享，与世界各地的同行进行一轮又一轮的对话，探讨她对项目的反思。

在项目开始时，你为了给学生构建学习体验，投入了大量时间和精力。现在，再多花一些时间来复盘你所学到的东西，并考虑如何与他人一起分享这些宝贵且深刻的见解。

回顾项目成功的关键

想想那些帮助你的项目取得成功的具体规划。你结合科支手段的方式是否对学生产生了重大影响？你有没有找到新的方法来组织你的课堂？又或者你有没有找到新的方法跟学生家长或专家进行交流，这些家长或专家是你想结合进今后的项目工作中的吗？你的项目组成部分里有没有一些与知识内容无关的元素，你可以重新利用它们来帮你实现另一个教学目标吗？

《全球教育者：科技在合作教学中的运用》（*The Global Educator: Leveraging Technology for Collaborative Learning & Teaching*）一书的作者朱莉·林赛表示，她所采用的 Web 2.0 工具"真真切切地改变了我的生活"。当还在一线进行教学期间，她通过博客所建立的联系，促成了她的第一个合作性项目。她后来推出了一个名为"扁平的连接"（Flat Connections）的专业学习系统。在为世界各地的教师提供咨询服务时，林赛提醒他们，重塑学习体验需要不断地努力。"你不能只是打一个 Skype 电话，就认为这是一个全球性的项目，"她告诫说，"合作性教学需要对课程进行重新设计，把教师和学生的合作机会整合在课程中。"教师和学生都需要投入时间"建立他们的学习系统，并建立他们对新工具和合作学习模式的理解"。

当所有这些元素都汇集在一个极具吸引力的项目中时，学生会对学习者的角色有一个全新的认识。正如琳赛所解释的那样：

> 促进学生参与学习的意思是，要鼓励他们在规定的课堂时间之外思考，鼓励他们保持与项目成员的联系，从而实现在一天中的任何时候都在思考和构建他们自己的实际经历。这样才能实现真正的学习。这种全球合作性项目让所有人都认识到，学习每时每刻都在发生。在一个不断缩小的世界里，这种学习体验对未来的就业和职场现实大有裨益。

请回顾一下你的项目中最有吸引力的学习活动。是否有活动在下一个项目中同样派上了用场，或许用于不同的教学目标？例如，当学生有机会接触到历史文档时，你也许会注意到他们对历史特别感兴趣。于是你就可能决定在接下来的项目中，让学生对一手资料进行研究。

项目中是否出现了一个重要主题？ 例如，像"改变"这样的大概念是项目的立足点吗？如何将"改变"这一主题延续到下一个有价值的项目中并发挥作用？请记住，最框架性的重要主题可以把不同项目连接起来。

与同事共同讨论

项目设计的过程可能会促使你与同事们进行合作。当项目结束时，不要让这珍贵的关系结束。与你的策划团队一起计划一个项目总结汇报，并借此机会汇集大家最棒的想法，以改进项目。如果是远程合作，可以通过使用任何一种你们在项目过程中觉得有效的沟通工具，来继续进行对话。

项目总结汇报是同事们共同审查学生学习成果的良机。如何证明学生掌握了所学的内容？该项目教会了你什么？共同审查学生创作的成果，为教师提供了丰富的交流机会和专业发展的机会。

在前面的章节里，你已经了解到了有一个 1 年级教师的团队，他们的学生创建了一个有关自然历史的快闪博物馆。项目结束以后，教师重聚在一起对学生的学习进行复盘。他们一致认为，花费整年的时间建立的一种同侪反馈文化，在项目开展期间带来了好处，因为学生有机会提出和接收批评，从而改进他们的学习。事后回想起来，教师也可以对把 80 名学生的展品组装成一个快闪博物馆的"惊人壮举"一笑置之，因为这个博物馆的展品都进行了系统分类，但所有的展品在展出 3 个小时以后就必须拆除。在他们总结汇报中，以下的复盘内容可圈可点：

- 迈克尔·米尔恩："我发现大家的听说能力有了很大的进步。参观博物馆时，我们的重点不仅仅是观看展品，而是真正倾听讲解员讲的内容。讲解员是怎么把信息讲得很有趣的？他们是如何跟参观者交流的？为什么他们会用某种特定的方式来为参观者讲述？"

- **格雷琴·史密斯：**"在这个项目中，我们可以看到你们为让学生成为读者和作者所投入的所有努力。学生要取得巨大的进步变得容易多了。那些母语非英语的学生和有特殊需求的孩子都能充分地参与其中。跨学科规划意味着在语文、数学、科学之间有真正的连接。这是很有用的。"

- **迈克尔·米尔恩：**"对很多孩子来说，另一项重大进步是对文本的组织。当课本没有告诉他们该怎么做的时候，他们就必须去思考要怎么组织文本信息，观众的视线会如何移动，特定的资料应该放在展览的哪个位置才能让观看的人看得懂。"

- **卡蕾·霍克：**"从非故事类阅读到他们的项目有诸多的转化。他们会说'这就是专业作家会做的，所以我会对我的作品进行这样的尝试'。当他们专注于他们自己的生物展品时，也学到了专业词汇。他们可以解析和理解具体的信息。拥有语言的所有权让他们充满了学习的力量。"

项目体验同样赋予了教师力量，尤其是那些刚开始使用项目制学习的教师。史密斯反思说："孩子们对项目制学习很买账，这就让我们都能继续下去。"甚至有的时候项目还能让教师往意想不到的方向前进。在参观了一个有音频录音的博物馆后，有一个学生决心要在蝴蝶展品中加入声效。"那很具有挑战性。"米尔恩承认，但是教师成功地帮那位学生找到了成百上千只蝴蝶拍动翅膀的录音。学生博物馆的参观者们可以在 iPad 上按下一个按钮，就能听到这非凡的声音。"这个项目的成功说明了项目制学习是可行的。"他补充说。

美高科学校网络中的教师使用一种更为规范的流程，来共同研究学生的学习成果。美高科教育研究生院的斯泰西·卡里尔说，让讨论富有成效的关键之一，就是让教师在向同事展示学生作业时提出框架性问题。"老师可以从同一个学生那里带来三个不同时期的作业样本，并提问'我能如何帮助这位学生提高写作水平'。另一位老师可能会从好几个学生那里带来质量差异迥然的作业样本，那框架性问题可能会是'该怎样让所有学生都能完成高质量的作业'。"只要学生的作业样本在那里，就能够让谈论围绕焦点进行。"这些样本都触手可及。"卡里尔补充道。

合作性讨论是同伴学习的宝贵机会，但教师必须"愿意把迷茫或混乱分享出来"，卡里尔告诫说，"我看到经验丰富的老师把他们觉得困惑的学生作品带来。他们会说，自己对这个项目寄予了厚望，但不清楚到底发生了什么。"她认为，这种直言不讳"可能挺可怕的"，特别是对刚开始开展项目制学习的教师而言。但是，如果整个教师团队或年级组的老师都习惯于这种方式，他们就会建立一种支持真正的同伴间学习的文化。"这是一种表明我们都在成长和学习的方式，没有人是完美的。小组中的每个人都可以通过提出一些有价值的问题来帮助你的同事进行思考。"卡里尔说。

分享优秀的项目创意

正如你现在所了解的那样，设计项目需要你花费时间和精力。不要把你的好想法藏在心里，想办法和其他教师分享你的项目；他们会向你学习，就像你在开始这段旅程时从其他项目研发者那里学习一样。

你可以通过以下策略来分享优秀的项目创意：

- **在现有的网络平台上分享你的项目构思**，如国际教育与资源网、全球校园网或巴克教育学院项目库。来自世界各地的教师都会在这些平台上寻求灵感，以及他们可以加入的正在进行的项目。
- **创建你自己的项目库。** 如果你所在的学校或学区没有地方储存项目计划的话，请与技术协调员或教学领导共同开发一个。例如，可以研究一下"项目交换"（Project Exchange），这是由位于加利福尼亚州的愿景教育学校网络（Envision Schools）的教师精选的一个在线项目库。远征教育还设有卓越典范：高质量学生作品中心，包含精选的学生作品样本和教师对项目复盘的样本。可以从网站上查看来自美国各地学校的案例。

- 贡献你的项目活动照片，将其分享到图片共享网站 Flickr 上的重塑项目制学习的群组里。
- 把你的项目变成网站上的存档。许多教师会创建之前完成项目的在线档案，包括学生作业样本和教师复盘。
- 发布你的项目。各种网络和出版机构会邀请教师分享精心设计的项目案例。这给了你一个发布最佳项目的机会，你可以分享项目成功的原因。美高科教育研究生院出版了一本名为 *Unboxed* 的同行评审期刊，该期刊的特色是教师的项目复盘。教育创新者（Educator Innovator）和国家写作项目（National Writing Project）共同创办了一个在线社群，名为"今时今日"。教师在上面对那些在智能时代中能促进年轻作者和媒体创作者发展的项目进行复盘。
- 在学术大会上提交你的项目。将你的项目见解用作学术大会的原始材料。你可以考虑将你的项目递交给诸如国际教育技术大会这样正式的活动，也可以递交到更为随意的非正式的会议。无论递交到哪里，你都将是在通过贡献你的深刻见解或最佳的教学实践，来帮助项目制学习这一团体的发展。

帮助同事获得项目制学习的新见解

想想你在设计和带领智能时代项目的过程中学到了什么。思考一下你的经验如何能助益于同事们的职业发展，帮助他们获得一些对于项目制学习的新见解。

加拿大教师凯西·卡西迪为她所在地区的其他教育工作者举办了工作坊，并于近期出版了一本电子书，讲述了她与低年级学生一起进行的学习探险。她说创作《从一开始就建立联系：小学期间的全球化学习》（*Connected from the Start: Global Learning in the Primary Grades*）一书的过程，是她不断努力尝试"打开我的课堂，并将它与世界联系起来"的过程。当组织职业发展培训课程时，她总是把使用数字工具来做项目是什么样的挂在心上。"我鼓励那些刚开始做项目的教师稳中求进，不要急功近利。"她说道，"在我与学生一起使用博客的第一年，我们没有任何图片或链接，我们只写文字。要做你有把握的事情，然后再求发展。"尽管她和学生一样，已经越来越熟练使用数字工具了，但她并没有忘记自己的首要目标："随着时间的推移，要让这种学习方式产生影响。那就是我们的目标，我鼓励其他老师也记住这一点。这才是真正的回报。"

参加，把最棒的工作成果展示出来

参赛，可以让你有机会把最棒的工作成果展示出来。你可以为你的项目和你的学生获得更多的曝光机会，这会让你在课堂里所做的一切受到更多的关注。你也有机会收到跟你一样热爱真实项目的同行们的批判性反馈。

比如，在本书中分享了项目案例的来自世界各地的几位教师，他们在微软学习伙伴全球论坛中，因为成就卓越而受到了表彰。如今，这个一年一度的活动汇集了一批国际教师，他们有机会相互学习，扩大了未来合作的机会。

预测未来的项目制学习

无论你决定如何来结束和总结你的项目经历，花点时间来思考你在项目制学习的这段旅程中已经走了多远，同时预测一下未来的项目制学习可能会带你走向何方。

"我无法相信我所经历的这段旅程。"埃莉斯·米勒说。她认为与同事合作是改进其教学实践的重要原因。通过与附近的同行面对面交流，以及参与全球教育博客社群的在线讨论，她的专业水平不断提高。"这改变了我的世界观。这种交流滋养着作为教师的我。"她说。

作为一名教师和项目开发人员，朱莉·林赛在自我成长的过程中见证了"不积跬步，无以至千里"的道理。她鼓励那些刚刚开始了解项目制学习的教育工作者，"不要因为技术上的小困难，或爱挑剔、满不在乎的同事而放弃。你和你的学生会变得更加强大，你们之间的关系会变得更加牢固，并且能够更好地顺应 21 世纪学习的要求。"

自从谢尔曼小学专注于转变成一所 STEAM/ 项目制学校以来，这所学校的教师每年都在进步，并发展成了一个项目制学习教育工作的群体。"我们的第一个项目比较死板。"罗恩·史丹利老师说道。有些教师通过使用 FOSS 课程（Full Option Science System）作为他们进行科学探究的切入点。"对于那些不知道 STEAN 意味着什么的教师来说，这是个不错的开端。"他说道。对于那些刚来谢尔曼小学、之前的教学经验里只有教学进度指南和直妾指令的教师来说，他们需要时间去慢慢适应学生的提问并推动自己的学习。史丹利说："渐渐地，我们有了数量足够庞大的教师队伍。"他们对涉及开放式问题和深入社区调查研究的项目已经习以为常。

谢尔曼小学 5 年级教师朱兰娜·博伊德在向项目制学习转变的时候，已经从事教学工作了 20 多年了。"如果你已经做了一段时间教学工作，作为教师你很可能已经换了好多次课程了。但是这个工程可要大得多！"她说，"项目制学习转变了我在课堂上作为教师和导师的角色。"在早期，她依靠在网络上找到的项目制学习资源，并针对学生的情况来对这些资源做改动。她说："那些项目涉及探究式学习，但是大多数的问题仍然是由教师来提出的。"

当对项目制学习的方法越来越熟练时，博伊德开始把更多的提问和做决定的权利交给了学生。比如，最近的一个项目就是用下面这个驱动性问题开始的："如何保障我们社区中所有成员的自然权利？"学生根据他们的兴趣和关注点，从不同的方向开展调查。来自社区的客座演讲人，从他们的角度做了分享，讲述了不同人群所面临的妨碍人权问题。项目最后，学生实施了他们选定的行动方案。"让学生拥有更多的自主权需要逐渐释放控制权。"博伊德说，"你必须愿意说，'好吧，按你们说的来'。"

小试牛刀
加入在线社群

在这本书中，你已经听到了那些经常为教育博客社群做出贡献，并受到其启发的教育工作者的观点。如果你还没有加入这个相互联系的在线社群，现在是时候加入了。将你的试点项目作为个人博客的原始材料，为你关注的教育工作者的教学成果和复盘创建链接，放在你个人的博客上。发博文的时候，记得在 Twitter 上发个推文，把博文的标题和博文链接放上去。记住，用 #pblchat 标记推文会为它引来对此感兴趣的读者。

你尚未准备好建立博客，但仍渴望与项目制学习团体建立联系？那就开始用 Twitter 吧。你可以"潜伏"一段时间，阅读那些标记为 #pblchat 的话题评论，一旦准备好了，你就可以加入其中。与他人见面，参与讨论，提出启发性问题，并寻找合作伙伴。

通过博客和 Twitter，你会遇到那些慷慨大方的教师，他们很乐意分享的自己工作成果。如果你看到一个能开发学生潜力的项目，建议和他人一同去完成，可能会带来一些意想不到的效果。

结语 关于项目制学习未来的
7 大预测

本章将指引你：

- 思考教育和科技的趋势将如何继续为项目制学习创造
  契机；

- 预先考虑项目制学习中教师的培养和输出渠道问题；

- 为接下来要开启的项目制学习做规划。

美国越来越多的学校开始实施项目制学习，资深教育记者约翰·梅罗（John Merrow）对此做了调研，并在美国公共电视网的"新闻一小时"（*NewsHour*）栏目上做了报道。梅罗把注意力集中在肯塔基州的丹维尔学区，当时的督学卡门·科尔曼（Carmen Coleman）正带领着整个学区向一个新的方向发展，即为学生上大学和就业做好准备。在梅罗的报告发表几周后，丹维尔学区被州政府译为"创新学区"，并获得了比尔及梅琳达·盖茨基金会（Bill & Melinda Gates Foundation）授予的"下一代学习挑战"资助金。科尔曼之后加入了肯塔基大学教育学院，担任了新一代领导力学院（Next Generation Leadership Academy）的院长。

许多因素促使这个学区努力尝试用真实世界的项目来取代基于教科书的教学。在该学区被宣布为创新学区后，科尔曼说："我们知道，我们运作学校的模式已经不适应当今世界了。创新学区带来新的机遇，让学校和学区有机会为学生创造最好的学习体验，使他们能够在高校中取得成功。"一位家长肯定了督学的这番话，他告诉"新闻一小时"栏目："我们希望孩子有更好的学习体验。"

"更好"并不意味着在评估内容记忆的测试中得到更高的分数，而是要让学生能开展更深入的学习，能够运用他们所掌握的知识或者做一些原创的东西，能够与他人有效地合作，并且了解如何适应未来肯定会有的一些变化。在肯塔基州和其他地方，"更好"是项目制学习广阔前景的缩影。

到目前为止，只有一小部分学校将项目制学习完全作为教学的重心。在美国，许多这样完全采用项目制学习的学校都是我们在前几章介绍过的项目制学习学校网络的成员。在过去的 10 年里，这些机构进行了开拓性工作，来完善通过项目设计、项目实施和进行评估学习的策略，并继续分享他们对项目制学习的深入理解。

独立的项目制学习学校已经跟不上家长和学生的需求了。前面提到过的科学领导力学院，已经从费城的一所学校发展为 3 所学校，以响应当地社区的需求。

自 10 年前这本书的第一版出版以来，我们已经看到项目制学习进入了一个转折点。越来越多的学校开始在一部分的学生学习中融入项目制学习。一些已经在高中阶段成功实施项目制学习的学区，开始在更早的阶段引入这种教学策略，从而创建从小学阶段就开始的输送系统，为更高年级输送具备项目制学习能力的学生。我们已经看到公立学校、特许学校、独立私校以及世界各地的国际学校，都发生了这些系统性的转变。

我们也看到了越来越多的教师由于各种不同的原因，开始自觉向项目制学习转型。尽管有些学校的文化不够理想，给项目制学习的发展造成了一些阻碍，但是许多教师在这个过程中寻求支持，通过同行间自发的行动，或者通过在线社交网络，把创新者从孤立中解救出来。

在第 1 章中，我们研究了通过整合数字工具和强调高质量学习体验来重塑项目制学习的含义。在这一章口，我们提供了对未来的预测。随着智能时代项目制学习的广泛应用，我们可以预测到，这将给学生、教师以及社区带来更多的好处。

预测 1：项目制学习促进深度学习

由新媒体联盟和学校网络联合会发布的《地平线报告 K-12 基础教育版》(*Horizon Report K-12 Edition*)，仔细探讨了短期、中期和长期教育发展趋势。虽然有些趋势会随着时间的变化而变化，但自 2012 年以来，预测者每年都会强调两种趋势——深度学习和真实的学习体验。从我们的角度来看，这两种趋势等同于项目制学习，因为项目制学习的目标就是获得高质量的学习结果，并利用数字工具进行真实的学习。

在本书的上一版中，我们强调了深度学习是一个值得关注的趋势。根据威廉和弗洛拉·休利特基金会（William and Flora Hewlett Foundation）所做出的定义，深度学习强调掌握知识内容，使学生参与批判性思考、解决问题、协同合作和自主学习。在深度学习学校网络中的一部分学校，会把项目制学习作为首要的教学策略。

2018 年，教育思想领导者和项目制学习实践者经过几个月的通力合作，发布了《高质量项目制学习框架》，该框架把"真实的学习"描述为"学生开展与他们的文化、生活和未来相关的项目方面的学习"。这种学习经历的结果不仅是更深入的学术学习，而且增强了学生的参与度，也加强了学校和社区间的联系。正如最新的《地平线报告》所论证的那样，真实的学习"不是趋势，而是必要"。我们同意这一说法，并对此进行补充，真实的学习为学生提供了机会，使他们熟悉课堂以外的真实世界里的专家所使用的工具、技能和卓越的标准。

《地平线报告》也预测，创客空间的出现、机器人技术和编程的内容被纳入课程，并用于支持学习空间的创设，这些都是学生转型为问题解决者和创造者的重要部分。在这本书中，你已经看到了把学生从课堂带进创客空间，甚至带入社区的诸多案例。这就是所有学生应该获得的高质量、真实的学习。

预测 2: 项目制学习实现规模化发展

《地平线报告》中提出的重大且艰难的挑战之一，就是重新思考教师的角色，以更好地满足智能时代下学习者的需求。想要项目制学习取得成功，教师就需要变得善于设计，能促进以学生为中心的学习，指导学生应对挑战，并且培养学生的数字化素养。为了培养教师使用这些不为他们所知的教学方法和科技工具的能力，许多教师需要持续、专业地进修。虽然这一挑战已被预言者们关注了多年，但仍没有清晰的解决方案。

我们预测，随着越来越多的学校开始至少在部分的教学中使用项目制学习，可持续的教师专业发展和教师合作的机会将越来越大。开创性的学区正在实施诸如课堂学习走访这样的实践活动，让教师能了解邻近的教室中正在进行的项目制学习。有的学校招募了早期就开始采用项目制学习的教师来担任教师领导，并给他们时间去培训和指导教师们。有的学校成立了项目制学习顾问团，把学生与专家和真实受众联系了起来。在那些项目制学习已经很成熟的学校中，教师通常会投入时间来评论彼此的项目，并努力应对项目中面临的挑战。有趣的是，我们见证了一个又一个项目制学习改变整个学校文化的例子，尤其当项目制学习的转变是建立在教师参与的基础上时。

同事日常间的相互学习和思想交流，会帮助彼此共同进步。对于那些在孤立状态中进行项目制学习的教师而言，这些网络可以成为他们获得同行支持和帮助的生命线。我们希望当教师为了学生的利益，经历各种挑战来采用新的教学实践的时候，集体的智慧能给他们持续的鼓舞和支持。

预测 3： 普及计算思维

信息化时代是由计算机科学推动的。在校内外，教师和学生使用的每一种数字工具，都是由具备将"思维"变成"现实所需"的计算思维能力的人发明出来的。没有什么比研发一项新科技更以项目为基础的了。发明者经历的过程跟学生在参与项目制学习时所经历的过程是一模一样的，他们要确定和仔细研究问题，设计并建立雏形，完善解决方案，并最终将产品推向世界。设想一下，具有项目制学习和计算思维技能的学生将如何在一个日益复杂的世界中，为面临的各种挑战献出自己的技术解决方案。倘若方法得当，越来越多的学生能够用计算机解决方案来处理各种各样的问题，如获取健康食品、个性化医疗保健、历史保护、网络安全，以及成为电脑游戏产品"我的世界"的下一个竞争对手。

在全球范围内，限制计算化创新的一个因素是，愿意做出贡献的专业人员的数量很小。据美国劳工部估计，截至 2024 年，美国将会有 110 万与计算机数据处理相关的工作岗位。其中，由于缺乏具有计算机相关学历的合格人员，2/3 以上的岗位会空缺。各行各业对计算机科学教育的支持大大增加，因为没有这些技术人才就无法满足行业的底线。另一个限制性的因素是计算缺乏多样性。为了解决每个人的问题，我们需要代表"每个人"，包括不同性别、种族、年龄、能力和生活经验的人。还有什么比"每个人"开始接受教育的场所——K-12 基础教育学校更好的地方，来开始对未来的这一趋势做准备的呢？

"每个人"的群体中，越来越多的人开始意识到计算机科学教育的价值。2015年谷歌－盖洛普《美国 K-12 学校计算机科学发展趋势》报告显示，超过 90% 的家长认为学习计算机科学是对学校资源很好的利用。尤其是拉美裔和非裔的美国家庭认为，计算机教育是未来从事一个好职业的跳板。

学校正在迅速赶上家庭和各行业的需求，K-12 基础教育阶段的计算机教学前景一片光明。虽然目前全美只有 40% 的高中提供计算机科学原理课程（在初中和小学阶段的比例更小），但是变革正在迅速发生，并且浮现出了良好的势头。

1. 发达国家和发展中国家都将科技产业的增长和熟练的技术劳动力视为经济增长和个人能力增强的主要途径。他们正在为实现其目标采取措施。举个例子，马来西亚教育部与私营企业合作，将计算思维作为中小学教育新课程标准的一部分。

2. 为学生提供机会去学习计算思维和计算机科学的学校数量会继续增长。在
美国，这一目标得到了州级承诺和相应政策的支持。Code.org 及其合作伙伴
们编纂了 9 项必要的行动，来确保所有学生都能获得计算机科学教育，其中
包括：

- 制订全州范围内"全体学习计算机科学"的计划，这一计划得到了来自政
  府机关、立法机关及专业教育者联盟的支持。
- 建立高水准的 K-12 基础教育阶段计算机课程标准。
- 允许计算机科学的学分作为数学或者科学的学分计入毕业的总学分。
- 为在职教师发展投入资金，并策划清晰的计算机科学认证途径。
- 支持高质量课程的研发，以及与课程相关的广泛的课堂实践。

　　在我们编写本书的过程中，美国的 35 个州加上华盛顿特区都开始承认，
计算机科学可以作为数学或科学的学分计入高中毕业的总学分中（2013 年仅
有 12 个州），并且会越来越重视计算机科学。

3. 美国大学委员会的一份报告显示，与以往相比，越来越多的高中生开始学习
计算机科学原理课程，这一势头还在增长。在 2016—2017 学年首次开设的
计算机科学原理课（AP CSP），考试参与率提升了 79%。AP 计算机科学原
理课以学生的兴趣为基础而设计，并且从 2016 年到 2017 年，选修 AP 计算
机科学原理课程的女生人数增加了一倍多，拉丁美洲裔学生、非洲裔学生和
农村学生的数量也增长了一倍多。

4. 将计算机科学与数学和科学融合在一起的创造性课程很有前景，学习的人数
会继续激增。其中的一个例子就是 Boostrap 前端开发框架在代数课上的应用。
在代数课上，学生同时学习计算机科学和代数。结果表明，学生在此过程中
培养的计算思维技能，可以运用到下一个阶段的课程中，即使计算机并不是
课程的一部分。从教育公平的角度来看，这很鼓舞人心，因为所有的学生

通常都会学习代数。类似的尝试包括初中科学加计算机的课程，GUTS 项目（Growing Up Thinking Scientifically），以及 Bootstrap 物理①。我们预计将来会有更多的课程将计算机科学纳入其中。

5. 通识教育教师将继续提高他们对计算思维作为智能时代基本素养的认识。国际教育技术协会的标准等资源，都在帮助教师将单元学习内容与计算机科学相结合。在各个学科和年级的教师中对计算机科学的热情也在持续增长。在过去几年的国际教育技术大会上，有关编程、创客和计算机科学主题的分会场外都排起了队。我们预测，更多的学生将会拥有积极的学习经历，而这样的经历会让他们在将来为我们的数字世界出一份力。

预测 4： 项目制学习与全球性的目标相结合

鼓励学生成为全球公民是许多教育平台的目标，也是学校的使命宣言中共同的主题。比如，ISTE 学生标准概述了"全球合作者"所需具备的理想素质。国际学生评估项目（PISA）最近在学生核心学术能力的国际比较中，加入了一项学生全球竞争能力的评估。在日益相互联系的世界中，理解他人的观点、与多元化的伙伴合作，是基本的技能。

在第 2 章中，我们描述了由 #TeachSDGs 标签识别的教育者网络。作为一个整体，他们致力于帮助实现联合国的可持续发展目标，并且日益强调培养学生的全球能力。我们期待能看到更多，旨在解决可持续发展目标的项目。

同时，我们认为没理由放弃那些专注于本地的项目。通过全球化的视野和本土化的行动，可以促使学生在解决他们所在社区中存在的问题时，去思考他们的决策会有什么样的全球性影响。他们可以通过与其他背景的学生交流，来加深对他人观

---

① 这是一门涉及计算建模的高中物理课程。

点的理解，并致力于自己的本土解决方案。我们预测，教师将会扩大他们对诸如Skype、谷歌环聊和其他平台工具的使用，来让学生与同伴、合作人和专家相互联系起来，以共同解决问题。

预测 5：培养项目制学习思维

精心设计的项目能让学生记住所学知识的含义，帮助学生理解和应用学术知识内容。这是项目制学习中知识学习的部分。同样重要的是，通过项目制学习的经验，强化学生的思维习惯和学习素养。人们越来越关注态度和动机在学习中的作用，我们期望对培养"项目制学习思维模式"的关注也能越来越多。

心理学家卡罗尔·德韦克和安杰拉·达克沃思更加关注态度在学习中所起的关键作用。德韦克已经确定了她称之为"成长型思维模式"所具有的持续良好的作用。那些具有成长型思维模式的学生能认识到努力和坚持的价值，而不是把他们的智力或天赋看成是一成不变的东西。遇到障碍时，他们不会放弃，而是将挫折视为学习和提高的机会。同样，达克沃思也定义了她称之为坚毅的品质。那些"坚韧不拔"的人，从长远来看能坚持做更富有挑战性的任务。作为学习者，他们更像马拉松运动员。

对思维模式和毅力的作用的研究，建立在阿特·科斯塔和贝纳·卡利克（Bena Kallick）早期研究的基础上。研究者发现了 16 种与成功学习和创造性思维相关的思维习惯。他们所列的值得培养的心理习惯，包括坚持不懈、灵活思考，以及对不断学习保持开放的心态。

尽管这些积极的习惯似乎是参与项目的自然结果，但我们不能想当然。在项目规划期间，重要的是要有足够的时间来进行反复的审查、反馈和修订，并营造一种在学习中给予和接受批评的文化。同样重要的是，要树立榜样，鼓励积极的冒险精神和坚韧态度，这些品质能使学习者提出新颖的解决方案，并能从挫折中得以恢复。

如果我们想鼓励学生关注自己的思维过程，那就不能把复盘推迟到项目结束时。复盘需要贯穿于项目制学习的整个过程。科斯塔和卡利克建议让学生停下来进行思考："我现在能做的最明智的事情是什么？"这为项目制学习提供了很好的复盘建议。

项目制思维模式日益受到关注，我们会培养学生的思维习惯，帮助学生在项目和生活中取得成功。

预测 6：重新思考学生学习的时间和方式

科技驱动的趋势，如翻转教室和在线课程的普及，正促使教育工作者重新思考学生学习的时间和方式。与此同时，一些教师正对在常规的学校时间里减少结构化学习、增加个性化学习的价值进行探索。将每星期一节课的时间指定为"20% 的时间"或"天才一小时"——这是从谷歌公司的生产力实践中借鉴的鼓励创新的想法，为学生提供了更多的去发现和深化他们兴趣的机会。

这些趋势有可能颠覆传统教育：当学生更多地指导自己的学习时，教师的角色必须改变。这些趋势应该是对项目制学习实践的补充。项目制学习实践自然会与学生的兴趣联系在一起，并让教师扮演辅助者的角色。

率先开展项目制学习的教师也正在探索翻转课堂的价值。这意味着教师通过视频、播客或其他媒体进行授课，而学生可以将其当作家庭作业去观看或收听。从理论上讲，"翻转"开辟了更多的课堂时间，学生有更多机会在实验室和工作坊开展学习、开展项目、应用所学知识。

如果做得好，翻转教学有助于差异化教学和个性化学习。然而，美国高等教育信息化协会（EDUCAUSE）也提醒，翻转课堂"是一个让人很容易就误入歧途的模式"。精心准备和周全的计划至关重要，只有这样，课外学习才能很好地与课堂体验相结合。

翻转教学模式要求教师擅长因材施教。学生的角色也会改变，需要有更多的自我指导和学习动力。虽然这些改变与我们所知的项目制学习中的有效实践相一致，但是改变不会自动发生。当教育工作者思考组织学习的新方法时，我们希望他们继续强调那些为高质量项目制学习而制定的教学策略。

预测 7: 寻找更多方式共同学习

在这本书中，我们一直鼓励读者利用网络和非正式机会进行专业合作。我们预测，教师不仅将继续从互联网学习中受益，还将在设想如何与同事们建立社交网络的新方式中，发挥越来越积极的作用。

我们已经看到教师有了频繁且集中的时间来共同学习。举几个例子：Twitter 上的两个社群账号 #pblchat 和更大的 #EdChats；非传统会议和 EdCamp，为教师提供了辅助的专业学习和开放式在线教育活动；如一年一度的全球教育会议，将教育工作者聚集在一起，进行为期几天的全天候学习。

这样一来，任何老师都用不着感到孤立，即使你是你们学校里唯一一个准备推进项目制学习的人。现成的同行社群已经有了，他们乐于倾听你的兴趣，并愿意与你共同合作开展你的项目。通过成为一名互联的学习者，你将为学生树立榜样，让他们了解到利用数字工具和与他人合作的意义。

迎接项目制学习的挑战

当教育工作者利用各种机会共同学习时，会发生什么呢？当他们与国内外的同事联系起来时，他们的学生将如何从中获益？让我们以来自挪威的一个故事结束，这个故事展示了项目制学习的全部潜力。

安·迈克尔森（Ann Michaelsen）是挪威奥斯陆郊区山特维卡高中（Sandvika High School）的行政管理人员兼英语教师。她所在的这所学校成立于 2006 年，大约有 900 名学生。1∶1 笔记本电脑计划使科技变得无处不在。

作为一个联合学习者，迈克尔森一直想为教育工作者们写一本书。尽管她书架上有很多关于探讨智能时代的学习、数字公民和全球教育主题的书籍，但她想不出哪书是从学习者的角度来看待这些问题的。这就是她邀请 9 年级学生与她共同合著此书的原因。

最终，《联合学习者：创建全球课堂的分步指南》（*Connected Learners: A Step-by-Step Guide to Creating a Global Classroom*）一书诞生了，这是一本 219 页的电子书。书的封面是一群青少年和一名成人站在雪地上的照片。该书的序言附上了所有学生和教师的名字，对"27 名学生和他们的老师，挪威山特维卡高中的安·迈克尔森"给予同等的赞誉。正如那本书的引言所解释的那样，"这不是一本教师或教育专家用来告诉你学生想要什么的书。这是一本由学生和他们的老师在一个合作项目中撰写的书，其中的每个声音都很重要。"

迈克尔森没有把写书变为一项任务，而是邀请学生加入合著者的行列。她的 28 名学生中只有 1 名决定不参加，而是选择从事一个独立的研究项目。

项目启动并运行后，团队花了不到 6 个月的时间进行研究、编写和修改内容，并为出版做准备。以下是迈克尔森对这种高效的工作时间的描述：

项目开始之初，我联系了我的专业学习网络。我们邀请来自世界各地的人对谷歌文档上的一系列问题做出回答。当看到有人说，写这本书是一件挺好的事情时，学生备受鼓舞。

我们想让我们的学习变得透明，所以使用了诸如微软的 SkyDrive 和 OneNote 的协作工具。这意味着每个人都能看到其他人正在研究和写作的内容。他们可以看到并回应彼此，而不是将作品交给我，由我统一放在一起。

在项目早期，我让 4 名学生担任项目负责人，他们从未让我失望。他们再接再厉，完成了任务。我认为给予他们信任，让他们担任领导的角色，使他们获得了更努力工作所需的信心和动力。

对于监控不同章节的工作，章节编辑的角色也很重要。一个女生告诉我，她一直梦想成为一名编辑。她说她总是最喜欢一本书的第 1 章，因为它为整本书定下了基调。现在，她就有机会成为第 1 章的编辑。在这样的项目中，你会对学生有新的了解。

当这本书准备发行时，迈克尔森和学生们在 Twitter 上开展了关于这本书的讨论会，以示庆祝。迈克尔森知道，参与者可能会来自远离挪威的不同地区，所以她让学生在学校通宵露营，参与深夜讨论。来自世界各地的教育工作者参与到了这本书的讨论中来，给这段难忘的学习经历做了完美收官。

迈克尔森还通过一篇博文复盘了自己的学习经历。有一段非常值得一提：

这本书最受欢迎的主题居然是动机。具有讽刺意味的是，动机和创新几乎是我们在教育的每一个层面上都会讨论的话题，从政策制定者和教育专家到学校领导和教师。我们只是错过了最重要的环节——我们没有花足够的时间和学生讨论这个问题。

在项目制学习中，学生是学习的中心。他们可以随时使用强大的工具、与知识渊博的专家建立联系、提高学习的主动性、点燃对世界的好奇心、收获来自对自我教学实践不断进行复盘的教师的支持和鼓励。

在教育工作者们不断迎接项目制学习的挑战时，我们期待能听到更多这样的故事。

项目制学习各阶段可使用的数字工具

教育科技工具越来越多，我们该如何选择，以及在什么时候使用呢？

在附录 A 中，我们精选了一个在项目制学习中有用的数字工具，并按项目周期的各个阶段加以归类。从和你的同伴一起进行项目规划，到"混乱的中期"，再到记录最后的重要复盘，这些工具在特定的时间和背景下都特别有用。

从某种程度上来说，这里介绍的工具和资源都是作者在过去几年中，参加与项目制学习和科技有关的国际教育技术大会及分会时，从不同的渠道积累的。

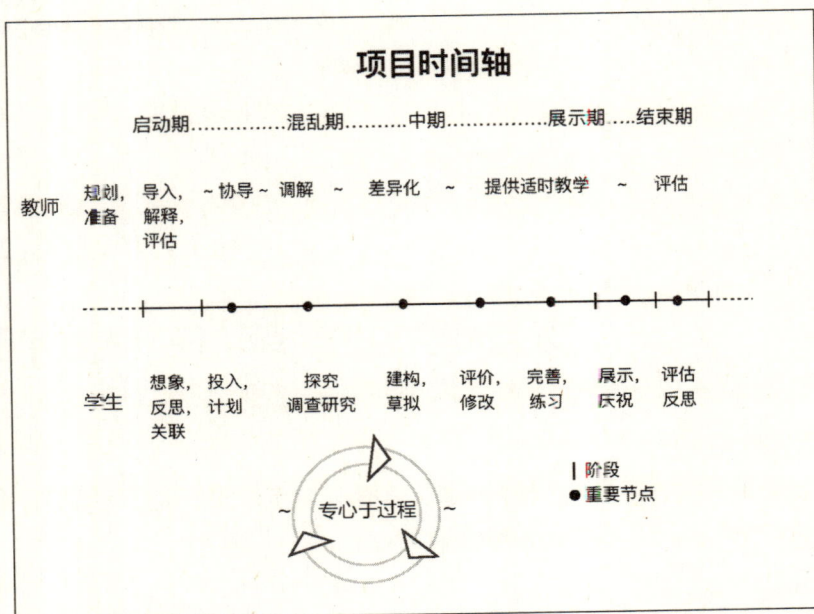

项目时间轴

启动期............混乱期..........中期..............展示期.....结束期

教师　规划，　导入，　~协导~　调解　~　差异化　~　提供适时教学　~　评估
　　　准备　解释，
　　　　　　评估

学生　想象　投入，　探究　建构，　评价，　完善，　展示，　评估
　　　反思　计划　调查研究　草拟　修改　练习　庆祝　反思
　　　关联

~ 专心于过程 ~

| 阶段
● 重要节点

通用工具

大多数教师都能使用一套基本的课堂科技工具，这些工具足以让他们开始实施项目制学习了。计算机、电子邮件、互联网和基于云技术的办公应用程序，都是基本且"强大"的工具，它们在项目制学习的每一天和每个阶段都有用处。快速地对你可用的科技工具资源做个盘点，并思考如何将这些工具为项目所用。请检查以下的工具和资源，并选择一些在你的下一个项目中使用。

与同行和合作伙伴相联系的工具

思考项目主题和教学方法，为项目的开展做好准备，并开始实施你的计划吧！

Slack

Slack 是一个在多种设备和平台上运行的信息传送应用程序，可用来与同行建立联系。用户可以一对一地聊天或在群组中聊天。Slack 允许文件共享，可以与其他应用程序和服务结合，如谷歌云盘，也可以通过谷歌环聊或 Skype 进行视频通话。

Twitter 与 EdChats

可以在 Twitter 上寻找同伴和顾问。建立一个账号，设置一个 Twitter 用户名（我们的是 @suzieboss 和 @jkrauss）。你可以用教育类的主题标签，比如 #EdChats、#elearning，甚至是 #pblchat，来过滤讨论主题。你也可以用主题标签即时或定期安排"教育讨论"跟同行们进行连接[①]。

看看谁在 Twitter 上积极地谈论你所关心的话题，就可以关注他们。可以从关注下面这些账号这些开始：

- **机构:** @Edutopia，@newtechnetwork，@HQPBL（High Quality PBL）。
- **人物:** @thnorfar（Telannia Norfar，math and PBL），@elemenous（Lucy Gray，global education），@SueBoudreau（Susan Boudreau，science inquiry）。

项目开始后，就可以考虑创建一个主题标签来组织管理来自课堂外的贡献了。

项目协作的平台

寻找同伴一同来使用以下平台。

---

① 美国东部时间每周二晚上 8 点，可以用 #pblchat 来参与长达 1 个小时的讨论。每周的主题都会提前公布。

- **e 伙伴：**用来寻找其他的课堂，并与之合作。不要错过充满创意的项目区域，这些创意可以拓展以满足项目制学习课堂的需求。

- **国际教育与资源网：**全称为国际教育和资源网络（International Education and Resource Network），你可以在这个平台上建立自己的合作项目，也可以加入平台上已开始实施的项目。

- **地标游戏（Landmark Games）：**各个班级可以在平台上提交秘密地标，并找出世界各地其他参与班级的地标。表面上看很简单，实际是一个跨学科的合作项目。

- **TakingITGlobal：**这个国际项目站点使年轻人能够了解并应对世界上最大的挑战。学生可以创建或加入已有的活动。

蒙受启发的资源

好的项目构思从何而来？可以研究一下这些网站，以获取对项目主题和教学方法的灵感。

- **#TeachSDGs：**想象一下，你的学生可以为响应联合国的 17 个可持续全球发展目标而发起项目。SDGs 目标包括消除饥饿、清洁饮水和卫生设施、可持续城市和社区、负责任的生产和消费等。更多信息可以关注 #TeachSDGs。

- **School Retool：**提出了各种适用于项目制学习的重要构想或主题，并提出了把好创意融入有意义的项目中的各种方法。

- **美高科学校：**通过研究学生在美高科学校取得成绩的项目，制定你自己的高质量项目制学习标准。

- **公民教育计划：**许多项目都有公民参与的元素。你可以浏览公民教育计划的获奖项目，以获取灵感或加入该课程系列，你还可以让学生提交自己的项目来参加公民教育计划的竞赛。

- **创客 DIY 杂志：**与学生分享《创客杂志》（*Make Magazine*）中的文章《50+

创客能解决的全球问题》（*50+ Global Issues Makers Can Solve*），并与学生一起设想如何能通过"动手制作"来解决挑战性问题。

项目规划工具

在设计项目时，请考虑使用以下这些工具和资源。

- **项目改进规程（Tuning Protocol）：美国国家学校改革委员会。**在深入设计之前，先草拟一个项目概要，然后使用美国国家学校改革委员会的"项目改进规程"收集来自关键朋友的反馈意见。这可能会是你在项目设计过程中最高效的 30 分钟。网站需要登录后才能使用。
- **课程规划表：巴克教育学院。**这是由两个部分组成的项目规划表。"项目设计：总览表"用来概述项目的主要特点，"项目设计：学生学习指导表"可帮助教师规划支架式教学活动和形成性评估，使其与各类标准和项目最终的成品保持一致。
- **项目设计评估准则：巴克教育学院。**这份项目设计评估准则反映了巴克教育学院的"项目制学习黄金标准"，提供了确保良好项目制学习设计的结构。
- **Rubistar：**这是一个在线的评估准则制定工具。可以用它来在线创建、保存和共享评估准则；还可以搜索已有的评估准则，进行修改以适用于你自己的目的。该工具是免费使用的，但需要先注册。
- **iRubric：**这是一个来自 RCampus 的评估准则生成器，它可以允许用户制定和共享评分准则。

项目预备工具

在项目启动之前，计划一个吸引学生注意力、激发学生兴趣和促进学生思考的导入活动，能让学生开展更多的学习。可以使用通知功能和共享书签功能来收集在线资源。

- **塔兰特创新教育学院**（Tarrant Institute for Innovative Education）：可以通过这个平台获取项目导入活动的建议，包括虚拟实地考察和其他体验。
- **谷歌快讯**（Google Alerts）：设置谷歌快讯可以跟踪与项目相关的重大新闻。接收即时通知推送，或每日或每周摘要。
- **拼趣**：拼趣支持可共享的公告板，用户可以把图像和视频"钉"在其自己或他人的"板面"上。比如，研究一下新技术学校网络的项目制学习公告板，看看用这种方法来进行创意管理的各种可能性。

项目启动工具

计划一个让学生渴望学习的项目导入活动，通过民意调查找出孩子们关心什么，并吸引其他人的协同合作。

- **YouTube**：这是继谷歌文档之后，最常用的教育科技工具。可以使用启发性的视频来开始学习，比如"如果你停止喝水了会怎么样？"。Teahertube 是另一个视频网站，该站仅限于跟教育相关的内容。
- **Google Expeditions**：借助于价格低廉的"硬纸板"头戴式耳机，带给学生身临其境的虚拟旅行。比如，利用这些虚拟现实体验，在一个下午探索珊瑚礁或火星表面。
- **微软教室 Skype 应用**：邀请专家来帮助你一起启动项目，或计划使用微软教室 Skype 应用进行虚拟实地考察。比如，有一个班可以在 Skype 上，进行关于海洋生态系统和海洋健康的学习，并与专业的潜水者和作家克丽丝塔·邓洛普（Krista Dunlop）举行在线会议。
- **Poll Everywhere**：这是一个受众反应系统，可以在手机或网络设备上使用。

你可以通过它来了解你的学生关心什么。无论你使用什么演示软件，学生的投票结果都会实时显示在图表上。你也可用于进行常规检查和课后小结。

教学工具

在项目的中期，学生会推动自己的学习，这时教师的主要职责是对学生学习进行支持、监控、调解、区分，并及时教授相关课程（可能涉及翻转教学）。以下工具适合项目制学习教师在协助与引导学生学习的阶段使用。

- **FlipBoard：** 你可以用 FlipBoard 将新闻和社论来源的文章和视频，编辑成吸引人的杂志样式与学生分享。
- **Kaizena：** 可以用 Kaizena 以友好的方式对学生的作品提供有意义的反馈，可以突出显示学生的文字，也可以用语音陈述你的评论。这一工具能与谷歌文档和其他基于云技术的应用程序配套使用。
- **Slack：** Slack 这款通信应用程序可以进行文字信息传输、文件共享、开展视频聊天或用于辅助即时教学。该款应用程序支持与团队或个人进行在线讨论。
- **Socrative：** 这款应用程序可用来发起小测验、收取课后小结和快问快答，以用于检查学生的学习掌握情况。学生则可以使用他们的平板电脑或手机来对这些做出回应。

  其他用于检查和评估学习的应用程序还包括，智力竞赛节目风格的 **Kahoot**，以及用于创建闪卡和小测验的 **Quizlet**。
- **Screencast-o-Matic:** 无论是"翻转教学"还是学生表达，都可以使用 Screencast-o-Matic 来创建和共享屏幕以及网络视频演示。

  其他免费的录屏工具还包括，**Jing** 和 **CamStudio**。
- **NearPod：** 这是一个支持引导式学习（包括翻转教学）的在线演示平台。可以使用交互式功能创建课程，诸如虚拟实地考察、三维物体、测验、民意投票和开放式问题。观众可以在屏幕上分享他们的想法。

- **PlayPosit**：使用 PlayPosit 可以为你的视频，或者来自 YouTube、Teahertube 或 Vimeo 的视频添加注释和交互内容。学生对嵌入在材料中的提示或小测验做出响应时，教师可以用仪表板视图来查看学生的使用和执行情况。

- **Read&Write**：作为谷歌 Chrome 浏览器的扩展，Read&Write 为具备不同读写能力水平的学生，在使用数字化的内容时，提供各种支持工具。这些工具包括文本到语音转化工具、预测文本工具和其他可以对学习材料进行差异化使用的工具。

- **Padlet**：这是一个对收集反馈意见很有用的合作性电子公告板，可以用来创建公告空间、共享链接，并查看信息。学生或其他参与者可以用"便签"在空间中添加信息内容。使用者可以添加视频、图像和他们的笔记链接。

学习工具

在进行项目制学习的过程中，可以为学生提供博客账户、网络资源、协作空间和其他支持他们进行调查研究的工具。

博客是以文章或"博文贴"的形式来发布学生创作内容的网站。无论是供公众公开使用，还是用于个人日志，博客都是学生把想法表述出来的一个很好的方式。现在，许多学习管理系统都会提供博客功能。教育界流行的几个博客平台包括有：

- **Edublogs**：这是一个供教师和学生免费使用的博客，该平台是用 WordPress 博客软件和内容管理系统技术进行支持。Edublogs 的博文可以与公众进行分享。

- **Kidblogs**：基于简化的 WordPress 界面，Kidblogs 是一个默认为非公开的博客平台，因此学生可以在一个安全的课堂博客社区内发布博文并参与学术讨论。

- **Weebly for Education**：教育用韦比利软件可以让教师通过一个简单的操作

板面，对公开或非公开的博客进行管理。并且，可免费创建 40 个学生账户，不需要提供学生电子邮件。

以下这些工具，都有助于学生团队协作。

- **Trello：**这是一个项目管理和协作工具，它以板块的形式来组织项目。项目小组可以一目了然地看到他们正在进行的任务，谁在做什么，以及完成度。
- **Explain Everything 和 Aww：**这两个是具有虚拟白板功能的工具，学生可以用它来进行集体讨论和设计。可以申请班级账户，借助这个账户，教师和学生可以分享和交流。
- **Hypothesis：**"Hypothes.is"是浏览器的书签功能和笔记功能的扩展。学生在学习的过程中可以使用它跟踪、注释和共享重要的网络资源。

  其他可共享的书签和注释工具包括**谷歌云笔记（Google Keep）、Diigo** 和 **Evernote**。
- **谷歌云笔记：**与谷歌教育方案套件（GSuite for Education）集成的谷歌云笔记是一个可用于跟踪项目进程的云笔记空间。学生可以创建语音笔记，与教师和同学共享待办事项和作业列表；当取消或编辑任务时，更改将实时发生。

学生可以在以下网站查询原始数据。

- **工程与科学教育创新中心实时数据资源（CIESE Real Time Data Resources）：**该站点提供了来自工程与科学教育创新中心的 100 多个实时数据资源。比如，海洋气象咨询公司（Oceanweather Inc.）从船只和浮标收集来的实时的气象数据，或者每周发病率和死亡率报告。
- **图瓦实验室：**图瓦实验室提供了无数的数据集，学生可以在设计和开展跨学科调查研究、开发证据和交流研究结果时加以利用。
- **美国记忆项目：**美国国会图书馆的"美国记忆项目"收藏了大量的文献、图片、电影等。

- **Newsela：**这是面向 K-12 基础教育阶段读者的新闻聚合器，读者可以按时间段、主题、阅读水平等，对 Newsela 提供的新闻报道进行过滤。
- **Wolfram Alpha：**这是一个计算搜索引擎，其搜索结果来自数千个数据库的信息，包括本书第一版中介绍的数据库，如 CIA World Factbook。这个搜索引擎可获取超过 10 万亿条的数据。

沟通与协作工具

从本质上讲，项目会让学生走出课堂，即使只是虚拟的。以下这些工具有助于学生、专家、合作者和重要受众之间的互动。

- **谷歌环聊：**这是一个视频会议工具，能让用户进行视频聊天、发送即时消息，也能对图片、电脑屏幕和文件进行共享。谷歌环聊一次最多允许 10 个用户之间进行对话。
- **谷歌表单：**可以使用谷歌表单应用程序来设置投票或问卷调查。结果可以立即在谷歌表单中获得。
- **Remind：**这是一个日程管理工具，可以发送即时消息。在项目开展期间，可以用它对学生和家长做日程提醒，如即将到来的最后期限、演讲嘉宾、实地考察和展示活动等的日程提醒。

创作工具

有很多可以让学生的构想变成现实的数字工具，这些数字工具可用于展示、编程、制作、三维设计、虚拟现实等。

- **Adobe Spark Suite：**学生可以使用这个套件，轻松制作和呈现具有专业外观的网页、图形和视频。

- **Buncee**：这是一个基于网络的程序，可以让教育工作者和学生创建和共享多媒体演示、交互式课程、数字故事、卡片、标志、海报、邀请函等。可以说，Buncee 提供了一个大型图形库。
- **Scratch**：由于它的拖放"模块"界面，即使是低年龄段的学生也可以使用它来编写自己的游戏和故事，而不用担心编程语言的语法问题和录入问题。每个月都有 Scratch Design Studio 挑战，可以设计一个公园，构想深层的空间，或只用 8 个模块来构建一个游戏。
- **Powtoon**：学生可以用 Powtoon 制作动画演示文稿，将自己的叙述与预先创建的物件对象、导入的图像和公开共享或原创的音乐结合在一起。
- **Tinkercad**：这是一个计算机辅助设计程序，学生可以用它把他们能想象的任何东西渲染成三维图像，甚至可以将其变成真实的三维立体打印出来的物件。
- **SketchUp**：这是一款建模软件，学生可以用这款建模软件把任何东西渲染成三维图像，并与同伴和朋友共享设计。它也支持 3D 打印的文件类型。使用谷歌教育方案套件的学校可免费使用。
- **CoSpaces Edu**：学生可以使用这个平台创建虚拟现实（VR）体验，并使用诸如 Oculus 和 Google Carboard 等 VR 耳机进行观看。
- **Flickr**：学生可以用公共共享的数百万张高质量的图片来给项目加插图，通过知识共享（Creative Commons）许可进行搜索即可。
- **谷歌艺术与文化（Google Arts and Culture）**：谷歌艺术与文化提供了来自 40 个国家和地区的超过 150 多个博物馆藏品，从雕塑到建筑和绘画，超过 30,000 多件的艺术品。学生可以在笔触层次的细节上探索艺术作品，虚拟参观博物馆，并建立个人收藏来与人分享。

视觉化数据呈现工具

学生会通过丰富的海报和信息图表来讲述他们的项目。以下这些基于网络的工具有助于学生用图表、图形和信息图创建视觉化表现方式。

- **Piktochart 和 Canva：**这是一个设计图形的应用程序，不花哨且易上手。
- **Create-a-Graph：**可以使用这个站点在国家教育统计中心儿童区创建基于网络的图表。
- **LucidChart：**可以用这个站点来绘制流程图、模型、思维导图等，有助于进行项目规划。LucidChart 现在是谷歌云盘的一部分。
- **Tableau Public：**这个软件能在几分钟内免费可视化和共享数据。

新知识共享工具

学生可以使用这些平台和工具来分享他们的创作，也可以用电子学习档案和演示文稿展示他们的作品。

- **Seesaw：**这是一个学习档案共享平台，对于低年级的学生特别有用。学生可以在其中独立记录和共享他们在学校所学的知识。可以使用图片、视频、图画、文本注释和链接来展示他们所知的内容。

学生通过演示文稿来分享学习，可以增强使用诸如 Poll Everywhere 和 Padlet 等互动工具的体验。使用下面的工具，它们还可以将实时演示文稿和网络流媒体演示融合在一起。

- **Periscope：**观众可以通过 Periscope 的评论和聊天功能体验现场直播、进行实时互动。学生可以通过配置 Periscope 来与远程参与者进行交流。通过交互式地图功能还可以搜索突发新闻的直播。
- **CoverItLive：**这是一个基于网络的服务，用于实时的群体博客或实时直播博客。文字记录的存档可以帮助学生记住这段经历。

评估工具

在对项目进行评估时，可以使用评估准则、评分指南和学习管理系统评分手册，然后使用这些工具邀请其他人参与该过程。

- **谷歌表单：** 让学生创建一个谷歌表单，用它来从他们的项目要吸引或服务的人那里收集反馈。
- **播客：** 可以通过在播客中制作跟学生的访谈，来了解学生学到的精髓。以下是几个免费播客应用程序。

> **Garageband：** 内置于苹果操作系统中，是苹果 Mac 电脑和 iPad 的数字音频工作站。对毫无经验和经验丰富的播客都很有用。
>
> **Audacity：** Audacity 是一个学校经常使用的免费跨平台音频编辑器。
>
> **Anchor：** Anchor 是一个简单且免费的播客套件。你和学生可以使用它从智能手机、笔记本电脑、台式机或平板电脑上创建和发布播客。

复盘工具

项目制学习会产生许多学习成果。给学生一些时间，让他们对自己的项目日志、用于设计作品的笔记本、作品雏形和最终项目作品进行复盘。允许学生把他们的复盘表达出来，是对他们项目制学习的一种尊重。下面的工具有助于记录学生对项目制学习的回顾。

- **Storyboard That：** 学生可以在故事板中分享自己对项目的关键部分的复盘。
- **FlipGrid：** 让学生用网络摄像头或智能手机的短视频，来对复盘问题做出回答。FlipGrid 会以平铺显示的方式呈现这些内容，而且可以共享。

ISTE 学生标准

ISTE 学生标准（2016）强调了我们希望学生获得的技能和素质，使他们能够参与到相互联系的数字世界之中，并茁壮成长。这些标准面向整个课程体系中的所有教育工作者和每个年龄阶段的学生，目的是让学生在其学术生涯中培养这些技能。学生和教师要充分对标准进行应用，都要达到基本的技术能力。当然，教育工作者也能从中获益，他们将熟练地指导和激励学生利用科技来加强学习，并促使学生成为学习的主宰者。

主动学习者

学生在了解学习科学的基础上，能利用科技手段，积极主动地选择和实现自己的学习目标，并展示自己的能力。学生应能够：

- 明确和设定个人学习目标，制定利用科技手段来达成学习目标的策略，并复盘自己的学习过程以改善学习成果。

- 用能促进学习过程的方式，来建立人际网络并个性化制定自己的学习环境。
- 利用科技手段寻求学习过程中的反馈，从而获知和改进自己的实践活动，并以多种方式展示自己的学习成果。
- 理解技术操作的基本概念，有能力对当前的科技手段进行选择、使用和排错，并能够将自己的知识转移到探索新兴技术上。

数字化公民

学生能认识到在互联的数字世界中生活、学习和工作的权利、责任以及机遇，并以安全、合法和道德的方式行事，进而做出榜样。学生应能够：

- 培养和管理自己在数字世界中的身份和声誉，并意只到自己在数字世界中的行为具有永久性。
- 在使用科技手段，包括在线社交互动或使用联网设备时，能采取积极、安全、合法和道德的行为。
- 能理解和尊重对共享知识产权的使用和分享的权利和义务。
- 管理个人数据，以维护数字隐私和安全，并认识到数据收集技术可用于跟踪他们的在线轨迹。

知识构建者

学生能利用数字工具批判性地选用各种数字化资源，以构建知识，制作有创造性的作品，并为自己和他人创造有意义的学习体验。学生应能够：

- 计划并采用有效的研究策略，为自己知识性或创造性的活动寻找信息和其他资源。

- 评估信息、媒体、数据或其他资源的准确性、客观性、可信度和相关性。
- 利用各种工具和方法来从数字化资源中提取信息，从而创造一系列作品以展示有意义的联系或结论。
- 通过积极探索真实世界的问题和难题，形成自己的理念和理论，并不断寻求答案和解决方案。

创新设计者

学生能在设计过程中运用多种科技手段，从而用创新的、有用的或充满想象力的方案来辨别和解决问题。学生应能够：

- 了解和使用经过深思熟虑的设计步骤，来生成想法、检验理论、制造具有创新性的作品或者解决真实问题。
- 选择并使用数字工具来规划和管理一个设计流程，并把设计局限性和可预计的风险考虑在内。
- 能开发、测试和改进作品原型，并了解这是循序式设计流程的一部分。
- 能表现出对不确定性的宽容、不屈不挠的毅力和处理开放式问题的能力。

有计算思维的人

学生能权衡利用各种技术性的方法，通过制定和使用策略找到解决问题的方案并对其进行测试。学生应能够：

- 利用科技手段，明确地阐述问题，在探索和寻找结论中运用数据分析、抽象模型和计算思维。
- 收集数据或者识别相关数据集，利用数字工具对数据进行分析，并以多种方法对数据进行展示，以促进问题的解决和决策。

- 把问题分为多个组成部分，提取其中的核心信息，并建立描述性模型，以理解复杂的系统或促进问题的解决。
- 理解自动化技术运作原理，并运用计算思维去建立有序的步骤，以制定和检验自动化解决方案。

有创造力的沟通者

学生能善于利用适合其目标的平台、工具、风格、格式和数字媒体，进行清晰的沟通和有创造性的表达以实现自己各种不同的目的。学生应能够：

- 选择适当的平台和工具，以实现创建或沟通的预期目标。
- 创作原创作品或负责地对数字资源进行重新编辑，以创造新的作品。
- 通过创建或使用各种数字化作品，如可视化技术、模型或模拟器，清楚有效地传达复杂的思想。
- 针对受众的需求，用个性化的信息和媒体，来发布或展示内容。

全球合作者

学生能运用数字工具，通过与他人的合作，在本地化和全球化的团队中有效地开展工作，拓宽自己的视野，丰富自己的学习经历。学生应能够：

- 利用数字工具和来自不同背景和文化的学习者建立联系，和他们一起参与各类活动，以增进理解并扩大学习范围。
- 运用各种协同合作的科技手段和他人进行合作，包括同伴、专家和社区成员，从多种观点视角去审视问题和难题。

- 为项目团队做出建设性贡献，承担各种角色和责任，有效地为实现共同目标而努力。
- 探索本地和全球性问题，并利用协同合作的科技手段与他人共同研究解决方案。

ISTE 标准·学生版 © 2016 国际教育科技协会 . ISTE® 是国际教育技术协会的注册商标。如果你想对这份材料进行复制，请联系 permission@iste.org。

有许多人为这本书的创作做出了贡献。从 10 年前我们开始写这本书的第一版时起，到如今我们更新到了第三版，我们对许多来自世界各地的杰出教育者深表感谢，他们向我们提出了各种各样的问题，也分享了各自在智能时代下学习的最佳实践范例。他们的经历丰富了全球教育共同体。

特此，我们要感谢的人有：来自纽约的项目制学习资深人士，莉萨·帕里希；来自澳大利亚的善于反思的教育博主，比安卡·休斯；来自佐治亚州的两位先锋教师，安妮·戴维斯和维基·戴维斯；国际教育家朱莉·林赛；来自加拿大的凯西·卡西迪、罗伯特·格里芬和杰夫·惠普尔；来自芬兰的帕斯·马蒂拉；来自英国的戴维·米切尔（David Mitchell）和琳达·哈特利（Linda Hartley）；来自华盛顿的埃莉斯·米勒；来自俄克拉何州的塔米·帕克斯；来自加利福尼亚州的吉姆·本特利；来自马萨诸塞州的里奇·莱勒；身兼加利福尼亚州教师和谷歌教师学院成员的杰尔姆·伯格和埃丝特·沃西基；来自纽约未来学堂的亚当·基纳瑞。最后，我们还要感谢项目制学习的倡导者金杰·卢曼（Ginger Lewman）和克里斯·沃尔什（Chris Walsh），以及谷歌教师学院。

我们要特别感谢微软学习伙伴（PiL）给予我们机会，让我们能够在布拉格举行的 2012 全球论坛上采访教师。我们同样要感谢微软学习伙伴的教师能慷慨地分享各自的见解。他们是来自莱索托的露西尔·卡贝萝·玛拉蒂斯；来自塞浦路斯的玛丽亚·洛伊索·芮欧娜；来自密歇根州的琼·苔森、波珠·罗伯茨和里克·约瑟夫。

曾作为项目制学习先驱的好几个校园网络都慷慨地贡献了他们的时间和意见。我们十分荣幸能有机会与这些人讨论项目制学习网络建设，他们是来自费城科学领导力学院的克里斯·莱曼、新科技学校网络的莉迪娅·多宾斯和保罗·柯蒂斯；来自美高科教育研究生院的斯泰西·卡里尔；来自 EAST 计划的马特·多泽；来自远征教育的斯科特·哈特尔。我们还要感谢曾在新科技学校网络工作过的迈克尔·麦克道尔，感谢他分享了自己作为加利福尼亚州罗斯学区负责人的新见解。我们感谢来自佐治亚州梓温内特县公立学校的创新者们分享他们的见解，尤其是迈克·赖利、内奥米·柯克纳、让·洛森－佩恩和拉尼尔公立学校集团的布里塔妮·霍兰。同样也要感谢来自夏威夷火奴鲁鲁，普纳荷高中的示范性计算机科学教师道格拉斯·江。

感谢华盛顿州塔科马市的谢尔曼小学的教职员工们，包括塔拉·埃德蒙、朱兰娜·博伊德和罗恩·史丹利。感谢俄勒冈州波特兰市科顿任德学校的萨拉·安德森，她分享了如何把项目和当地社区建立联系的有效策略。感谢马萨诸塞州伊普斯威奇中学的凯西·西姆斯跟我们分享了一个广泛流传的项目，这个项目打破了初中生能否达成目标的决定因素的预判。来自国际学校的卡蕾·霍克、格雷琴·史密斯和迈克尔·米尔恩帮助我们领会了教师间协作和复盘对改进项目制学习实践所能产生的作用。

我们要感谢来自弗吉尼亚大学的格伦·布尔（Glen Bull）和他的同事们，因为他们很早前做的一场发人深思的交流，塑造了"核心学习功能"的概念。我们要感谢科技奇才蒂姆·劳尔（Tim Lauer）校长，感谢他提供了及时周到的建议。我们要感谢戴维·巴尔（David Barr），感谢他阐明了国家教育科技协会科技标准的研发过程。我们还要感谢迈克尔·戈尔曼（Michael Gorman），感谢他对符合必备学习技能的技术工具，提供的及时有用的反馈。

我们要感谢科技技术探查使用先锋兼资深教育者史蒂夫·伯特（Steve Burt），感谢他分享了大量的有关新兴科技及其在教学上使用的潜在可能性的专业见解。我们还要感谢威尔·理查森鼓舞人心的话语。我们永远都对那些正在通过分享自己的经验来创建项目制学习社区的，来自全球无数的教育工作者们表示感激。

最后，我们要感谢我们的家人，在我们潜心研究项目时给予了我们一次又一次的耐心和支持。

项目制学习，
让学习回归本质

来赟
蔚来教育联合创始人

　　我还记得接到《PBL 项目制学习》的翻译任务时激动的心情，因为这是一本在北美非常受欢迎且影响了许多创新教育工作者的书籍，同时，作为一名教育工作者，我与这本书的理念有很多的共鸣！从某种程度上来说，教育也是一种信仰，当教学方法和策略真正符合时代的需求，使学习成果能更好地为人生、社会和世界的发展服务时，教育便有了伟大的意义。在我看来，项目制学习的这场变革便是符合时代发展，让学习回归本质的方法和理念。项目制学习在全球教育界的发展势头强劲，我可以感受到许多中国的教育工作者对项目制学习的渴望与呼唤。

　　但是，处于萌芽阶段的项目制学习要在中国得以应用和普及还缺少很多元素，这些元素包括政策和学校管理层面的扶持、项目制学习文化氛围的形成、教师培训和实践等等。但在基础教学的层面上，对于从事一线教学工作的教师来说，缺少的是大量可学习、借鉴和用以指导他们教学实践的资源和工具。这本实践指南正如一场及时雨，不但填补了这方面的空缺，而且书中提到的教学策略、实践建议和教学可使用的科技工具更贴近智能时代的要求，尤其是还加入了正在改变世界的读／写网络技术在项目制学习中的最佳实践应用。

早在阅读《PBL 项目制学习》的第二版时，我就觉得这是一本可读性非常强的书，如今的第三版仍然保留了第二版的组织和设计架构，遵循一个项目的弧线，可以引领使用本书的教育实践者和管理者开启项目制学习之旅，一步一步地对其进行理解，并为指导读者的学习和复盘提供了机会。书中有很多将科技手段融入项目中的教学设计和项目构思，也展示了不同背景的学校中教师与学生使用各种"指尖上的科技工具"进行探究、沟通、协作，并与课堂外的真实世界建立联系，共同开展项目的实例与经验。本书从评估读者是否准备好接受技术匮乏丰富、真实的项目开始，提供了与同行合作并在项目设计中建立协作关系的策略，然后讨论项目管理、实施和故障排除的内容。最后则着重于评估、复盘和分享。本书通过行之有效的策略，丰富的课堂实例，以及来自世界各地的教师访谈，展示了如何设计真实的项目，如何充分利用现有和新兴的工具和科技手段，启发读者去了解更多关于"科技世界"与教学相结合的可能性。不过，两位作者并没有把重点放在科技手段上，而是放在了学习上，他们提供了科技应用的解决方案，以便更好地针对项目制学习的特点而服务。

值得一提的是，《PBL 项目制学习》的第三版（也是本书出版的 10 周年版）新增了如何将个性化学习、翻转课堂和项目制学习合并起来以实现有效教学的示例；覆盖了计算思维和编程的相关内容，展示了解决问题的新方法以及崭新的表达形式；讨论了项目制学习作为一种教学方法和策略，如何提供个性化和教育赋能的机会，关注社会公正和缩小成就差距，从而解决教育公平的问题。此外，还涉及对新趋势的报道，并强调了项目制学习的黄金标准、高质量的项目制学习、21 世纪学习框架，以及学生和教育工作者的 ISTE 学生标准 [①]，使内容更与时俱进。

　　项目制学习是相对比较新的教学理念，书中涉及了大量的教育科技术语和一些全新的概念。因此本书翻译中可能出现的一些错误或者不足，请大家予以指正！同时，我也要感谢杭州师范大学外国语学院英语专业的几位优秀的同学，在本书的翻译过程中提供的协助。

---

① 协会学生标准（International society for Technology in Education）即国际教育技术。——编者注

未来，属于终身学习者

我这辈子遇到的聪明人（来自各行各业的聪明人）没有不每天阅读的——没有，一个都没有。巴菲特读书之多，我读书之多，可能会让你感到吃惊。孩子们都笑话我。他们觉得我是一本长了两条腿的书。

——查理·芒格

互联网改变了信息连接的方式；指数型技术在迅速颠覆着现有的商业世界；人工智能已经开始抢占人类的工作岗位……

未来，到底需要什么样的人才？

改变命运唯一的策略是你要变成终身学习者。未来世界将不再需要单一的技能型人才，而是需要具备完善的知识结构、极强逻辑思考力和高感知力的复合型人才。优秀的人往往通过阅读建立足够强大的抽象思维能力，获得异于众人的思考和整合能力。未来，将属于终身学习者！而阅读必定和终身学习形影不离。

很多人读书，追求的是干货，寻求的是立刻行之有效的解决方案。其实这是一种留在舒适区的阅读方法。在这个充满不确定性的年代，答案不会简单地出现在书里，因为生活根本就没有标准确切的答案，你也不能期望过去的经验能解决未来的问题。

湛庐阅读App：与最聪明的人共同进化

有人常常把成本支出的焦点放在书价上，把读完一本书当作阅读的终结。其实不然。

时间是读者付出的最大阅读成本
怎么读是读者面临的最大阅读障碍
"读书破万卷"不仅仅在"万"，更重要的是在"破"！

现在，我们构建了全新的"湛庐阅读"App。它将成为你"破万卷"的新居所。在这里：

- 不用考虑读什么，你可以便捷找到纸书、有声书和各种声音产品；
- 你可以学会怎么读，你将发现集泛读、通读、精读于一体的阅读解决方案；
- 你会与作者、译者、专家、推荐人和阅读教练相遇，他们是优质思想的发源地；
- 你会与优秀的读者和终身学习者为伍，他们对阅读和学习有着持久的热情和源源不绝的内驱力。

从单一到复合，从知道到精通，从理解到创造，湛庐希望建立一个"与最聪明的人共同进化"的社区，成为人类先进思想交汇的聚集地，与你共同迎接未来。

与此同时，我们希望能够重新定义你的学习场景，让你随时随地收获有内容、有价值的思想，通过阅读实现终身学习。这是我们的使命和价值。

湛庐阅读App玩转指南

湛庐阅读App结构图:

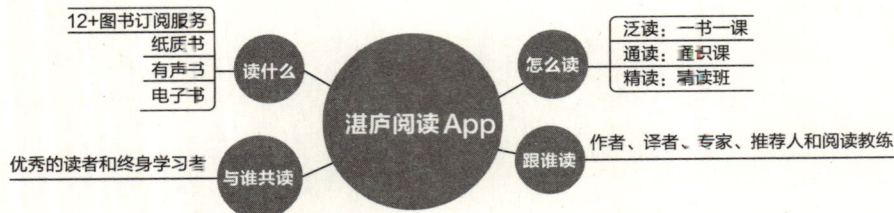

12+图书订阅服务
纸质书
有声书
电子书

读什么

湛庐阅读App

怎么读

泛读：一书一课
通读：通识课
精读：精读班

优秀的读者和终身学习者

与谁共读

跟谁读

作者、译者、专家、推荐人和阅读教练

三步玩转湛庐阅读App：

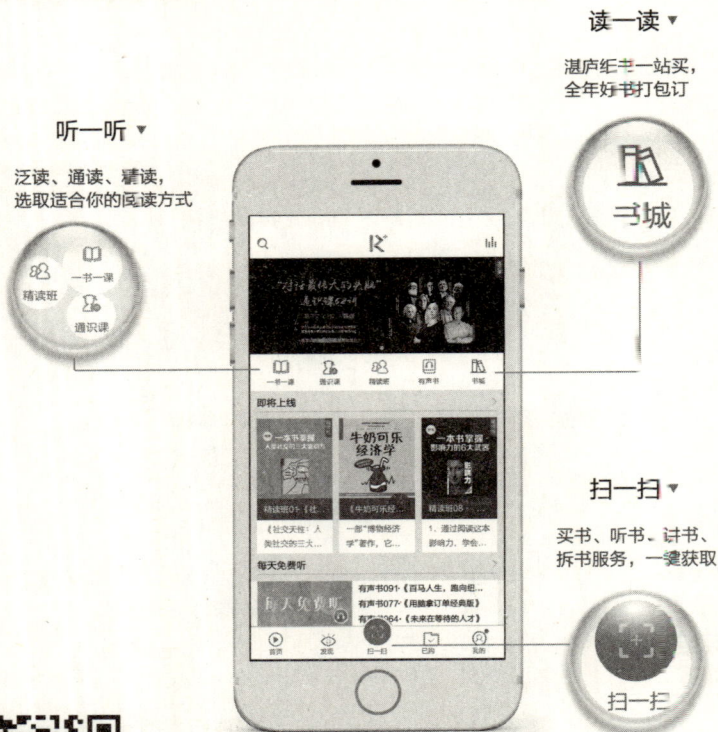

读一读▼

湛庐纸书一站买，
全年好书打包订

书城

听一听▼

泛读、通读、精读，
选取适合你的阅读方式

一书一课
精读班
通识课

扫一扫▼

买书、听书、讨书、
拆书服务，一键获取

扫一扫

App获取方式:
安卓用户前往各大应用市场，苹果用户前往 App Store
直接下载"湛庐阅读"App，与最聪明的人共同进化！

使用App扫一扫功能，
遇见书里书外更大的世界！

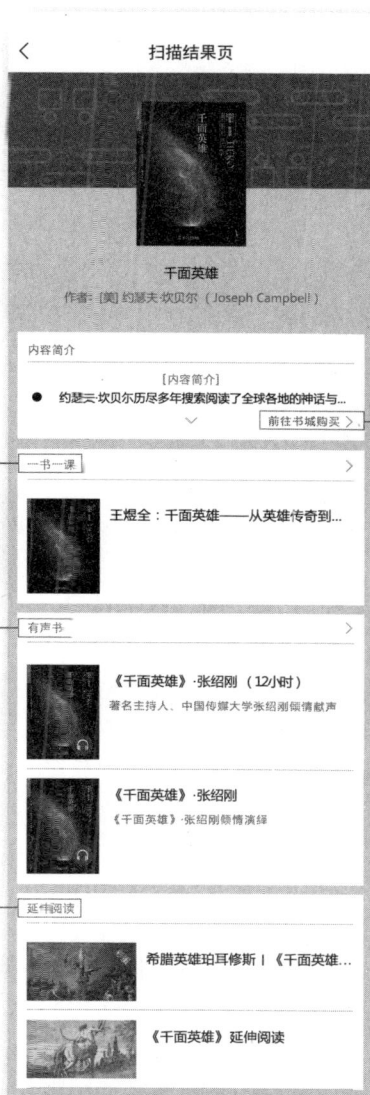

扫描结果页

千面英雄
作者：[美] 约瑟夫·坎贝尔（Joseph Campbell）

内容简介

[内容简介]
● 约瑟夫·坎贝尔历尽多年搜索阅读了全球各地的神话与...

前往书城购买 ＞

快速了解本书内容，
湛庐千册图书一键购买！

一书一课 ＞

王煜全：千面英雄——从英雄传奇到...

大咖优质课、
献声朗读全本一键了解，
为你读书、讲书、拆书！

有声书 ＞

《千面英雄》·张绍刚（12小时）
著名主持人、中国传媒大学张绍刚倾情献声

《千面英雄》·张绍刚
《千面英雄》·张绍刚倾情演绎

你想知道的彩蛋
和本书更多知识、资讯，
尽在延伸阅读！

延伸阅读

希腊英雄珀耳修斯 |《千面英雄...

《千面英雄》延伸阅读

延伸阅读

《学习的升级》

◎ "技术解锁教育"开山之作！苹果公司教育副总裁约翰·库奇力作，颠覆传统教育，掌握未来学习3要素＋9大技术，用技术释放终身学习者的潜能！

◎ 苹果联合创始人斯蒂夫·沃兹尼亚克、新东方教育集团有限公司董事长俞敏洪、新教育实验发起人朱永新、清华大学未来实验室主任徐迎庆、可汗学院创始人萨尔曼·可汗、樊登读书会创始人樊登、教育垂直媒体芥末堆创始人梅初九、新学说创始人兼CEO吴越、蒲公英教育智库总裁李斌等强力推荐！

《学习场景的革命》

◎ "技术解锁教育"系列②！施乐帕洛阿尔托研究中心前首席科学家教你用技术提升学习的成效！

◎ 用编程、3D打印机、机器人等技术升级"营火""水源""洞穴""生活"4大学习场景，应对技术革命对教育结构提出的新要求，以及个性化学习与创造性培养的新趋势，为未来世界做好准备。

《智能学习的未来》

◎ "技术解锁教育"第三部！国际AI教育学会会长教你用人工智能助推人类智能的发展！

◎ 重新定义人类智能，详解人类智能的7大核心要素，为超级智能的世界做好准备！

《什么是最好的教育》

◎ 全球知名教育家、TED演讲人肯·罗宾逊教育创新五部曲重磅新作！

◎ 父母最应该给孩子的到底是什么？

◎ 新教育实验发起人、苏州大学新教育研究院教授朱永新，上海大学副校长汪小帆，21世纪教育研究院院长杨东平，加拿大蔚来教育联合创始人、教育事业部总监来赞，芥末堆创始人梅初九等强力推荐！

ISBN 978-7-213-09028█-8
ISBN 978-7-5536-5591-8
ISBN 978-7-5722-0284-1
ISBN 978-7-213-08943-5

本书中文简体字版经International Society for Technology in Education (ISTE)
授权，由中国纺织出版社有限公司独家出版发行。本书内容未经出版者书
面许可，不得以任何方式或任何手段复制、转载或刊登。
著作权合同登记号：图字：01-2020-6657 号

版权所有，侵权必究
本书法律顾问　北京市盈科律师事务所　崔爽律师
　　　　　　　　　　　　　　　张雅琴律师

图书在版编目（CIP）数据

PBL项目制学习 / (美) 苏西·博斯, (美) 简·克劳
斯著；来赟译. --北京：中国纺织出版社有限公司，
2020.12
ISBN 978-7-5180-7878-3

Ⅰ.①P… Ⅱ.①苏… ②简… ③来… Ⅲ.①教学法
Ⅳ.①G424.1

中国版本图书馆CIP数据核字（2020）第185257号

责任编辑：闫　星　　责任校对：高　涵　　责任印制：储志伟

中国纺织出版社有限公司出版发行
地址：北京市朝阳区百子湾东里 A407 号楼　邮政编码：100124
销售电话：010—67004422　传真：010—87155801
http://www.c-textilep.com
中国纺织出版社天猫旗舰店
官方微博 http://weibo.com/2119887771
天津中印联印务有限公司印刷　各地新华书店经销
2020年12月第1版第1次印刷
开本：710×965　1/16　印张：19.25
字数：269千字　定价：79.90元